# 日本憲法史

大石　眞

JN054474

講談社学術文庫

# 原本第二版はしがき

この本は、わが国の憲法の歩みを体系的に概説しようとする試みである。いわゆる不平等条約の締結から明治憲法および現行日本国憲法の制定・運用を経て、現代憲政史の動向までを取り扱い、憲法史上のいろいろな出来事や主要な関係法令・制度について、立憲主義の生成と展開という視点から、系統だったかたちでしかるべき位置と意義を与えようとしたものである。

現在は過去を克服するとともにそれを継承するが、わが国の戦後は自らの戦前に冷淡で、明治憲法も現行憲法の側から断罪されるべき存在として登場させられることが多い。そこに、私は、過去をよく識り、過去に学んだ上での実存的な態度決定をみるよりも、どうにかして過去を切り捨て、葬り去りたいという気持ちを強く感じる。だが、言うまでもなく、過去を離れた現在はなく、経験のはたらきによって過去は現在に生きる。問題は、経験のはたらきを曇りのないようにすることにある。――このように初版で述べたが、この思いは十年を経た今でも変わらない。

そもそも憲法は、国政の組織と内容を定め、その運用の枠組みを規律することによって、政治と深いかかわりをもつから、ここで取り扱われることがらも日本政治史の書物でみる事実と重なるところが多い。ただ、本書の視点はどこまでも憲法史であり、その叙述は、憲法規範または憲法秩序の形成・変更に向けられ、そこに結晶した憲政史上の動きを対象としている。ここにいう憲法とは、ふつう思い浮かべるような文書化された一まとまりの憲法典のことではなく、国政の組織と内容を定めるいわゆる実質的意味における憲法を指している。このことは、一般に憲法史というものが、未だ憲法典のなかった明治維新の前後から書き始められるという一事を想うだけでも、すぐに了解されるはずである。

このたび、初版の足らざるを補い、とくに現行憲法関係の記述に多くを加えるなどして、全般的な見直しを試みたため、百頁近く加筆する結果になった。この改版に際しても、日本憲法史の先達の業績はもちろん、明治憲法・現行憲法を通じていっそう深められた憲法制定史研究や憲法附属法の立法史的な研究などに負うところが多かった。紙幅の関係からそれらの業績を逐一紹介することはできなかったが、貴重な書物や研究会などを通じてお示しくださった多くの方々のご好意に篤く感謝したい。また、私の変則的な執筆環境に深い理解を示し、実に丹念にみていただいた有斐閣京都編集室の奥村邦男・土肥賢両氏に心からお礼を申し上げたい。

二〇〇五年（平一七）一月二十日

大石　眞

目次

序章　日本憲法史の考え方……19
Ⅰ　「憲法」と「憲法史」……19
1　「実質的意味の憲法」と憲法史（19）　2　「立憲的意味の憲法」と憲法史（20）
Ⅱ　日本憲法史の内容……22
1　日本憲法史の範囲（22）　2　いくつかの基本的な前提（24）
Ⅲ　日本憲法史の視点……26
1　明治国家の課題（26）　2　立憲主義の導入と

条約改正問題（28）

第一章　条約改正問題の推移……30

I　明治前期における条約改正問題……30

1　不平等条約の内容（30）　2　条約改正論の登場と岩倉使節団（33）　3　条約改正交渉の方針とその転換（36）　4「条約改正予議会」と欧化政策の推進（38）　5　民間の条約改正論（41）

II　改正条約案の成立と挫折……43

1　条約改正会議と法律取調委員（43）　2　裁判管轄条約案の問題性（46）　3　条約改正交渉の挫折と反政府運動（51）　4　政府の対応（53）

第二章　立憲政体構想の模索……59

I　立憲思想の萌芽……59

1 立憲思想の紹介 (59)　2 王政復古と政体書 (61)
3 左院の設立と国憲の編纂 (63)
II 民選議会設立論……65
1 民撰議院設立の建白 (65)　2 地方官会議の試み (66)
III 大阪会議体制……68
1 漸次立憲政体樹立の詔勅 (68)　2 元老院と地方官会議 (69)
3 漸進的議会開設論 (72)　4 司法省・大審院と裁判権 (74)
IV 大阪会議体制の崩壊……77
1 急進改革論の敗北 (77)　2 元老院の弱体化 (79)
3 反政府運動と政府の対応 (82)
第三章 立憲政体構想の確定……86
I 自由民権運動の興隆……86

1　地方民会制度の導入（86）　2　国会開設運動と私擬憲法の起草（88）
II　政府における立憲政体論……92
1　元老院「国憲」の運命と諸参議の憲法意見（92）
2　大隈重信の急進的立憲論（95）　3　井上毅の憲法調査と岩倉意見書（97）
III　明治十四年の政変……102
1　開拓使官有物払下げ事件と国会開設の勅諭（102）
2　政変後の政府組織改革（104）　3　十四年政変の意義（107）
IV　政変後の政府内外の動き……108
1　政党結社の勃興（108）　2　治安立法の強化（110）
3　ドイツ学の振興（113）
V　ヨーロッパにおける憲法制度の調査研究……115

1　伊藤博文の派欧（115）　2　憲法調査の概要（117）
3　滞欧中の伊藤と「留守政府」との間（121）
第四章　立憲体制樹立への準備……126
Ⅰ　制度取調局における調査立案……126
1　制度取調局の設置（126）　2　憲法・皇室法の調査立案の
問題（130）　3　制度取調局時代の成果（133）
Ⅱ　内閣制度の創設……139
1　責任政治の原則と政府組織の改革（139）　2　政治体制の
刷新（142）　3「内閣職権」と官紀五章の訓示（144）
Ⅲ　国家行政組織と法令形式の整備……147
1　臨時官制審査委員による調査立案（147）　2　公文式・
各省官制通則の制定（151）　3　その後の動き（153）

第五章　基本法典の調査立案……155
Ⅰ　基本法典成立史の概要……155
1　基本法典制定過程の重み（155）　2　基本法典の起草方針（158）
3　基本法典制定史における特色（161）
Ⅱ　基本法典原案の起草……165
1　皇室典範草案の起草経緯（166）　2　憲法草案の起草過程（170）
3　議院法草案の立案過程（186）
第六章　枢密院の基本法典制定会議……193
Ⅰ　憲法的機関としての枢密院……193
1　枢密院の組織・権限と議事手続（193）　2　枢密院の人員構成（196）　3　開院式（197）
Ⅱ　皇室典範諮詢案の審議……199

1　皇室典範の審議と三条グループの動向（199）
2　永世皇族主義の問題（200）

III　憲法制定会議……202

1　第一審会議の概要（202）　2　憲法制定会議における主要な論争（205）　3　第一審会議の終了（209）

IV　憲法附属法案の確定と審議……211

1　議院法案の場合（211）　2　その他の基本法典草案（217）

V　基本法案の再検討……224

1　帝室制度取調局における皇室典範の検討（224）
2　憲法起草グループによる見直し（225）　3　枢密院の再審会議（231）　4　基本法案の再修正と第三審会議（237）

VI　基本法典の成立……241

1　最終調整会議の意味（241）　2　議院法第三審としての

総委員会（242）　3　枢密院本会議による最終決定（243）

第七章　明治典憲体制の成立……246

I　基本法典の成立と公布問題……246
1　憲法発布と憲法演説（246）　2　皇室典範の公布問題（249）
3　「説明」の公表問題と憲法・典範義解（250）

II　憲法制定にともなう諸問題……252
1　現行法令の改正（252）　2　大隈外相の条約改正案の問題（257）

III　議会開設に向けた体制整備……264
1　憲法附属法令の制定と改廃（264）　2　憲法第六十七条施行法の問題（267）　3　帝国議会をめぐる情勢（269）

IV　帝国議会の開設と帝国憲法の施行……270
1　金子堅太郎の欧米議会制度調査（271）

2　臨時帝国議会事務局による議院諸規則の立案（273）
3　帝国議会の開院式と第一回議会（277）

第八章　明治立憲制の特質と運用……281
Ⅰ　明治典憲体制と憲法運用史……281
1　明治典憲体制の特質と変容（281）　2　憲法運用上の主要ポイント（284）
Ⅱ　憲法学説の形成と展開……285
1　正統学派の憲法法理（286）　2　立憲学派の憲法理論（288）
3　国家法人説（天皇機関説）論争（293）
Ⅲ　二元的な憲法秩序……296
1　基本法典起草者の構想（296）　2　典憲二元体制の確立（298）
Ⅳ　「君主主義」的な立憲制度……300

1　「君主主義」原理（301）　2　立憲主義の原理（303）
3　帝国議会の地位と権限（307）　4　権力分立と「司法権」（313）
5　権利保障の方法と内実（316）

V　明治立憲制の崩壊……319
1　「統帥権の独立」原則（319）　2　軍部大臣現役武官専任制
（323）　3　明治立憲制の終焉（326）


## 第九章　日本国憲法の制定……329

I　占領管理体制……329
1　敗戦と降伏の憲法史的意味（329）　2　連合国の
日本統治体制（334）

II　現行憲法草案の起草……338
1　憲法成立過程の大要と特色（338）
2　マッカーサー・ノート（342）　3　総司令部民政局の

「憲法制定会議」とその指針（344）　4　日本政府の改正草案づくり（348）
Ⅲ　日本国憲法の成立……353
1　憲法制定議会としての帝国議会（353）　2　憲法草案審議過程の特色（357）　3　憲法議会による修正（362）
4　憲法制定史上の問題（365）
第十章　現行憲法体制の成立と運用……369
Ⅰ　日本国憲法の特色……369
1　憲法の特色と基本原理の捉え方（369）　2　比較憲法史上の位置づけ（370）
Ⅱ　憲法附属法の制定……375
1　臨時法制調査会の調査立案（375）　2　憲法附属法の成立（377）
3　憲法附属法の制定にともなう憲法問題（382）

Ⅲ　現行憲法体制の確立……386
1　未完成の憲法体制――占領管理体制下の憲法運用（386）
2　サンフランシスコ平和条約の意義（387）
3　占領管理体制下の法令・判例の意味（390）
Ⅳ　日本国憲法体制の運用……391
1　いわゆる五五年体制（391）　2　冷戦構造の崩壊と憲政運用の変化（393）　3　最近の統治構造改革――「憲法改革」の展開（395）
学術文庫版あとがき……399
主要な参考書……401

# 日本憲法史

# 序　章　日本憲法史の考え方

## I　「憲法」と「憲法史」

### 1　「実質的意味の憲法」と憲法史

「憲法」ということばにはいろいろな意味があり、その代表的な用法の一つに、「実質的意味の憲法」と名づけられるものがある。この用語は、国家や政府の組織・運営にかかわる基本的な原理や規範をあらわすもので、この場合、その原理や規範は、必ずしも文書化されている必要はなく、慣習など不文の形のままでも構わないのである。

このように、憲法というものは、そのことばの意味を実質的にとらえる限り、いかなる国家においても存在しているはずで、だからこそ、「憲法なき国家というものは論理的に考えられない」（佐々木《ささき》惣一《そういち》『改訂　日本国憲法論』六一頁）と言われるのである。そして、その憲法のあり方——国家や政府の組織や運営にかかわる基本的な原理や規範のあり方——は、国により時代によって大きく異なっているので、「比較憲法」「憲法史」といった問題関心が生まれることになる。

日本の憲法についても同じである。その「憲法」を憲法典、つまり組織立った体系的な憲法的文書ととらえると、わが国にはこれまでわずかに「大日本帝国憲法」と「日本国憲法」の二つしかないことになる。しかし、憲法というものを実質的意味でとらえると、日本の憲法の歴史は、わが国が国家として成立する（建国）と同時に始まり、その発展とともに変化してきたということができよう。そこで、われわれは、日本という統一国家が、いつ頃、どのようにして形成されたか、その統治の様式や原理が以後どのように変わってきたか、という問いへと導かれることになる。

しかしながら、いずれの問題についても、わが国の憲法学は正面から取り上げることをせず、もっぱらそれを国史学や日本法制史に委ねているといっていい。もちろん、これには例外もみられ、初期の憲法学、例えば、有賀《ありが》長雄《ながお》の『国法学』（明三四）は、「日本国法沿革」と題してかなり詳しい論述をしていたし、美濃部《みのべ》達吉《たつきち》『日本国法学』（明四〇）も、その作法にならっていた。しかし、以後そうした流儀は忘れ去られ、今日では、どんなに浩瀚《こうかん》な憲法書にもそうした記述を見出すことはできない。

## 2　「立憲的意味の憲法」と憲法史

他方、憲法史としては、すでに先駆的な実証的憲法史家である尾佐《おさ》竹猛《たけたけき》『日本憲政史大綱』（昭一三・一四）や、マルクス主義史観にたつ鈴木《すずき》安蔵《やすぞう》『日本憲法史概説』（昭一六）および同『日本憲法史』（昭二五）などによる「立憲的意味の憲法」を中心にすえた試みがあった。

ここに「立憲的意味の憲法」というのは、右に述べた「実質的意味の憲法」とならぶ「憲法」ということばのもう一つの代表的な用法で、とくに立憲主義という政治思想を内容とする――その意味で「実質的意味の憲法」よりも限定される――国政上の基本的原理や規範を指す。それは、制度上、国民の権利や自由を守るために権力分立の原理を採用し、国民を国政（とくに立法）に参与させることを重要な標識とするもので、その視点から憲法史を描こうとしたのである。

最近では、むしろ「実質的意味の憲法」、つまり「国家の基本構造」に着目した共著、筒《つつ》井《い》若水《わかみず》＝佐《さ》藤幸治《とうこうじ》＝坂野《ばんの》潤治《じゅんじ》＝長尾龍一《ながおりゅういち》『日本憲法史』（昭五一）の注目すべき試みがある。ここでは、成文憲法典のほか、国際法・憲法附属法規・治安立法を含めた国家の基本構造に属する法制はもちろん、「憲法の淵源であり、規制の対象でもある政治史」、それに「憲法現象の背後にあるイデオロギー（憲法思想）」も対象とされる（同三～四頁）。

しかし、このような「憲法」観念によるときは、先に述べた「実質的意味の憲法」の場合と同じように、その憲法史は、本来、わが国の古来の統治形態にまで遡らなくてはならないであろう。そこに限定を加えるのが「国際法を含めた」という修飾語であり、その結果、「立憲的意味の憲法」に基づく前二者の日本憲法史の出発点と足並みをそろえることになる。

# II　日本憲法史の内容

## 1　日本憲法史の範囲

これらの検討をふまえると、論者によって多少のニュアンスはあるものの、「日本憲法史」が取り扱うべき範囲については、一定の合意があるように思われる。これを私なりに整理すると、次のように再構成することができる。

①憲法体制成立史　これは、最高法典である憲法典およびこれとほぼ同時に制定された幾つかの基本的な憲法附属法——本書では、それらの内容と形式とに着目して、とくに「基本法典」という概称を用いる——の立案事情・起草経過や制定過程などを取り扱うものである。ある憲法体制における憲法典と憲法附属法は、一般に、憲法典の規定ぶりが簡短であればあるほど、憲法附属法の役割が大きくなるという関係にあるが、わが国の場合、明治憲法体制と現行憲法体制とを通じて、それぞれの憲法典はまったく改正されず、主要な憲法附属法にも大きな変更は加えられていないことも見逃せない。そのため、基本法典の起草経過や制定過程などを探求することは、個々の憲法法規の解釈だけでなく、それぞれの憲法体制・憲法秩序の特質を把握するうえでも、重要な意味をもつことになる。

②憲法体制運用史　ここでは、議会・内閣など憲法上の諸機関による基本法典の実施

現実のありかたが問題とされるほか、それらの相互関係も問題とされる。したがって、現実の政治過程にも必要な限りで言及することになるが、基本法典の一部が憲法制定後に定められる場合には（例、自衛隊法）、それ自体が憲法運用史の一齣を占めるという意味づけを与えられることになる。また、憲法的機関による公権的解釈も、そうした憲法体制運用史と深くかかわっている。この場合、とくに明治憲法体制について注意する必要があるのは、憲法に直接の基礎をもたない憲法外的機関がその運用に大きな役割を果たしたという事実である。その代表的な例は、天皇の下問に対して内閣総理大臣の奏薦権をもっていた元老——本来は明治の元勲たる政治指導者を指し、後に天皇から匡輔《きょうほ》を求める詔勅を受けた者をいう——や重臣（総理大臣経験者・枢密院議長）および内大臣である。

③憲法思想史（憲法学説史）　これは、国家や政府の組織・運営のありかたに関する基本的な構想や運動を分析し、その流れをあとづけるものである。その内容は、最初の憲法体制成立の前後によってちがい、まず、その成立前にあっては、憲法思想は、主として「憲法を制定して立憲政体を立つることを実際的に要求する」（佐々木惣一『日本憲法要論』一二四頁）というかたちをとり、憲法思想史は、立憲思想の展開・具体化という過程をたどる。しかし、いったん憲法体制が成立すると、それは、主として憲法典や基本法典・憲法附属法などの解釈というかたちをとって、あるいは、現行の基本法典などに対する批判的見地に立つ、いわゆる憲法改正の主張となって、それぞれ姿をあらわ

すことになる。そこで、憲法思想史は、憲法解釈論史や憲法改正論史として描かれることになるが、他方、その論議の主役に着目すると、「憲法学説史」ということもできよう。

## 2　いくつかの基本的な前提

右のような憲法史の内容について、もう少し説明をしておこう。

まず、「憲法体制」ということばは、先の「実質的意味の憲法」という考え方を基礎とするものであって、憲法典を始めとする基本法典の定めによって決定された、国政上の組織・運営に関する基本的な原理や規範の全体のあり方を指す。これを「実定憲法秩序」（鈴木安蔵『憲法の理論』五頁）と表現することもできるが、いずれにしても、それが憲法典の規定のみから演繹される最高法規の総体と異なることは、たしかである。そこで本書では、例えば、憲法典としての「日本国憲法」それ自体と、国会法・内閣法・裁判所法・財政法などの憲法附属法の内容をも加味した憲法秩序を意味する「日本国憲法体制」とは、厳に区別して考えることにしている。

次に、ここで問題とするのは、そうした実質的意味の憲法を中心とする日本憲法史であり、その意味では、日本法制史や日本近代法史などの一部となるべきものである。したがって、それは、右の①・②の内容からみて、とくに政治史や政治思想史などと重なるところが多いが、ただ、あくまでも憲法という規範に即した考察を課題とするところに特色がある。

もちろん、「法制の発生、変遷及び消滅には、かならずや、経済的、政治的、社会的、思想的等の諸原因があ」り、「日本法制史は、経済史、政治史、社会史、思想史等の各部門史と有機的に連絡せしめられ、歴史の全体的発展の中に包摂せしめられる」（石井良助《いしいりようすけ》『日本法制史概要』三頁）という面もあるので、常にそうした部門の動きに注意を払う必要はある。しかし、法制史が経済史や政治史などに埋没することがないように、憲法史もまた、政治史や政治思想史に解消されるものではない。憲法史は、もっぱら、憲法規範や憲法体制の形成・変更に向けられた動きを対象とし、憲法規範・憲法体制に結晶化された限りでの政治史上の事実に着目して、その意味を探ろうとする独自の試みなのである。

さらに、憲法史も、およそ歴史を扱う以上、対象とする事物の変遷を一定の視点の中でとらえ、その意味を解き明かすことを課題としている。この場合の基本的な姿勢についていえば、私は、鳥海靖《とりうみやすし》『日本近代史講義』（昭六三）も説くように、「いわゆるイデオロギー的歴史観の陥穽に陥ること」なく、「歴史の内在的理解の必要性」を説く見方に共感を覚える。

その点については、周知のとおり、マルクス主義による発展法則史観が有力に唱えられ、かつてはこれに従う記述のみが正しく、「科学的」であるかのように喧伝された時期すらあった。しかし、マルクス主義の歴史観は、基本的に、世俗化された政治的な「千年王国論」というべき性格を帯びている。したがって、マルクス主義史観は、その陣営に加わる者にはある種の「希望」を与える教理になりうるとしても、そうでない者をも納得させるような理性的な力をもったものの見方とは思われない。

# Ⅲ　日本憲法史の視点

## 1　明治国家の課題

日本憲法の歴史に関する専門書の説明は、一般に、明治憲法成立史、とくにその出発点となった明治維新の前後頃から始めるというスタイルをとっている。このことは、「実質的意味の憲法」という右の観点からすると、かなり限定された考え方のように思われるが、その取扱いは、以下に述べるような幾つかの要素を考慮した結果であって、それなりに説得力をもっている。

まず、「日本の法は、明治維新までは、大部分は不文法の形式をとっていたが、明治維新の諸変革を機として、一躍成文法を原則とするようになった」（宮澤俊義《みやざわとしよし》『憲法〈改訂版〉』五六頁）ことが挙げられる。この指摘は、不文法から成文法へという、法源——法規範を見出す根拠となる素材の形式をいう——に関する一種の近代化論を背景とした認識を示すものであるが、現在のわが国の成文法主義を基準にする点において、そうした区分をするのはそれほど不自然なことではない。

次に、誕生したばかりの明治政府が直面した大きな課題は、西洋型の法制度の前提となっていた近代国家を形づくる諸要素、すなわち統一国家・立憲国家・主権国家という要素を人為的に創り出し、これを基にして西欧型の「立憲君主制」を確立することにあった。そして、このことは具体的には以下のような意味をともなっている。

第一に、統一国家という要素との関連でいうと、明治維新以後は、日本における近代的な統一国家の形成期にあたるということが重要である。全国の土地・人民を中央の政治権力による直接支配のもとにおく体制をしくことは、近代国家における統治の要件であり、人民による中央権力の形成やそのコントロールの大前提でもある。明治維新を起点として、王政復古・版籍奉還・廃藩置県といった一連の政治過程が進められたのは、その意味において画期的なことであった。

第二に、立憲国家という要素は、現代の公法学・憲法学に固有な、より本質的な見方と関係している。すなわち、宮澤俊義『憲法〈改訂版〉』の言い方を借りるなら、「日本の固有の意味の憲法の歴史は、いうまでもなく、日本国家成立のときにはじまる。しかし、立憲的意味の憲法が成立したのは、明治になってからのことである。現在の日本憲法は……自由主義ないし民主主義に立脚する憲法であり、日本における自由主義的政治理念の支配は、明治維新以後のことであるから、今日の日本憲法のおいたちを知るためには、およそ明治維新までさかのぼることが必要であり、そして、おそらくそれでじゅうぶんである」（一七～一八頁）というわけである。

第三に、主権国家という要素は、その対外関係を考慮するということと表裏をなしている。すなわち、わが国が近代国家として出発した時には、欧米の主権国家を中心とした国際社会がすでに成立し、国家・政府の基本的な組織や運営のありかたは、国際関係によっても大きく左右されるという状況が生じていた。当時、それは西洋列強によるアジアへの帝国主義的進出というかたちをとったが、こうした国際環境は、前記の筒井若水ほかの共著『日本憲法史』も説くように、「実質的意味の憲法」というものを考えるときに、「国際法を含めた国家の基本構造に属する法制」（三頁）を視野に入れることの必要を教えてくれる。この点でも、「近代日本憲法史の出発点は大日本帝国憲法の成立よりむしろ明治国家成立、すなわち明治維新に求められる」ということになる。

## 2　立憲主義の導入と条約改正問題

このように、ある国の憲法体制の成立・運用が国際関係に影響され、国際法による規律を受けるということは、今日の国際社会ではほとんど自明ですらある。しかしながら、わが国がそういう事態に直面したのは、近代的な統一国家として当然有すべき主権を、欧米列強との間で結んだ条約それ自体によって著しく制限されるという状況においてであった。

したがって、明治維新の前後から始まる日本憲法史をみる場合、「不平等条約の改正」という国家的課題との関係は、重要な視点を形づくることになる。それは、いわば「半独立国」から完全な主権国家への歩みというべきものであって、深谷《ふかや》博治《はくじ》『初期議会・条約改正』（昭一五）に代表される政治史研究が、「憲法制定・議会開設そのものすら、他の一般諸法典の編纂等と共に、条約改正達成のための一手段・一前提と観ることも出来やう」（四八頁）と述べるのは、そのためである。

すなわち、わが国で西欧立憲主義の移入をはかり、憲法典を制定して立憲政体を確立するという動きが出てきたのは、立憲主義本来の専制主義を克服するという人民の切実な要求によるのではなく、西欧列強との間で結ばれた不平等条約を改正し、独立の主権国家として国際社会に相応の地位を占めるためであった。いわば条約改正という外交問題が、立憲的憲法体制の成立という内政問題を惹き起こしたわけである。条約の締結・改正は、一国の独立・主権を左右し、国権・統治権のあり方にも大きく影響を与えるが、主権・統治権の確立は、立憲的制度を施行するための大前提をなすものであるから、そこに密接な連関がみとめられるのは、むしろ当然といってよい。

しかも、主権国家への脱却と立憲主義の確立という問題は、現行憲法体制の成立・運用にも共通する視点を提供する。というのも、日本国憲法は、連合国軍による占領管理体制の下で、わが国の独立・主権を否定し、明治憲法の立憲制の不備や欠陥を克服するかたちで制定され、その誠実な運用が占領管理体制の解除の条件とされていたからである。いわゆるサンフランシスコ平和条約（昭二六）によって、日本国は国際法上の主権を取り戻すとともに、自主的な憲法体制の運用を行うことができるようになったが、連合国軍から日本国の国民・政府へという憲法運用の最高責任者の交代は、現行憲法下の立憲制の内実、つまり権力分立や権利保障のあり方にも、大きな影響を与えている。

# 第一章　条約改正問題の推移

憲法史を対象とする本書では、条約改正交渉それ自体の経緯について詳しく述べる余裕はないが、前述のように、条約改正に向けた内外の動きを度外視すると、憲法史上のさまざまな出来事の正確な意味を理解することができないことも、たしかである。ただ、条約改正問題を憲法史それ自体の流れの中で断片的に取り扱うことは、かえって、その全体的な動きを見えにくくするおそれがある。

そこで、本書では、本題に入る前に、便宜上、ここで、日本憲法史を理解するのに必要な限りで、条約改正問題をめぐる動きを簡単にまとめておきたい（山本茂《やまもとしげる》『条約改正史』、下《しも》村富士男《むらふじお》『明治初年条約改正史の研究』のほか、五百旗頭薫《いおきべかおる》『条約改正史』など参照）。

## Ⅰ　明治前期における条約改正問題

### 1　不平等条約の内容

(1) 安政五ヵ国条約

問題は、いわゆる安政五ヵ国条約にさかのぼる。すなわち、まず一八五四年（嘉永七）三月に署名された全十二ヵ条の日米和親条約（いわゆる神奈川条約）は、わが国の鎖国政策の放棄と国際社会への加入を意味する画期的なものであったが、幕府は翌年末にかけて、ロシア・イギリス・オランダとの間に、それぞれ日露和親条約・日英和親条約・日蘭和親条約を結んだ（いわゆる前期旧条約）。これらの条約では、のちに問題となる領事裁判制度の萌芽がみとめられるとともに、最恵国待遇をおこなうとの約言もかなりはっきりしている。

しかし、幕府の基本的な対外方針――開国か攘夷か――は、必ずしも明確ではなかった。そのうちにアメリカは、T・ハリスを在日総領事兼外交代表に任命し、一八五八年（安政五）六月、イギリス・フランス連合軍が北京に入城し、清朝を威嚇して天津条約を締結するという情勢のなか、ついに十四ヵ条からなる日米修好通商条約が、附録である貿易章程とともに結ばれ、翌年七月から施行された。問題はその内容であるが、外交代表・領事官の交換や自由貿易の原則などはともかく、そこには次のような規定があった。

①「運上」、つまり関税に関する定めを置くが、税率の改正については五年後以降、談判によるものとすること。

②刑事事件においてアメリカ人が被告人であるときは、アメリカ領事裁判所でアメリカ法により処断し、日本人が被告人であるときは、日本の官憲が日本法により処断すること。

これは、要するに、関税の自主決定権は認められないうえ、領事裁判制度を設けるというものである。この領事裁判制度は、のちに「治外法権」というかたちで一般化して問題とされることになるが、わが幕府は、同年中に、オランダ・ロシア・イギリス・フランスの諸国とも、それと同趣旨の通商条約を締結していった。これが安政五ヵ国条約と呼ばれるものである。

### (2) 半独立国としての明治国家

これ以後、一八六〇年（万延一）から一八六八年（明一）にかけて、ポルトガル・プロイセン・ベルギー・イタリア・スペインなどとの間にも、ほぼ同じ内容をもつ通商条約が締結された（いわゆる後期旧条約）。しかも、イギリス・アメリカ・フランス、オランダなどと交わした改税約書（慶応二）によって、輸出入税の低減・輸入税の無課税品の大幅な拡大がはかられることになり、わが国の関税収入はかなり落ち込むことになった。

こうして幕末に締結されたこれらの条約は、領事裁判権の設定によってわが国の司法権を制限するとともに、関税自主権を束縛して多大の財政上の不利益損失をもたらすだけでなく、国内産業の発達も阻害するような「不平等条約」であった。その不平等性は、片務的な最恵国条款があることや条約有効期限・廃棄条項を欠くことにも示されているが、二百年以上にわたって鎖国政策をとってきた幕府には、近代的な国際公法・条約上の知識などあるはずがなく、いわゆる西欧列強は、いわばその無知につけこんで条約を結んだわけである。わが国は、独立国家としては、あるまじき状態に置かれてしまったのである。

明治維新ののち、新政府はようやくその意味を思い知らされることになる。開国の国是を内外に明らかにした布告（明一）の但書きで、「是迄於幕府取結候条約之中、弊害有之候件々利害得失公議之上、御改革可被為在候」旨を述べたのは、そのあらわれであるが、外国事務総督の東久世《ひがしくぜ》通禧《みちとみ》が各国の公使と会見した時も（同三月）、「此度万国と我が帝と条約を改めし上は、各国公使へ帝自ら対面し盟約を立ん」ことを述べている。条約改正交渉の困難をまったく知らないかのようである。しかも、このような状態のまま、明治政府は、翌年さらに、ドイツ帝国およびオーストリア＝ハンガリー帝国との間にも、安政条約タイプの修好通商航海条約を締結してしまった（明二）。

## 2　条約改正論の登場と岩倉使節団

### (1)「法権」回復の必要

これに対し、条約改正論を明確なかたちで提起したのは、おそらく岩倉具視《いわくらともみ》である。すなわち、岩倉は、一八六九年（明二）一月、右の日独修好通商航海条約が結ばれた直後に、外交・会計などに関する意見書を三条実美《さんじょうさねとみ》に提出し、次のように説いている。

今より皇国の海外万国に交際するは、皇威を墜さず、国権を損せざるを以て大眼目とすべし。この故に英・仏・孛［プロイセン］・米等諸国と既に締結したる通信貿易条約の如きも、之を改訂して皇国の独立を保護せずむばあるべからず。目今の如く外国の兵隊をわが港内に上陸せしめ、また居留洋人のわが国法を犯す者あるも、彼が国の官人をして之を処置せしむる等は、尤《もつとも》我が皇国の恥辱甚だしきものと謂ふべし。断然と前日締結したる通信貿易条約を改訂して、以て我が皇国の権を立てざるべからず。（中略）英、仏、米、蘭「オランダ」、孛、伊「イタリア」等諸国の公使、交際の礼を以て既に参朝し皇帝に謁見す。我が皇国も亦《また》勅使を彼の諸国に派遣し彼が帝王大統領に謁見せしめ、而して前日締結したる通信貿易条約改訂の事を協議せしむべし。

この前半は、不平等条約の改正の必要を説いたもの、後段はその手続を示したものといえよう。しかし、条約の要点である領事裁判権は、もともと欧米諸国が、各国における風俗・宗教、とりわけ法制のちがいに基づく不都合から、自国民を保護しようとして設けた制度である。したがって、これを撤廃し、わが国の「法権」を回復するためには、国内の法制度を欧米諸国なみに整備して、その制度の存在理由をなくす必要がある。

ここに、憲法制定を始めとする国内法制の整備を条約改正の条件とせざるをえない論理が生まれることになる。そのために、フランス民法典をほぼそのまま翻訳してわが民法にするため頒布するといった「外国法の敷写し主義」（山本茂『条約改正史』）まで生じたが、同じ時期、刑法についても徳川刑法を改めた新律綱領の編纂がおこなわれ、のちに西欧法を参酌した改訂律例が制定されたりしている（明六）。

### (2) 岩倉遣外使節団の試み

この考え方、すなわち、条約改正を実現するために国内の法令整備と立憲主義の導入をはかるという思考は、いわゆる岩倉使節団に対する欧米各国の対応によって、いっそう強まる。この遣外使節団は、条約改正期を翌年に控えた一八七一年（明四）十二月、右大臣の岩倉具視を特命全権大使とし、参議の木戸孝允《きどたかよし》・大久保利通《おおくぼとしみち》・伊藤博文《いとうひろぶみ》・山口尚芳《やまぐちなおよし》の四人を副使として横浜を出発し、アメリカへと向かった。その任務は、友好関係を結んだ各国に対する「聘問《へいもん》の礼」と欧米の制度文物の視察研究を主眼としているが、加えて、日本の国情を知らせることによって条約改正の資にしようということにある。

ところが、岩倉が持参した国書は「聘問」目的のものであって、条約改正の交渉をおこなうための委任状ではなかった。そのため、条約改正の申し出はアメリカ側に拒否されるが、日本側は、外交問題や対外的交渉がこういうものだということを、ほとんど知らなかったのである。結局、岩倉使節団は条約改正交渉の中止を通告し、失意のうちにロンドンに到着するが、その後、フランス・ベルギー・オランダ・ドイツ・ロシア・イタリアなどを歴訪し、一八七三年（明六）九月に帰国することになる（久米邦武《くめくにたけ》編『特命全権大使　米欧回覧実記』参照）。

なお、使節団一行のうち、大久保と木戸は、いわゆる留守政府との溝を埋めるべく、一足先に帰国していた。征韓論をめぐる政府部内の動きを懸念したためである。そして、いったん閣議決定した西郷隆盛《さいごうたかもり》ほかの朝鮮派遣は、まもなく帰国した岩倉の決断でくつがえされ、いわゆる征韓論の政変が起こる（一〇月下旬）。この動きは、欧米の制度文物を実見して、不平等条約の改正は国力の増進・国際的地位の向上なくしてはありえないと体感し、それには内政改革が先決であって、外征など論外であることを知った岩倉使節団の教訓とみることもできよう。

## 3　条約改正交渉の方針とその転換

### (1) 寺島外務卿の税権回復第一主義

この政変によって、外務卿は副島種臣《そえじまたねおみ》から寺島宗則《てらじまむねのり》に代わったが、この頃、欧米諸国は一致して内地旅行・交易の自由を要求していたため、この取扱いが改めて大きな問題になった。今日では、外国人が自由に日本国内を旅行したり、交易したりすることは当然視されているが、当時のわが国にとって、それは重大な意味をもつ問題であった。

というのも、内地旅行の自由は、すでに述べた領事裁判制度と両立しがたいからである。すなわち、それが認められると、日本の産業・営業はとうてい外国商人に太刀打ちできないであろうが、とくに法的にみて問題なのは、内外人間の民事事件・刑事事件が起こった場合の取扱いである。例えば、刑事事件が起こった場合には、外国人を最寄りの開港場に送致し、領事に引き渡すことになろうが、領事の処罰の方法・根拠がその本国法に照らして正当かどうかは、とうてい日本側で判断できる筋合いのものではない。

かくてわが国は、国内における外国人の無秩序な行動に対して、事実上、無力となってしまうであろう。欧米列強の主張する内地旅行の自由は、実は、領事裁判権の存在を一般的な「治外法権」へと拡大させてしまう危険をともなっていたのである。

したがって、領事裁判権の撤廃と関税自主権の回復とは、わが国の主権を確立する点で同じように重要であった。しかし、前者、つまり「法権」の回復には、基本的な法典および裁判制度の整備が必要不可欠であり、このためには相当の年月を必要とすることは明らかである。そこで寺島は、大蔵卿の大隈重信《おおくましげのぶ》の意見もあって、まず関税自主権（税権）を回復して財政の窮乏を救うという基本方針を打ち出した。この税権回復第一主義は、寺島外務卿時代ずっと維持されるが、イギリスの反対で暗礁に乗り上げてしまう。

ちょうどその時、イギリス人のアヘン密輸事件が発生した。そして、横浜の英国領事裁判所は薬用アヘンと認定して無罪としたため、それまで外国人の横暴に不満を募らせていた日本国内の世論が沸騰する。これによって、領事裁判権の問題が急浮上し、その鉾先は税権回復にかたよってしまった寺島の条約改正方針にも向けられることになった。

## (2) 井上外務卿の両権回復主義

そこで、後任の井上馨《いのうえかおる》は初心にもどり、領事裁判権の撤廃・関税自主権の回復という二つの目標の下に条約改正案を再考し、条約改正方針について閣議決定をとりつけた（明治一二年九月）。この方針の下に、外務省・大蔵省・司法省が、それぞれ改正条約案、輸入税率案など、刑法・治罪法などの立案起草にあたり、その結果、ようやく翌一八八〇年（明一三）七月には、改正交渉の基礎となる諸条約案が完成して、各国公使に交付された。

これらは、「法権」の一部回復を意図する修好条約草案と税権の回復をねらいとする通商航海条約草案とに大別されるが、とくに問題となる修好条約案の要点は、次のごとくであった。

①わが国で外国が行使しうるものは裁判権に限定し、立法権・行政権はわが国に回復すること。
②民事事件・刑事事件は、従前どおり被告の所属する国の管轄とすること。
③但し、刑事事件のうち、日本人に対して即決すべき小罪を犯した外国人は、わが国の裁判所で即決し、また警察規則・行政規則などに対する違反についても、ある範囲までわが国の裁判所の管轄とすること。

ずいぶん穏やかな「法権」回復の主張のように思われるが、その全面的回復には法令や裁判制度の完備が必要不可欠である以上、これで精一杯だったのである。この条約改正草案を各国公使に交付した際に、お雇い外国人E・ボアソナードを中心に司法省で調査立案した刑法・治罪法などを添えたのも、条約改正交渉の申出が充分根拠のあるものだということを理解させるためであった。なお、刑法・治罪法は七月に布告され、翌々年（明一五）一月から施行されるに至る。

## ４「条約改正予議会」と欧化政策の推進

### (1) 連合予備会議

井上外務卿が閣議の了承をとりつけたのは、明治十四年の政変後であるが、条約改正交渉は、イギリス側の提案に基づいて、東京で十五ヵ国の委員による連合の予備会議でおこなうというかたちで実現した。

このように、各国共同の予備会議を開いて一般的協議が整った事項を基礎とし、各国別々に条約を締結するという方式はまったく異例であるが、「条約改正予議会」と名づけられたその会議は、翌一八八二年（明一五）一月から七月まで、合計二十一回開かれた。議事は、領事裁判を明文化するなど最も体裁の整った日墺修好通商航海条約（明二）を基礎とし、「領事特権」「民事裁判権」「刑事裁判権」など十三項目を討議決定している。この間に、参議・伊藤博文の一行が憲法取調べの勅語を受けてヨーロッパに旅立っているが、滞欧中の伊藤と留守閣僚との間の交信の中で条約改正の件が頻繁に出てくるのは、そのためである（第三章Ⅴ参照）。

条約改正予議会の議了とともに、日本は、各国委員と各々の本国政府の協議を待った。その反応を見つつ、最終的に条約改正の基礎とすべき覚書を各国公使に交付することができたのは、二年後の一八八四年（明一七）八月であるが、その覚書は以下の内容を含んでいた。

①予議会において各国の同意を得た改正税目については、無修正採用を希望すること。

②関税・税率の変更は、六ヵ月前に一般に予告すること。

③内地開放と関税自主権の回復・領事裁判権の廃止とは、同時に施行すること。

④日本在留の外国人は、日本の行政規則・警察規則とともに地方規則を遵守しなくてはならない。もし、これに反したときは三十円以下の罰金に処し、十日以内の拘留又は両者を併科する場合には日本裁判所で審判し、その処罰がこれを超える場合は、日本官吏より最寄りの開港場の領事に引き渡し、領事は右の諸規則により処断すること。

⑤外国人が法律又は規則に違反したときは、その逮捕権は日本官吏が掌握する。但し、外国人の居住権を尊重し、逮捕権を濫用しないよう注意すること。

⑵改正条約案の作成

明治政府は、この覚書に各国政府が大体賛成の意を伝えてきたことをうけ、これを基礎とした改正条約案の作成に着手した。この作業は極秘裡におこなわれるが、アメリカ人の外務省顧問、H・デニソンが英文で起草し、外務省の栗野《くりの》慎一郎《しんいちろう》、司法省の横田《よこた》国臣《くにおみ》などが意見を述べるかたちで進められた。そして、E・ボアソナードおよびC・ルードルフにも示したうえで、一八八五年（明一八）四月下旬、全二十六ヵ条からなる改正条約原案が完成した。政府は、さらに慎重を期して、各国全権委員に内密に通知し、その意見を参考として全三十四ヵ条の最終的な改正条約案を作成したが、これが翌年（明一九）五月から始まる条約改正会議に提出された改正案になるのである。

この時すでに、井上外務卿が前任者である寺島宗則の条約改正方針を大きく修正してから六年半が経ち、改正予議会の終了から数えてもおよそ四年が経過しようとしていた。この間に十四年の政変が起こり、伊藤博文一行のヨーロッパでの憲法調査が進められ、内閣制度の創設を始めとする官制大改革も実行に移されるなど、憲法制定と議会開設にそなえた各種の施策がとられてきたが、政府はさらに、鹿鳴館の建設（明一六）に代表される欧化政策をとり、わが国の制度文物の全般にわたる西欧化に力を注いできたのであった。

## 5 民間の条約改正論

### (1) 馬場辰猪《ばばたつい》の訴え

政府の外にあっても、条約改正論議は盛んであった。なかでも、一八七六年（明九）、イギリス滞在中に、英文で「条約改正の是非如何を欧洲の輿論に訴へた」自由民権論者の馬場辰猪は、そのもっとも早い主唱者であった。馬場は、「常に公平無私の精神を以て外交上の主義とせる英国人民の輿論」に訴え質すかたちで、日英修好通商条約（一八五八年）をとりあげ、次のように論じている（『明治文化全集〈外交篇〉』所収）。

条約中其関係の至重至大なるもの、実に左の如しとす。

第五条　日本人に対し犯罪を為す英国人は、凡て英国の法律に従って領事若しくは任命されたる判官に求刑され、且処刑せらるゝものとす。

第七条　英国人が日本人より負債をなして弁償する能はず、或は詐偽を以て弁償の義務に応ぜざるときは、領事法廷に召喚して裁判す可きものとす。

抑《そもそ》も斯の如き不正不当なる特例は、其之を与へたる邦国即ち我日本をして非常なる損害を被らしむるに至るは、蓋《けだ》し免れざるの数なりとす。何となれば、苟《いやしく》も不羈《ふき》独立の体面を全うする邦国は、其領地に居留せる凡ての人民を支配する実に動す可らざるの権利を有すればなり。然らば即ち、此特例は此動す可らざる権利を剝奪して、以て我日本を損害するや知るべきのみ。去れば、欧洲人殊に英国人は我日本に渡来して、仮令《たとえ》ば我日本の法律を犯かすの挙動をなし、或は不利益を醸すの行為あるも、我日本政府は之を処分するの権利を有せざるにより、彼等の為めに殆んど半独立国の一種類の如き待遇をせらるゝに至れり。既に此の如く欧洲人は、我日本に対して此の特例を有する以上は、我日本に来つて暴戻残酷の挙動を逞ふするに至るや、勢の然らしむる所なり。

(2) 自由民権運動への反映

こうした思いは、自由民権運動の高揚とともに、民間有志の間に広まった。いわゆる私擬憲法と同じように、政府の条約改正論と併行するかたちで「私擬条約草案」(稲生《いのお》典太郎《てんたろう》『条約改正論の歴史的展開』八九頁)と呼ぶべきものが登場したのは、そのためである。また、条約改正論は、国会開設願望書の中で主張されることもあった。例えば、岡山県有志の国会開設願望檄文(明一三)は、次のように訴えている。

今や外人は鴟梟《しきょう》の欲を逞ふし、我々民人を見ること雀鴉の如く、児童の如く、卑屈なる奴隷の如く、条約改正の期既に迫ると雖ども、未だ彼れが許諾を得る能はず、独立の体面は果して何の処にあるか……今日に際して国会を開設し、以て衆智を集め衆力を合するは止むべからざるの勢なり。国会已《すで》に開くれば則ち民権始めて伸暢す、民権已に伸暢すれば何ぞ国権の拡張せさるを憂へん、何ぞ外人の陸梁を患へん。

国会開設を条約改正と結び付けた建白は、このほかにも多く見られる。ただ、注意すべきことに、自由民権論は、対外意識の面では政府よりずっと生硬な姿勢をもっており、その外交論もかなり国権主義的な色彩をおびていた。

このように、国家の独立をそこなう条約を改正するためには、西欧的な法制度の整備や国会開設・憲法制定が不可欠であるという認識は、朝野を問わず広く共有されていたのである。この意味において、明治憲法史を考える場合には、条約改正問題がいわばその通奏低音となっていることを、よく理解しておく必要がある。

## II　改正条約案の成立と挫折

### 1　条約改正会議と法律取調委員

#### (1) 裁判管轄条約案の作成

すでに述べたように、わが国における立憲制の導入・整備にとって、不平等条約の改正問題は重要な意味をもち、一八七九年（明一二）以来、いわゆる税権・法権の全面回復をめざす外務卿井上馨の努力は、六年余りの後ようやく条約改正案として結実した（Ｉ４参照）。ちょうど内閣制度の創設にともなう諸般の改革が一段落し、伊藤が憲法起草方針を訓示した頃のことであるが、ここでそれをめぐる内外の動きをみておきたい。

まず、外務大臣の井上馨を中心とし、栗野慎一郎・横田国臣・黒田《くろだ》綱彦《つなひこ》などに外務省顧問のH・デニソンを加えた準備委員は、一八八六年(明一九)春までに、全三十四ヵ条の改正条約案本体のほか、裁判実施規則案・貿易規則案・旅券規則案などの附録法令案を作成し、その英語訳・フランス語訳も整えていた。

五月一日、わが外務省において条約改正会議が開かれ、各国代表委員に改正条約案・附録法令諸案が配布された。日本側全権委員は、外相の井上馨と外務次官の青木周蔵《あおきしゅうぞう》である。条約改正会議は、翌一八八七年(明二〇)四月下旬までに計二十六回の会議を重ねるが、第六回会議(一九年六月一五日)において、イギリス・ドイツ両国代表は、日本側が配布した改正案を不適当とし、通商航海条約と裁判管轄条約とに分けた全十二ヵ条からなる裁判管轄条約案を提示した。この案は、内地開放を条件として領事裁判を廃止しようというもので、以後これを対象として改正談判が進められ、裁判管轄条約案は、多少の修正を経た後、第二十六回会議で確定した(四月二二日)。その要点をあげれば、以下のごとくである。

①本条約締結後二ヵ年以内に日本全国を外国人に開放し、外国人に内国人と同じ権利特権を享有させること(一条・二条)。

②日本政府は、右の期限内に「泰西主義に則り……司法上の組織及成法を確定」すること。つまり、刑法・刑事訴訟法・民法・商法(破産法・手形条例等を含む)・民事訴訟法などの諸法典を編纂して布告するとともに、本条約締結後十六ヵ月以内に英訳して、諸外国政府に「通達」すべきこと(四条)。

③日本裁判所が、外国人が当事者の一方である民事訴訟を裁判する場合、判事の多数は

外国人裁判官で占めること。外国人裁判官は日本政府で選定するが、その「転免」は「大審院《たいしんいん》詰めの外国裁判官」で組織する「監督法院」の特別多数決によること（七条・八条）。

### (2) 法律取調委員の設置

右の①と②にいう条約締結後二ヵ年以内――裁判管轄条約案がただちに批准されれば、一八八九年（明二二）に当たる――という期限は、実は、すでに第六回会議（一九年六月）で明らかにされ、その次の会議で確定していた。そこで、条約改正にとって各種法典を早急に編纂することが緊要だとみた政府は、急いで外務省に井上馨を委員長とする法律取調委員を設けている（同年八月六日）。国内立法をおこなうというのに、司法大臣ではなく外務大臣を長とする役職を設けるというのである。こうした異例の措置をとった点に、法典編纂というものがもつ外交上の意味がよく示されている。

この法律取調委員には、特命全権公使の西園寺公望《さいおんじきんもち》、司法次官の三好退蔵《みよしたいぞう》のほか、E・ボアソナード、司法省顧問M・カークードおよびO・ルードルフが任命され、法制局参事官の今村和郎《いまむらわろう》や司法大臣秘書官の栗塚省吾《くりづかせいご》などが、書記として法典編纂に加わった。そして、裁判管轄条約案がほぼ確定したのをうけて、事業の速成に向けた陣容の強化もはかられ、弁理公使の陸奥宗光《むつむねみつ》、元老院議官の箕作麟祥《みつくりあきよし》のほか、H・ロエスラーやA・モッセも、委員に加えられた（二〇年四月一二日）。

さらに、井上委員長は、ボアソナード草案を基に元老院で審議中であった民法典のみならず、商法編纂委員による商法典の編纂作業についても、法律取調委員に移管すべきことを主張し、内閣の承認を得ている（同月一八日）。その四日後、裁判管轄条約案が最終的に議決されたが、いわゆる欧化政策の極致ともいうべき大仮装舞踏会が総理大臣官邸で催されたのも、その直前のことであった。

## 2　裁判管轄条約案の問題性

### (1) ボアソナードの反対意見

しかし、確定した裁判管轄条約案は、わが国にとって重大な問題を含んでいる。まず、③の外国人法官を任用し、かつこれを裁判組織の多数派とするなら、裁判の実際において日本人に不利益になることは明らかである。また、右の②は、条約締結後二年以内に西欧流の法典の編纂を義務づけるだけでなく、事前に外国政府に「通知」することをも義務づけるもので、かつて馬場辰猪が嘆いた「殆んど半独立国の一種類の如き待遇」そのままである（Ⅰ5参照）。

はたして、右の裁判管轄条約案が閣議の日程に上る頃から、強硬な反対論があらわれた。その先陣を切ったのは、条約案の内容を早くから知ることのできたボアソナードで、井上毅《いのうえこわし》は、「此の頃ボアソナド氏或る親密之交際ある日本人に向ひ左の説話いたし候由」と、次のように伊藤に書き送っている（五月七日書簡）。

余は今日日本の為に喪に居るの心地す。日本は将に回復すべからざる哀悼の地に沈まんとす。其故は、条約改正の談判段々に外国公使の為に侵入され、今は已に最初の原案の形のみを存すと、其内部に包含したる精神の部分は、総て日本の為に甚しき不利益の点に落ち、将来此の改正より生ずる結果は、遥に旧条約にも劣るに至らんとす。此上は、只だ日本人民の輿論又は内閣の注意を以て改正に抵抗し、遂に批准を経るに至らずして、旧条約を継続するの一方あるのみ。

ボアソナードは、一八七三年（明六）の来日以来、ロェスラーとともにわが政府の最も信頼するお雇い外国人で、右の「伝聞」は聞き捨てならない。そこで井上は、伊藤の指示によってその自宅を訪ね、意見を質した（五月一〇日）。この時、ボアソナードは、かねて司法大臣の山田顕義《やまだあきよし》に注意したが、権限外として一蹴されたこと、そして外相の井上馨、同次官の青木周蔵などにしばしばその持論を述べたが、聞き入れられなかったことを打ち明けたうえで、裁判管轄条約案の全体に対して「不満足」であることを伝え、とくに②と③については、次のように評した。

条約の実行期より八ヵ月前に、日本各種法律案を以て外国政府に通知すること……は草案の趣意は単に通知に止りしなるべけれども、外国公使は此条を以て外国政府は試験に掛くることとして解説したり。即ち日本国は、其立法の権に付、外国の制縛を受け、左右に動揺さるゝ意外の結果を来すべし。此事は尤も不吉なる重要の件なり……旧条約に従へば、原告たるときに限り外国裁判を受け、其被告たるときは仍ほ本国裁判権に従属したるを以て、日本人の不利益の区域は狭隘の部分に過ぎざりし。然るに改正草案に依れば、原告たると被告たるとに拘らず、総て日本人は外国裁判官の勢力の下に従属せざる可らずして、其不利益は一般の部分に波及したり。

きわめて明快な正論で、井上は早速その詳細を伊藤に伝えるとともに、法相の山田にも「ボアソナード氏対話筆記」を見せたらしい。そしてボアソナードは、山田の求めに応じて長文の「裁判権の条約草按に関する意見」を提出し、「日本国の利益・面目・安全の三目的を見るに、日本の位置は、現今より一層悪しと断言する」所以を縷々《るる》説いた（六月一日）。むろん、内容は井上毅に話したのと同じである。

(2) 条約案反対派の動き

すでにこの頃、問題の条約案とこれを痛撃したボアソナードの反対意見は世上に洩れ、大いに物議を醸していた。同じ日、憲法草案の検討のため神奈川の夏島《なつしま》に向かった伊藤に対し、外相の井上馨は、天皇に拝謁して「凡て之事情無洩奏上に及び……此場合に於て、至急内閣今一層結合力を以断乎不抜、憲法並に王室之憲法、条約改正、新条約之結果たる諸法律同意施行之手順等成就せしむる迄之為に、一と締り之手段相付不申候而は不叶」旨を陳奏したことを伝えている。燻り始めた反対論への危機感をうかがわせるものといえよう。

ちょうどこの時、「反対派に火を点じ油を注ぎ薪を加へるべく」（山本茂『条約改正史』三一六頁）、前年二月以来、ヨーロッパ視察に出ていた農商務大臣の谷干城《たにたてき》が帰国する（六月二三日）。谷は、外遊中条約改正についてすでにある程度情報を得ており、シュタインから条約改正上の注意も受けていた。帰朝して早々、谷は井上・山県・山田などの諸大臣に面会を求められ、「内閣一致」のために条約改正問題については「一切他人へ不談第一総理大臣へ速に申述呉候様」頼まれ、「決て他言不仕」と確約させられた。

ところが、一徹な谷は、夏島まで赴いて伊藤に所信を述べたのち、「欧洲在留中考ふる所之意見」をしたためて「内閣諸公へ御順達被下度」旨を伝えると同時に（七月三日）、宮内次官の吉井友実《よしいともざね》を介して、「今日当局の採れる……方針は、一国立法の精神を無視し、国家独立の重権たる立法の範囲に外人の干渉を受くるものにして……外人をして内治に喙を容れ、政務に干渉するの端を開くもの」と厳しく批判する意見を上書している（同月一五日）。

(3) 井上毅の批判

こうした動きの背景に、さらに宮内省図書頭、井上毅の影を見ることもできる。井上毅は、かつての条約改正案に対して強い反対論を述べていたが（明一五）、今回も「内治干渉」を正当化するような条約案に対する批判意見を外務大臣に提出し、総理大臣の伊藤に対しても、整然とした「意見覚書」を送っている（同月一七日）。この意見書は、「条約改正案の問題は、単に法律上の問題なるや又は法律の範囲のみに止まらざる一個主権独立の問題にして、国家の為に重大なる関係を有する乎……を知るは、唯万国公法に於て内治干渉の解決並に性質を講究する」必要があるとの立場から、「公法諸大家の論説」を検討したもので、その結果、「左の結論を得たり」という。

一　兵力を用ひざる交際上の干渉も亦均しく内治干渉なり
二　内治干渉は国の独立主権を毀損する者なり
三　条約に於て自国の立法上の区域を制限して各国に保証の約束をなすは、条約上内治干渉を承認する者なり
四　内治干渉を承認するの条約は、必然に後来、強制手段の干渉を招くべき者なり
五　故に此の条約案は、単純なる法律の問題に非ずして、即ち国の独立主権の危迫なる問題なり

最後に、井上はその一流の筆法で伊藤の決断を促したが、この頃になると、山田・松方といった有力閣僚や内閣顧問の黒田清隆《くろだきよたか》なども改正条約案の非を論じ、伊藤も大きく中止意見に傾いていた。井上は切言していう。

地外法権《(マヽ)》は交際上一種の変例にして……独立権に関係する切迫なる問題には非ざるなり……然るに内治干渉は、此に反して明に独立主権を毀損する者なり。地外法権は譬へば手足の病なり、内治干渉は即ち肺腑の病なり。手足の病と肺腑の病とは、其生命に関係する

こと、何れか尤急促なるべき乎。

## 3　条約改正交渉の挫折と反政府運動

### (1) 条約改正会議の無期延期

そのため、井上外相は、第二十七回条約改正会議（二〇年七月一八日）の席上、「毫《ごう》も余の発意に係らず亦曾て予期せざりし事項に因り、帝国日本政府は……裁判管轄条約に就て変更を加ふることに決定せし」ことを告げざるをえなかった。そしてついに月末には、各国委員に対して、「法典編成の結果を本会に提出することを得るの日まで」条約改正会議を無期延期する旨を通告した（同月二九日）。

ただ、その中で外相は、「法典編成の事案を以て行政及び法律に於て泰西に則らんとするの真意」に変わりがないことを示し、次のように述べている。

右裁判管轄条約案は、帝国内閣に於て精細審議の上之れに首要なる変更を加へ、且つ更に解釈を附すること、全く必要なりとのことに決定相成候。尚ほ帝国内閣に於て特に異見を抱き候は、第五条の約款に於て日本の編成法典は之を外国政府の検閲に供し其允諾を経べき趣有之処に候。素より該条之文面にては右の如き語気無之候得共、爾後之に附したる解釈に拠れば、是れ即ち其真主眼なりと内閣に於て判定相成候。是に因て、内閣に於ては、日本帝国の面目を維持するには、先づ右法典を編成するに如かずと一同決定候。何となれば、此の如く法典完成相成時は、右裁判管轄条約を以て示せる如く法典を各締盟国の検閲に供するの必要無之事、充分判然なるべしとの事に有之候……

こうして、寺島宗則の後任として八年間にわたって心血を注いできた井上外相の努力も、水泡に帰してしまう。まもなく井上は、依願免官となって宮中顧問官に転じ（九月一七日）、法律取調委員長の職も解かれたが（一〇月二一日）、この時、法律取調事務の管理が司法大臣に移され、山田顕義が委員長となったのは、当然の成り行きである。

(2) 反政府運動への刺戟

改正条約案は、しばらく鳴りを潜めていた反政府運動をも刺戟し、井上馨の外相辞任によって鎮静化に向かうどころか、ますます激しくなった。すでにこの頃には、秘密出版を通じて裁判管轄条約案のみならず、ボアソナードの反対意見や谷干城の中止意見なども一般に流布し、さらに、有司による門閥政治の弊害を厳しく指弾した板垣退助《いたがきたいすけ》の封事（八月提出、一〇月却下）すら、広く世人の知るところとなった。

その結果、自由党・改進党・保守派を問わず、地租軽減・言論集会の自由・外交失策の挽回を内容とする、いわゆる三大事件の建白が多く出されることになるが、徳富蘆花《とくとみろか》『思出の記』は、この頃の世相を以下のように描いている。

明治廿年は明治政史に一花咲かした年であった。就中《なかんずく》条約改正問題は、端なく藩閥政府攻撃の導火線となつて、久しく蟄伏して居た民間の気焔は、また明治十三四年の頃の様に燃へ上つて来た。某雇外人の意見書、某大臣の意見書など云ふものが漏れて、此処其処煙出すると見るが内に、忽ち燃へ広がつて、新聞演説が非常に賑やかになり、民間名士の車が東西に走《は》せる、壮士が飛揚する、秘密出版が行はれる、人の血を鼓舞する檄文は全国隅々へ飛んで行く、地方有志家が血眼になつて上京する、当路大臣の門には威嚇詰問的訪問者がつめかける、政府攻撃の熱度は都門の暑気と共に弥《いや》まして示威運動は恐る可き勢となつた……而《しか》して示威運動其効を奏して、条約改正中止、外務大臣辞職の報が伝はると、先生は手を拍つて、面白い、最早《もう》一息だ、と勇まれた（先生とは佐藤鉄嶺を指す）。

## 4　政府の対応

### (1) 内務省令の布告その他

こうした反対運動に対して、政府もいろいろな手段を講じている。まず、伊藤首相が地方長官に対して施政方針を訓示した翌日（九月二九日）、「近来建言を名として官吏に面謁口陳を求め、従て抗論喧擾に渉る者あり。右等は何等の名義を用ゆるに拘はらず、其違犯者は総て十五年第五十八号布告に依り処分すべし」とする内務省令が布告された。この「十五年第五十八号布告」とは請願規則を指すが、これにより「処分す」とは、同規則の諸規定に合致しない請願を受理しないこと、「条規に違ひ受理せられざるの請願を以て強て受理を請ふ者」および「官吏に対し抗論し喧擾に渉る者」（同一七条・一八条）を処罰することを意味している。

十一月には、運動会を事前に規制するための警察令――当時の警視庁官制（明治一九年勅令四二号）第七条により警視総監が東京府下の警察事務について法令の範囲内で発する命令――も布達された。運動会の規制というのはいかにも奇妙な感じがするが、実は、「当時政治上に意志あるもの、巧に此運動会を利用し、以て其意志を表示するの具となし、遂に一転して表示即デモンステレーションと為り、往々過激粗暴に渉る」（指原安三《さしはらやすぞう》『明治政史』上篇五四二頁）という事情があったらしい。もちろん、「官立公立学校の挙行に係るもの又は婚儀葬式神仏儀式等、従前の慣行に依るもの」などは規制の対象から外されたが、運動会に規制を及ぼすということ自体、政府の動揺ぶりをよくあらわすものといえよう。

(2) 保安条例の施行

さらに十二月には、決定的ともいえる保安条例（明治二〇年勅令六七号）が制定され、即日施行された。全七ヵ条と短いが、集会・結社・出版を規制する典型的な治安立法であって、内務大臣に権限を集中する以下の条項を含んでいる。

第一条　凡ソ秘密ノ結社又ハ集会ハ之ヲ禁ス（下略）
内務大臣ハ、前項ノ秘密結社又ハ集会又ハ集会条例第八条ニ載スル結社集会ノ聯結通信ヲ阻遏スル為ニ必要ナル予防処分ヲ施スコトヲ得（下略）
第二条　屋外ノ集会又ハ群集ハ予メ許可ヲ経タルト否トヲ問ハス、警察官ニ於テ必要ト認

ムルトキハ之ヲ禁スルコトヲ得

第三条　内乱ヲ陰謀シ又ハ教唆シ又ハ治安ヲ妨害スルノ目的ヲ以テ文書又ハ図画ヲ印刷又ハ板刻シタル者ハ、刑法又ハ出版条例ニ依リ処分スルノ外、仍《なお》其犯罪ノ用ニ供シタル一切ノ器械ヲ没収スヘシ

第四条　皇居又ハ行在所ヲ距ル三里以内ノ地ニ住居又ハ寄宿スル者ニシテ、内乱ヲ陰謀シ又ハ教唆シ又ハ治安ヲ妨害スルノ虞アリト認ムルトキハ、警視総監又ハ地方長官ハ、内務大臣ノ認可ヲ経、期日又ハ時間ヲ限リ退去ヲ命シ三年以内同一ノ距離内ニ出入寄宿又ハ住居ヲ禁スルコトヲ得

実際、内務大臣の山県有朋《やまがたありとも》は、警視総監の三島通庸《みしまみちつね》に下命して、東京府での即刻施行の措置をとらせたが、年末二十六日の夜から二十八日にかけて退去者の総計は、五百七十名に達したという。この中に、星亨《ほしとおる》・中島信行《なかじまのぶゆき》・尾崎行雄《おざきゆきお》・片岡健吉《かたおかけんきち》・中江篤介《なかえとくすけ》（兆民《ちょうみん》）といった民権派の運動家も含まれていたが、尾崎などは、保安条例について、「普「プロイセン」の社会党鎮圧法及露「ロシア」の虚無党撲滅法を折衷取捨して編制せる者の如し」と分析している。

### (3) 政府部内の批判

むろん、こうした強硬手段をとることについては、政府部内に批判がなかったわけではない。例えば、井上毅は、すでに十月、「政府の人民に対せる威信は殆ど地に墜ちたり」と診

断し、「空言徒法」を戒める意見書を伊藤に提出していたが、保安条例が発布されたのを機会に、改めて伊藤・松方にほぼ同一の意見書を提出している（一二月末）。

すなわち、井上によれば、「保安条例の発行は一時の安寧を保持するの効力ある」としても、「枯葉を振うが如き」手段にのみ頼ることは、「八方多数の政敵を激成し政府をして孤立単独の位地に入らしめ……不幸に落ちしむる」結果になる。これを避けるためには、少なくとも同時に、行政内部の会計を整理するために会計法を施行して「官商通謀の弊」を根治する必要があり、さらに「尤も国民の嚮背《こうはい》、国運の安危に関係する」問題として、「聖上親から勤倹の懿徳《いとく》」を示し、「太平の粧飾観美に属する」政費などは、すべて「減省廃除」すべきである。こうして井上は、「空文徒法」に頼ることの非を述べ、政府・宮中の反省を促している。ここで、鹿鳴館舞踏会のごときを「減省廃除」の対象にしたであろうことは想像に難くないが、しかし、大勢はどうしようもなかった。

### (4) 大隈重信の政権復帰

翌一八八八年（明二一）二月一日、井上馨の辞任をうけて伊藤首相が前年秋から兼職していた外務大臣に、大隈重信が就任する。大隈としては、明治十四年の政変以来の入閣であるが、ここに至るまでに、実は、数ヵ月を要している。

というのは、井上は外相辞任にあたって大隈を起用し、条約改正交渉を託すつもりであった。伊藤もこれに同意し、黒田とともに大隈に談判したところ、大隈から議会開設ののち七、八年以内に議院内閣制を設けるといった入閣条件を示され、伊藤も黒田もこれを拒否して対立したからである。結局、大隈はその条件を撤回し、入閣が実現することになったが、大隈は、枢密院《すうみついん》における憲法制定会議（第六章Ⅲ参照）と併行するかたちで、ひそかに条約改正案の検討を重ね、国別談判の方式をとって交渉を進めつつあった。

ところが、憲法制定後（明二二）の五月末、改正条約案の内容が国民の知るところとなって、再び激しい反対運動が起こり、政府はまたも条約改正交渉を無期延期せざるをえなかった（同年一二月）。その間の経緯については、後で詳しく述べることにしよう（第七章Ⅱ2参照）。

## ■第一章　年表

| | | | |
|---|---|---|---|
| 1853年 | （嘉6） | 7月 | アメリカ合衆国東インド艦隊司令官ペリー、浦賀に来航 |
| 1854年 | （嘉7） | 3月 | 日米和親条約に署名 |
| 1856年 | （安3） | 8月 | アメリカ総領事ハリス、下田に来航 |
| 1858年 | （〃5） | 6月 | 日米修好通商条約に署名 |
| | | 7月 | オランダ・ロシア・イギリスと修好通商条約を締約 |
| | | 9月 | フランスと修好通商条約に署名（これにより安政五ヵ国条約なる） |
| 1860年 | （〃7） | 3月 | 桜田門外の変 |
| 1865年 | （慶1） | 5月 | イギリス公使パークス来航 |
| 1868年 | （明1） | 9月 | 明治と改元、一世一元の制をしく |
| 1869年 | （〃2） | 1月 | ドイツと修好通商航海条約に署名 |
| | | 9月 | オーストリア=ハンガリーと修好通商航海条約に署名 |
| 1871年 | （〃4） | 12月 | 岩倉遣外使節団、横浜を出発 |
| 1873年 | （〃6） | 10月 | 征韓論の政変（西郷・板垣など五参議下野） |
| 1878年 | （〃11） | 2月 | 寺島外務卿の条約改正方針 |
| 1880年 | （〃13） | 7月 | 井上外務卿の条約改正案なる |
| 1881年 | （〃14） | 10月 | 国会開設の勅諭、明治十四年の政変（大隈重信の下野） |
| 1882年 | （〃15） | 1月 | 条約改正予議会始まる |
| 1883年 | （〃16） | 11月 | 鹿鳴館が開館 |
| 1885年 | （〃18） | 4月 | 条約改正原案なる |
| 1886年 | （〃19） | 5月 | 条約改正会議始まる |
| 1887年 | （〃20） | 4月 | 裁判管轄条約案の作成 |
| | | 6月 | ボアソナードの反対意見 |
| | | 7月 | 条約改正会議の無期延期 |
| | | 12月 | 保安条例の施行 |
| 1888年 | （〃21） | 2月 | 大隈重信、外務大臣に就任 |

# 第二章　立憲政体構想の模索

## 1　立憲思想の萌芽

### 1　立憲思想の紹介

幕末期において、西洋の議会制度は断片的に紹介されてはいたが、いわゆる権力分立の主義に基づく国家構想を軸とした日本の憲法思想は、西欧の立憲政体を体系的に紹介し、これを導入するというかたちで出発している（尾佐竹猛『維新前後に於ける立憲思想』参照）。

その最初の試みは、おそらく加藤弘蔵《かとうこうぞう》（弘之《ひろゆき》）の著した『鄰艸《となりぐさ》』（文久二）であって、加藤は「漢人の未だ曾て知らざる良術」として、「仁義を旨とせる公明正大の政体」を立てることの必要を説き、とるべき立憲的君主政治である「上下分権の政体」について、次のように解説している。

上下分権の政体と云ふは、君主万民の上に在りて之を統御すと雖ども、確乎たる大律を設け又公会と云へる者を置て王権を殺《そ》ぐ者を云ふ……二三国を除くの外、欧羅巴《ヨーロッパ》諸国の如き皆此政体なり。扨《さて》此政体を立たる国にては……確乎たる大律を設けて万政悉《ことごと》く之に則らざることなく、又国家の大事或は異常の事等に至りては公会を置いて必ず之を謀議して其処置をなす。

ここにいう「確乎たる大律」は憲法、「公会」は議会とみられるが、幕政批判に通じるこうした「最新論」が公刊されることはなかった。

これに対し、朝野を問わず広く流布したのは、福沢諭吉《ふくざわゆきち》の『西洋事情』(慶応二)であろう。これは、ちょうど加藤が『鄰艸』を書き上げた頃に西欧に渡り、そこで実地見聞した成果を示す具体的な立憲政治論であったが、福沢自身の表現を借りるなら、「維新の大事業を成した無学な「諸藩の有志者」に対する立憲政の指南書というべきものであった(『福澤撰集』所収「福澤全集緒言」)。同じ頃、西周《にしあまね》による邦訳『万国公法』などもあり、幕末の知的環境というものを垣間見ることができよう。

こうした加藤弘之などにみられる幕府側の立憲政体論は、封建諸侯による列藩会議の構想を中核としている。しかし、幕政への批判は、むしろ幕府そのものの存在理由を否定し、その権力の正統性の源泉である朝廷の権威を回復しようとする王政復古論のかたちをとって先鋭化することになる。この王政復古思想と公議政体論とは、もともと、それぞれ独自の原理をもつ要求であるが、実際の王政復古運動は両者を結合するかたちで進められており、ここに「わが国憲政思想の発達の特色の一」つが見出されよう(佐々木惣一『改訂 日本国憲法論』七四頁）。

## 2　王政復古と政体書

### (1) 初の憲法的文書

一八六七年（慶応三）十一月、第十五代将軍徳川慶喜から、「従来の旧習を改め、政権を朝廷に帰《き》し奉り、広く天下の公議を尽し、聖断を仰ぎ、同心協力共に皇国を保護仕《つかまつり》候得ば、必ず海外万国と可並立候」とする大政奉還の上表が提出され、ここに約二百七十年つづいた徳川政権は幕を閉じた。

翌年一月には、岩倉具視の文案を基に王政復古が宣言され、その旨はフランス・イギリス・プロイセン・アメリカなどの各国公使にも伝達された。これと同時に、明治政府は、古制にならって太政官以下の国家行政組織を整備することになるが、本格的な体制づくりにはもう少し時間を必要とした。

ここで転機となったのは、天皇が公卿諸侯を率いて「広く会議を興し万機公論に決す」べきことを誓った一八六八年（慶応四）四月の五箇条の誓文である。その二ヵ月後の官制改革（七官両局制）、つづく「政体」書の頒布は、五箇条の誓文の趣旨を体した具体的施策という意味をもつが、とくに後者は、「今般御誓文を以て目的とし、政体職制被相改候」ことを述べたわが国初の憲法的文書というべきものである。というのも、そこには、次のような「政体」条目がある。

一　大ニ斯国是ヲ定メ制度規律ヲ建ツルハ御誓文ヲ以テ目的トス
一　天下ノ権力総テ之ヲ太政官ニ帰ス……太政官ノ権力ヲ分ツテ立法行法司法ノ三権トス
一　立法官ハ行法官ヲ兼ヌルヲ得ス　行法官ハ立法官ヲ兼ヌルヲ得ス
一　各府各藩各県皆貢士《こうし》ヲ出シ議員トス　議事ノ制ヲ立ツルハ輿論公議ヲ執ル所以ナリ
一　各府各藩各県其政令ヲ施ス　亦御誓文ヲ体スヘシ

ここにいう「太政官」とは、諸官庁を総括する官名であるが、この文書には公議思想と権力分立主義による「政体」が示されており、西欧立憲思想の影響がうかがわれる。しかし、権力分立の考え方は、たんに国家作用を三つに分け、立法・司法について独立した機関を設けるというだけでなく、とくに立法作用について国民自らまたはその代表者がおこなうことを重んずるものである。そこで、国民の政治参加も強く唱えられ、これが後に民撰議院設立論というかたちをとった立憲政体論として立ち現れることになる。

⑵ 政体書の変更

にもかかわらず、現実には、政体の創立・法制の造作・機務の決定などをおこなう「立法官」としての議政官（とくに議定・参与など）と、天皇を補佐し、議事を奏宣し、宮中庶務を総判する「行法官」としての行政官とを分離することは、むずかしい。そこで、議政官を廃止し、議定・参与などをそのまま行政官とすることが勅定された（一一月）。その限りで、政体書の変更、いわば憲法改正がおこなわれたのであるが、その但書きでは、「議政官を被廃候得共、即時政体書御変革には不相成候」ことも明示された。

もちろん、政府においても、議政（立法）機関の必要なことはよく自覚するところであって、議政官の一時廃止と同時に「議事体裁取調局」を設けたのは、そのためである。この成果を基にして各藩選出の公議人からなる「公議所」が作られ、これが後に官制改革によって「集議院」と名を変える。ところが、一八七一年（明四）八月の廃藩置県――この結果、三府三〇二県となり、秋には三府七二県となる――によって、有名無実の存在となってしまい、同院は翌々年に正式に廃止されることになる。いわば試行錯誤の時代であった。

なお、同年十二月には、先に述べたように、岩倉具視を特命全権大使とする米欧遣外使節団が横浜を出港している（第一章Ｉ２(2)参照）。

### ３　左院の設立と国憲の編纂

#### (1) 左院の地位と権限

廃藩置県直後の官制改革によって、「天皇臨御して万機を総判し、大臣納言之を輔弼《ほひつ》し参議之に参与して庶政を奨督する」正院《せいいん》のほか、「各省の長官当務の法を案し及行政実際の利害を審議する」右院《ういん》と「議院諸立法の事を議する」左院《さいん》とが設けられ、後者に従来の集議院の事務を託することとなった。

ここに「大臣」とは太政大臣を指し、「納言」はすぐ「左右大臣」と改称されることになるが、左院の議員は、集議院と異なって政府（正院）の任命にかかるものであったから、その立法機関としての意味は乏しい。しかも、太政官職制は、二年後の一八七三年（明六）五月初めに、いわゆる留守政府によって「潤飾」——要するに職制の改正を意味する——が施され、「立法の事務」は、天皇が親臨し、太政大臣・左右大臣および内閣議官としての参議からなる正院に与えられたため、左院の地位・権限はいっそう劣ったものになってしまう。

けれども、左院における立憲政体構想への関心には、注目すべきものがある。まず、同院議官の宮島誠一郎《みやじませいいちろう》は、副議長の伊地知《いじち》正治《まさはる》と参議・板垣退助の賛同を得て、「立国憲議」を提出している。これは、「君民同治の法」として「国憲」を定めるとともに、将来「真の民撰議院」を設ける必要を説いた建議書であった。これとの関連は必ずしも明らかでないが、まもなく左院は、「代議政体取調の件」を命じられたようである。

また、太政官職制の改正をうけて、新たに定められた左院職制・左院事務章程には、左院の事務として、明文で「国憲民法の編纂」が掲げられていた。

### (2)「国憲」編纂の頓挫

ところが、その事務総裁に就任した参議の後《ご》藤象二郎《とうしょうじろう》は、「今般左院に於て編纂する国憲は、所謂仏国の国憲に則り、刑法治罪法税法商法訴訟法の五法を編纂するなり」とする解釈を示したため、左院における憲法起草作業は進展しなかった。それでも、いわゆる征韓論の政変（一〇月）によって後藤が退き、副議長に伊地知正治が復帰すると、左院の権限を拡大する事務章程の改正がおこなわれ、「正院に於て国憲を議し或は職制章程等を創立……することあれば、特命を以て本院議官を選任し其事に与り議せしむ」べきことが明記された（明七）。

そこで、左院の中に「国憲編纂局」が設けられ（同年五月）、正院からは寺島宗則・伊藤博文の両参議、左院からは加藤弘之・松岡時敏《まつおかときとし》などの議官が委員となって、憲法調査に従事することになっていた。ところが、後で述べる大阪会議（明八）の結果、結局、左院そのものが廃止されることになり、これも水泡に帰してしまうのである。

## II　民選議会設立論

### 1　民撰議院設立の建白

岩倉遣外使節団のうち、一足先に帰国した木戸孝允は、五箇条の誓文と政体書を拡充する「政規典則」の論を建議するが、征韓論をめぐる政府内部の激しい対立の中で埋没してしまう。もちろん、欧米の制度文物を見聞して帰国した岩倉・木戸・大久保などは、政体改革論にも関心を示しており、西郷隆盛ほか五人の参議が下野した後、工部卿の伊藤博文と外務卿の寺島宗則の両参議が政体取調掛に任じられたのは、その動きの一つであった。

しかし、この政体改革論は立憲主義的な憲法構想とはいいがたく、西欧的な立憲政体論は、翌一八七四年（明七）一月の民撰議院設立の建白に始まるといってよい。この建白は、政変で下野した板垣退助・副島種臣・後藤象二郎・江藤新平《えとうしんぺい》の前参議が、イギリスから帰国した小室信夫《こむろしのぶ》・古沢滋《ふるさわしげる》などとともに、建白受理機関でもあった左院に提出したもので、「有司の専裁」をしりぞけ、「人民の輿論公議を張る」ために民撰議院を設立することの必要を説いている。同時に、愛国公党という政治結社も結成されたが、民撰議院設立建白書の内容は、従来の建白慣例を破るかたちで翌日の新聞で公表され、前参議達の声望もあいまって朝野に大きな反響を巻き起こした。実際、それに対する賛否両論が相次いで発表され、「新聞紙上、恰《あたか》も一種の戦場に似たり」（津田真道《つだまみち》）といわれるほどであった。

このようにして、民撰議院設立建白は、政治新聞（大新聞）が登場する契機となり、その影響は政府と民間の双方に及んだが、その反応は異なっていた。すなわち、民間にあっては、全国的な民撰議会の創設という単一の要求にほぼ集約されるが、政府内では、全国的な議会の設立を考えながらも、まずは地方民会をスタートさせることを得策とみる考えが強かった。

しかし、当時勃発した佐賀の乱への対応に追われたり、台湾問題をめぐる閣内の対立があったりして、政局は混乱してしまう。さらに、台湾征討に反対した木戸が参議を辞して山口に帰郷するという有様でもあったために、とても民撰議院設立論が支配的になるような状況ではなかったのである。

## 2　地方官会議の試み

もとより、岩倉や大久保が主導する政府としても、民選議会を軸とする立憲政体を樹立する必要を否定したわけではない。ただ、その立場は漸進主義というべきものであって、その点では、辞職した木戸も変わりはなかった。政府が、「全国人民の代議人を召集し、公議輿論を以て律法を定」める前段階として、「先つ地方の長官を召集し、人民に代て共同公議せしむ」るために、地方官会議を召集するという手順を踏んだのは、そのためである。

この地方官会議の議事運営のために、全十三ヵ条からなる「議院憲法」と全二十五則からなる「議院規則」も制定された（五月）。地方官会議は、政府の任命にかかる各地方長官（府知事・県令）で組織されたが、その地位は「一般人民の代議士と心得べし」（第七則）とされた。したがって、地方官会議はいわば「官選国民代表議会」（佐々木『日本憲法要論』一三六頁）としての地位を与えられたことになる。

この地方官会議は、九月十日に開議すべく、伊藤博文がその議長に任命されるなど（七月末）、準備を整えつつあったが、右に述べた台湾征討問題をめぐって清国との紛議が生じたために、結局、延期されている（八月一七日）。もっとも、その後も「議院規則」に関する註釈と実施細則を内容とする「議院規則小目」が定められた（九月九日）ところをみると、その延期は暫定的なものだったと考えられる。

ともあれ、まもなく台湾征討軍の撤兵もおこなわれ、大久保利通を中心とする政府の威力は大きく損なわれることになった。そのため、政権の立直しが緊要の課題となる。

# Ⅲ　大阪会議体制

## 1　漸次立憲政体樹立の詔勅

政権の立直しのためには、木戸孝允の政府復帰が不可欠であった。これを実現し、板垣退助の復帰をもたらしたのが、翌一八七五年（明八）初めにおこなわれた大阪会議である。これは、伊藤博文の斡旋《あっせん》により木戸の政局復帰をはかったもので、一月から二月にかけての会談では、まず、木戸の漸進論と板垣の急進論との協調が約束され、木戸と大久保利通（政府側）との間にも合意が成立した。こうして、立憲政体樹立のための政府機構改革案が、大筋でまとまったのである。

この大阪会議の結果、木戸・板垣の両名は、ふたたび参議となって内閣を支えることになるが、さらに、大久保・伊藤を加えた四人の参議が、正院に設けられた政体取調局の委員となって検討を加えた。その成果を基に、四月十四日には、次のような太政官布告が発せられている。

朕今誓文の意を拡充し、茲《ここ》に元老院を設け、以て立法の源を広め、大審院を置き以て審判の権を鞏《かた》くし、又地方官を召集し以て民情を通じ公益を図り、漸次に国家立憲の政体を立て、汝衆庶と倶に其慶《よろこび》に頼らんと欲す。

これが、いわゆる漸次《ぜんじ》立憲政体樹立の詔勅である。ここに「地方官を召集し」とは、先に延期された地方官会議の開催を誓約するという意味をもつが、立法権をになう「元老院」と司法権をおこなう「大審院」とを、それぞれ独立した組織として設けようとする点において、権力分立を原理とする憲法構想に立っていることは明らかであろう。

もっとも、詔勅の文面のみでは、三権の相互関係、とくに元老院と地方官会議との関係は必ずしもはっきりしていない。けれども、三月下旬に取りまとめられた四人の参議の政体取調案では、以下のように説かれており、ここからその文意を推し量ることはできよう。

夫《そ》れ立法行政司法の三権並立して而して偏重なきは欧洲の良制、我政体も亦当《またまさ》に之を以て準と為すべし。然も今尽く之に倣はんと欲す、未だ行否何如を審《つまびらか》にせず、宜《よろし》く権《か》りに上下二院を設け貴族及勲労学徳あるものを撰び、上院議員に充て立法院に擬し、下院は則地方官会議所と為し、以て民撰議会の端を開かんとす。

## 2　元老院と地方官会議

### (1) 元老院の権限問題

これによって、元老院と地方官会議は、ほぼ立法府の両院に相当するらしいことがわかる。しかし、両者の相互関係および前者と政府との関係は、必ずしも明らかでなかった。

まず、詔勅と同じ日の布告によって、従来の右院・左院が廃止されるとともに、正院の職制・章程も大きく改定された。これによれば、太政大臣は「天皇陛下を輔弼し、立法行政の可否を献替」し、左右大臣は「諸機務を議判」し、参議は「諸機務に参与する」ものとされたが、当面、左大臣・右大臣は、それぞれ元老院議長・大審院長官を兼任することとされている。この兼任制は、大審院長官についてはまもなく廃止されているが、左大臣の元老院議長兼任制が廃止されるのは、年末の元老院職制の改正によってであった。しかしながら、すでにこの時、後で述べるように元老院の権限は、大きく縮小されていたのである。

この権限問題については、もっと厄介な点があった。まず、四月の正院章程は、「立法行政の事務を区別し、立法に関する者は之を元老院の会議に附すべし」（二条）と定め、元老院章程も、「元老院は議法官にして、新法の設立、旧法の改正を議定し及び諸建白を受納する所なり」（一条）と定めることによって、「議法」権と建白受理権のあることを明示していた。

ただ、この「議法」権限が法案の起草を含むものでないことは、「新法の設立、旧法の改正に拘はらず、議案は総て天皇陛下より附与せらるへし。縦令《たとい》本院の起草に出ると雖も、直ちに之を会議に付すべからず」（同七条）、と規定されていることから知られよう。つまり、元老院の「議法」権は、権力分立論における立法権よりもずっと限定された内容をもつにすぎなかったのである。

## (2) 地方官会議との関係

この元老院の「議法」権は、地方官会議の地位・権限との関係でも、問題を孕んでいた。すなわち、地方官会議は、立憲政体の詔勅をうけて改めて開催されることになったが、先に述べたように（Ⅱ2参照）、前年に制定されていた「議院規則」は、議員としての各地方官を「一般人民の代議士」と位置づけ、議案の可否を決すべきものとしていた。そのために、「議法官」とされる元老院と「代議士」とされた地方官会議は、それぞれどのような権限をもっているのかが、当然問題とならざるをえない。

そこで、副議長の後藤象二郎は、元老院を代表して、次のような意見を上奏し、正院の考えを問い質している（五月二三日）。

本院は所謂新法の設立、旧法の改正を論ぜず、茲に議定せざること無き者にして、即ち陛下律法を立定するの権制に参与する者なり。然らば則、地方官の会議決定する者と雖ども、本院権限と関与する所の者は、其上奏するの前、必ず先づ本院に送致し、本院の共同商議を経て、然る後之をして始めて陛下の允裁《いんさい》を請ふを得せしむべし。此の如くんば、庶幾《こいねがわ》くは其立法の権に於て合同一致の宜しきを得、岐異《きい》錯出の害を除き秩然序に就く所あらん。

これに対して、政体取調掛の伊藤博文は、地方官会議の開催の目的は「専ら行政の可否」を論ずることにあり、「律法創立に関与せざること明亮にして、毫《ごう》も元老院の職務と相触れざる事を見る可し」と答えて、元老院側の主張を認めている。そこで、地方官会議を一週間後にひかえ、前年の「議院憲法」「議院規則」などに修正を加えたものが改めて制定されたが（六月）、この時、地方長官を「一般人民の代議士」としていたところは、「一般人民に代り其便否を共同公議すべし」と表現を改められている。これは、前年の召集詔書の文言を借りたものではあるが、その背景に右のような正院と元老院との応酬があったたことは、想像にかたくない。

そうすると、しかし、地方官会議の意義も問われることになる。第一回地方官会議は、木戸孝允を議長として、六月二十日に始まり、予定を三日間延長して、地方民会の件など下問事項の半分を審議したうえで、七月十七日に閉院式を迎えている。この時、「奏する所の答議は更に元老院の議を徴し、朕親ら之を裁すべし」とする勅語があったが、この文言は、右の権限問題が決着したことをも示しているとみるべきであろう。

## 3　漸進的議会開設論

(1)　地方民会の構想

先に述べたように、政府においては、元老院や地方官会議のような全国的な統一組織を設ける案のほかに、右の地方民会を民選議院の端緒としてまずスタートさせるという考えがあった。前年、宮内省官吏の加藤弘之が、板垣退助などの民撰議院設立建白に接するや、これを批判して、「今既に某二三県に於て為せしが如く、姑《しばら》く府県にて士族並に平民の上中等辺より選挙を以て府県内に小議院を設立し、唯其府県内の事を商議せしむるの挙あらば如何」と提案したのは、その最初のものであろう。

内閣も、その方向で定まった。このことは、地方官会議における地方民会の件の審議に際して、木戸議長から、「近々間々地方官の意を以て、或は民会の端を開く者ありと雖も、未だ全々国の通法あらず。因て今此法案を下附せられたり。……夫《そ》れ議会なる者は、もと人民より起り、而して政府随て其法制を設くるものなり」と提案理由が説明されたところをみても、知られよう。実際、地方官会議が区会・府県会の法案を可決して閉院式を迎えた日、政府は、「各地方漸次町村会開設之儀、此度其地方の適宜に被任候」との決定をおこなっている。

⑵木戸の国政意見

そして、翌一八七六年（明九）五月、木戸孝允は、内閣顧問としての資格で長文の国政意見書を奏上したが、ここでも、次のように述べて、民選議院はまず地方民会から開くという主張を再説している。

民撰議院は欧米各国皆其設あらさるなきを以て、此年以来論者皆之を冀望《きぼう》せり、臣も亦之を欲せさるに非ず、然《しか》れ共、民撰議院の設けたる素より人民の共同に出る所にして政府の自ら設《もう》くる所に非ず……独り町村会の如きは然らず……凡《およそ》各県の以て其民に課すべき所のものは、町にあれば町に議し村に在れば村に議し、衆心共同して而後之を出さしむ。是今日最民に益ある者にして、他年其整備に従ひ、漸《ようや》く進めて以て府県会に及び、遂に国会に至らしむべし。且《かつ》昨年明詔を得て既に町村会を開かんことを議定す。今乃ち一年の久しき未だ政府の令あるを見ず……臣切に其事の速に実際に施行あらんことを望む所なり。

このような漸進的な議会開設論は、地方官会議の時に幹事長であった神田孝平が、兵庫県令として実施した、町村会（六年一一月）、区会（七年五月）、そして県会（八年九月）という民会の段階的な開設の事実をも想い起こさせるものがある。

## 4 司法省・大審院と裁判権

⑴司法省からの分離独立

前述のように、司法権の担い手としては、大審院が設置された。しかし、この点については、まず、「幕末以来、三権分立の思想は入り来つたとはいひ条、立法と行政との分立に重きを置かれ、司法の分立と独立とに付ては、多くの注意を払はれなかつた」（尾佐竹猛『日本憲政史大綱〈下巻〉』四〇一頁）という指摘に、耳を傾ける必要があろう。

実際、先の政体書は、「立法行政司法の三権」を分離すべきことを述べて、立法官と行政官との兼職を禁止した。しかし、「司法の権」を執る司法官については、そうした規定を欠いており、ただ、刑法官が「執法・守律・監察・捕亡・断獄を総判する」ことを述べるにすぎなかった。

一八七一年（明四）七月に設置された司法省は、江藤新平を司法卿に迎えるとともに、司法省職制・事務章程の制定によって、裁判所の系統もいちおう整った。しかし、この頃は、まだ、行政府である司法省と司法府としての裁判所を分離するという構想はなかったのである。そのことは、司法卿の司法省裁判所長官兼任制や、「司法省は全国法憲を司り、各裁判所を統括す」（司法省職制）という一文に、よく示されている。しかも、司法省は、当時、行政裁判権を含む裁判権のほかに警察権をもっており、法制の立案や法学校の事務をもおこなう権力機構であったのである。

したがって、裁判権を分離独立させるという構想は、まず、司法卿の司法省裁判所長官兼任制を廃止し（六年二月）、次いで、司法省の権限を縮小するというかたちをとって実現する。留守政府による政体改革において、「凡そ裁判上重大の訟獄あれば、内閣議官、其事を審議し、或は臨時裁判所に出席して之を監視する事あるべし」（正院事務章程）とされたのは、そのあらわれであった。

### (2) 大審院の開設

さて、立憲政体の詔勅後まもなく、明法寮《めいほうりょう》の跡に大審院が開設され、玉乃《たまの》世履《せいり》が大審院長代理（事務取扱）に任命された。そして、諸裁判所職制・章程とともに布告された大審院章程は、大審院を「民事刑事の上告を受け、上等裁判所以下の審判の不法なる者を破毀して、全国法憲の統一を主持するの所」（一条）と定めたが、たんなる破毀院ではない。というのも、場合によっては「自ら之を審判すること」（二条）も認められ、法律疑義に対する「弁明」権や「法律闕失《けっしつ》」がある場合の「補正の意見」上奏権なども与えられていたので（九条・一〇条）、大審院の権限はかなり大きかったからである。

しかし、これによって司法部の行政部からの分離独立が達成されたわけではない。というのも、一八七二年（明五）八月以来、各地方には府県裁判所が設けられていたものの、未だ全国的に完備されたわけではなく、しかも、府県裁判所では行政官吏が判事職を兼任する例も多かったからである。これが改められるのは、大審院が創設された翌年（明九）の九月に、司法卿の大木喬任《おおきたかとう》による建議を契機として、府県裁判所が廃止され、全国二十三ヵ所に地方裁判所が設けられてからのことである。当時の『東京曙《あけぼの》新聞』は、この前後の事情を次のように伝えており、われわれの理解を助けてくれる。

裁判をして独立の地位を保たしむるに至らざれば、許多《あまた》の弊害を脱却することを得ざるの問題は、夙《つと》に朝野一般の帰嚮《ききょう》する所となり、殊に大審院設立の後は益々裁判の体面を一変し、漸く其勢力を鞏因《きょういん》ならしむるに至りしと雖ども、諸県裁判所の如きは、行政の官吏にして判事の職を兼任し、其勢必らず掣肘《せいちゅう》矛盾を生ずべきが故に、輿論は早く完全の制に非ざるを議し、諸県令参事も亦た、大率《たいそつ》其の兼官を辞するに至りたり。而して今や府県裁判所を改めて、地方裁判所を置かるゝに及んでは、復《ま》た行政と裁判と混合錯雑することなく、審判の権は漸く独立の地位を有するに至りたる者にして、政治上に於て、著るしき進歩を加へたりと云ふべし。

## Ⅳ　大阪会議体制の崩壊

### 1　急進改革論の敗北

(1)元老院章程改正案

さて、元老院は、七月初めまでに陣容を整え、先に下付された職制・章程を基にして、全四章三十一ヵ条からなる詳細な「議事条例」を得て、開院式に臨んだ。しかし、ここに至るには、その立法権をめぐって政府部内に激しい対立・論争があったことを知っておく必要がある。

すなわち、元老院側は、同院章程の受領後まもなく、その「実際施行に便ならしむる為め尚増補更正致度《いたしたく》、依ては内議事を起し」たい旨を内閣に伝えて、了解を得ていた。そこで、政体取調掛の板垣退助と伊藤博文に照会し、その説明を聴いた上で、非公式の会議（内会議）を開き、その職制・章程の「増補更正」案を決定して上奏したのである（五月末日）。ここで重要なのは、既存の章程の二倍以上にも達する章程改正案の内容であって、とくに次の諸点が注目される。

①元老院が「立法官」である旨を明記すること。

②内閣からの独立性を確保するため、元老院を「天皇陛下の直管する所」とし、かつ議長は天皇が「議官中より」特選すること。

③立法府である旨をはっきりさせるため、元老院で「可とする所の議案は、天皇陛下准許の后《のち》、始て法章と為す」が、その「否とする所の者は法章と為すを得ず」と明記すること。

④元老院で否決した議案を天皇が採用しようとするとき、又は元老院が可決した議案に天皇が「准許」しないときは、元老院の再議に委ねることとし、それでも意思が一致しない場合は、やはり「法章と為すを得ず」とすること。

いずれの提案も、独立した立法権を志向する元老院の強い意欲をあらわしており、とくに④などは実に用意周到である。それだけに、この元老院章程改正案は、内閣に強い衝撃を与えることになり、その取扱いをめぐって意見が対立した内閣は、またしても瓦解を招きかねない状況になってしまう。

(2)章程改正問題の先送り

この提案は、六月初めの閣議に付議されるが、とくに問題とされたのは、議官の陸奥宗光などの主張にかかる、右の③と④の改正案である。大久保利通と伊藤博文は、大権を制限するものとみてそれらを削除すべきことを説いたのに対し、板垣退助は立憲政体の詔書を根拠として強く抗論した。この背後には、陸奥宗光のほか、副議長の後藤象二郎などの勢力もあったが、木戸孝允は大久保・伊藤を支持したため、ここに急進主義と漸進主義という政治的立場の対立が再燃することになった。

そこで木戸は、板垣・陸奥などの説得に努めた。その結果、元老院の上奏した改正案には、「憲法に明掲すべき者あり、朕将に憲法の制立を待て併て之を欽定せんとす」という理由から、とりあえず既存の職制・章程に則るべき旨の勅語があって（六月二二日）、問題はひとまず落着している。

そして、元老院の開院式の直前（七月三日）、正院に伊藤博文を長官とする法制局が置かれ、ここで懸案の元老院章程の改正問題を扱うことになった。元老院の開議は、そこでの改正案の取りまとめをうけて、いったん見合わせることとされたが（九月一日）、内閣では、参議の各省長官兼任制の可否をめぐる内閣諸省分離問題の取扱いを不満として、結局、板垣退助が辞職するという事態になってしまった（一〇月下旬。左大臣の島津《しまづ》久光《ひさみつ》も、同時に辞職している）。

## ２　元老院の弱体化

### (1)「検視」制度の導入

板垣の辞職は、政府から急進改革論が消え去ったことを意味し、正院法制局の作成した元老院改革案を障害なく実施することのできる環境が整ったことを意味する。こうして、まもなく改正職制と新章程が下付され、さらに旧議事条例に代わる四つの条例も「太政官達」として制定された（一二月）。

ここでの改革の特徴は、元老院の権限を著しく縮減したところにあり、とくに「検視」制度の導入は、立法府としての地位を志向する元老院にとっては致命的であった。この検視とは、現行の他法令との「牴触又は矛盾することなきや」を調べることを意味し、その実質は「牴触又は矛盾する所あれば只理由を別に開陳して政府に其注意を促すのみにして、議案は修正することを得ず。而して其注意を採否するは独り政府の権内にある」（『尾崎三良《おざきさぶろう》自叙略伝』中巻一〇九頁）という体のものであった。しかも、元老院章程は、内閣の議案類別権限を前提として、次のように定めていた（五条・六条）。

議案、本院の議定に係はる者と検視を経る者との類別あり、而して其別は内閣に於て之を定む。

急施を要するの事件、元老院の検視を経るに暇あらざる者は、内閣より便宜布告して後に検視に付することを得。

したがって、元老院の議決案件とするか検視に付すかは、もっぱら内閣の一存で決まることになるが、ここで例外と位置づけられた便宜布告後の検視という方法も、のちに多用され、ついには常態化してしまう。そのため、元老院は、翌年（明九）一月から正式に活動を開始することになるが、当初、立法府として構想され、将来を期待されたにもかかわらず、いざ船出という時に、すでに淋しい旅立ちになってしまった。尾崎三良は、後に「元老院いきたおやぢの捨てどころ」という童謡がはやったことを回顧しているが、「元老院十を除けば元左院」という諷刺も紹介している。この点については、板垣退助監修の『自由党史』の次の記述も（岩波文庫、上一七六頁）、元老院の権限問題を扱った一文としてはなかなかのものである。

元老院は其権限狭隘にして以て立法府たる真面目を発揚するに足らずと雖も、其始めには弾劾権ありて、稍《やや》其面目を存するものありしが、政府は後ち之を削らんとし、板垣切に之を論じて止めしむ。当時後藤、陸奥の二人は、人物だに網羅し得ば、権限は之を譲歩すべしとの歎説を唱へたるも、板垣の在職中は政府も之を如何ともする能《あた》はず、板垣去て後始めて之を削れり。斯の如くにして元老院は此年を出でずして、亦た一個の養老院たる観を呈すに了り。

まもなく、初冬以来、脳病を得て欠勤していた木戸孝允は、参議職を辞任して内閣顧問という散官に落ち着き（三月末）、後藤象二郎も元老院副議長を辞職する。政府はすでに板垣・木戸を失い、元老院も原型を変えてしまった。われわれは、ここに大阪会議体制の崩壊を見ることもできるが、自由民権運動への対抗軸としての元老院の役割も否定できない（久《く》保田《ぼた》哲《さとし》『元老院の研究』参照）。

(2) 国憲案起草の勅命

なお、この年（明九）の九月、元老院に対して、「我が建国の体に基き広く海外各国の成法を斟酌し以て国憲を定めんとす」という憲法起草勅語が下っている。しかし、右にみたように、すでに元老院は、「議法官」たる地位・権限を疑われるほどに格下げされていた。のみならず、その時、太政大臣の三条実美や、伊藤・寺島・山県といった有力参議は、すべて北海道巡視中であり、参朝していたのは岩倉・大久保などにすぎなかった。このことを思うと、この国憲案起草の勅命はいかにも唐突であって、何か不自然なものを感じさせる。この点については、岩倉の憲法観が関係しており、「国憲」を聖徳太子の憲法や律令格式などのようなものと理解し、「西洋の憲法についての十分な認識がなかった」という事情があったのかも知れない（島善高《しまよしたか》編『元老院国憲按編纂史料』三二頁）。

いずれにせよ、元老院は、議官である柳原前光《やなぎわらさきみつ》・福羽美静《ふくばびせい》・細川潤次郎《ほそかわじゅんじろう》などを国憲取調委員に任じて憲法案の起草に着手し、早くも翌月には第一次案をまとめている。この迅速な対応にもいささか不自然な感じを覚えるが、これについては、かねて元老院の依頼でボアソナードが憲法案を作っており、これを修正する形で「国憲」案がつくられたとする憲法史家の見方もあるが（稲田《いなだ》正次《まさつぐ》）、定かではない。

## 3　反政府運動と政府の対応

### (1) 反政府的言論の取締り

先に述べたように、民撰議院設立建白に対する賛否は、新聞雑誌を舞台に展開されたが、政治上の問題を新聞雑誌を媒体として論じる傾向は、その後ますます強まった。実際、『報知新聞』が陰に板垣などの急進論に左袒《さたん》し、福地源一郎《ふくちげんいちろう》の率いる『東京日日新聞』が木戸の漸進論を援護したのは有名であるが、いわゆる有志の徒による政府批判も過激さを加えてきた。

そこで、政府は、反政府的言論を取り締まるため、一八七五年（明八）六月には、太政官布告として、天皇・官吏などに対する讒毀《ざんき》や誹謗《ひぼう》をとくに重く処罰する讒謗《ざんぼう》律と、新聞紙・雑誌の発行を許可制とし、「政府を変壊し国家を顚覆するの論を載せ騒乱を煽起せんとする者」に対する禁獄刑などを科す新聞紙条例とを制定したが、さらに、著作・翻訳の出版を届出制とする出版条例も定めている（九月）。

このうち、新聞紙条例は、言論の自由を強く束縛する効果をもっていた。実際、指原安三《さしはらやすぞう》『明治政史』によると、「当時此法律に触れ以て罪に陥る者少なからず、就中《なかんずく》末広重恭《すえひろしげやす》、成島柳北《なるしまりゅうほく》……の如きは、危禍に罹り、数月鉄窓の月に呻吟せり」（上篇二七一頁）という。さらに、翌年（明九）七月初めには、いったん許可を受けた新聞雑誌などであっても、「国安を妨害すと認めらるゝ」ものは「内務省に於て其発行を禁止又は停止すべし」とする太政官布告も出されており、現に『評論新聞』（小松原英太郎《こまつばらえいたろう》ほか、八年四月創刊）などは発行禁止処分を受けている。

### (2) 立憲政体への動きの停滞

政府は、急進主義の言論のほか、守旧派の実力行使によっても脅かされていた。同年十月に相次いで起こった神風連《しんぷうれん》の乱・秋月《あきづき》の乱・萩の乱などはその代表であり、政府転覆の策謀もいくつかあった。そのうえ、地租軽減などをめぐって、茨城・三重両県には農民蜂起なども起こったため、木戸などは深く憂慮して政事建言書を提出している（一二月下旬）。

その中で、木戸は、緊要の内政事項として「地租改正……の年期を延べ其の税額を軽くし、又諸省の経費を節し……民力を休養すべし」と主張しているが、さらに、「一切の民費は町村会を開きて其の協議に委す」べきことを挙げたのは、先に述べた漸進的な民選議会開設論の反映でもあった。

この点については、内務卿の大久保利通（地租改正事務局総裁兼任）も同意見であって、翌一八七七年（明一〇）正月早々、元老院に付議されることもなく地租軽減の詔書が出されたが、これに異議を唱える議官はいなかった。

こうして、政府の権威はいくらか再建されるかに見えた。ところが、一月末の鹿児島私学校生徒による弾薬掠奪《りやくだつ》を機に西南戦争が勃発し、九月下旬に西郷隆盛の自刃によって終了するまで、政府を揺り動かすことになる。その間に木戸は死去し（五月）、立憲政体への動きもほとんど停止してしまったのである。

## ■第二章　年表

| | | |
|---|---|---|
| 1861年（文1） | 12月 | 幕府の遣欧使節団出航、福沢・寺島・福地など随行 |
| 1863年（〃3） | 5月 | 伊藤・井上などイギリスに向けて出航 |
| 1867年（慶3） | 11月 | 大政奉還 |
| 1868年（〃4） | 1月 | 朝廷、王政復古を宣言 |
| | 4月 | 五箇条の誓文 |
| | 6月 | 政体書出される |
| 1869年（明2） | 6月 | 版籍奉還 |
| | 7月 | 職員令を制定、官制改革 |
| 1871年（〃4） | 7月 | 司法省を設置、廃藩置県、太政官制を改正 |
| 1872年（〃5） | 8月 | 府県裁判所を設置 |
| 1873年（〃6） | 5月 | 太政官職制を改正 |
| 1874年（〃7） | 1月 | 板垣など民撰議院設立を建白 |
| 1875年（〃8） | 1月 | 大阪会議 |
| | 4月 | 漸次立憲政体樹立の詔勅 |
| | 6月 | 第一回地方官会議、讒謗律・新聞紙条例の制定 |
| | 12月 | 元老院職制を改正、元老院四条例の制定 |
| 1876年（〃9） | 9月 | 元老院に国憲起草の勅命下る、地方裁判所を設置 |
| 1877年（〃10） | 2月 | 西南戦争始まる |
| 1878年（〃11） | 12月 | 参謀本部条例を制定 |

# 第三章　立憲政体構想の確定

## I　自由民権運動の興隆

### 1　地方民会制度の導入

(1) 地方三新法の制定

大阪会議体制の崩壊とともに、立憲政体樹立の方向も不透明になった。しかし、政府は、西南戦争後、まず、地方政治に民選議会を導入する方針を固め、一八七八年(明一一)三月には、三年前の「議院憲法」「議院規則」などを改定した「地方官会議憲法」「議事規則」を制定している。

注目すべきは、この時に下付・議決された議案であって、地方官会議は「郡区町村編制法」「府県会規則」「地方税規則」の三つの議案をすべて議了し、五月初めに閉院したが、これらの議案は、元老院への付議手続を経由して裁可を得たのち、太政官布告として制定されることになる(七月)。これが、一般に「地方三新法」と呼ばれるもので、わが国の自治制度の始まりを告げた法令として知られている(亀卦川浩《きけがわひろし》『明治地方自治制度の成立過程』など参照)。

とくに「府県会規則」は、府会・県会に「地方税を以て支弁すべき経費の予算及其徴収方法を議定す」る権限などを与え、わが国初の民選代議機関を設立するという意味をもっていた。この時すでに、前述のように町村会・区会・県会などを設けていた地方もあったが、これらはいずれも地方長官の職権で随意に設置されたものであって、中央政府による制度化の成果ではなかった。右の地方三新法によって、初めて公選の府会・県会の制度が全国的に設けられることになったわけである。

⑵ 地方民会の設立

府県会は、翌一八七九年(明一二)三月の東京府会を皮切りに相次いで開会され、これとともに町村会の開設も進行した。その結果、翌々年(明一三)四月には、第三回地方官会議・元老院の議を経た区町村会法が制定され、区会・町会・村会も、「其区町村の公共に関する事件及び其経費の支出、徴収方法を議定す」る機関として制度化されている。これは、その頃すでにほぼ全府県で町村会が設立されていた実績をふまえた措置であった。

こうした地方民会の設立によって、政府の漸進的な民選議会開設という方針は、その第一段階が実行に移されたわけである。そこで、いよいよ国政議院という次の問題になるが、政府部内には、まずは既存の元老院を改革すべきだとする議論も有力であった。「立憲の国是を守り漸次の方法に従ふ事」を重視する三条実美・岩倉具視などの立場が、それである。具体的には、元老院章程から「検視の条を削り、事大小となく必ず議定に付し、凡そ法律と徴税とは、必ず先ず院議を経せしむべし」とするものであったが、同案は閣議を制するには至らなかった。

## 2 国会開設運動と私擬憲法の起草

(1) 国政議会の要求

一方、民間では、第二回地方官会議前後から、国政レヴェルの民選議会の開設を要求する声が高まってきた。その最初の動きは、板垣退助などによる政治結社「愛国社」の再興（一八七五年四月）であり、これ以後、民権派の集会や演説会が盛んにおこなわれるようになった。この頃出された次のような太政官達（同年七月）は、そのことをよく示している。

近来地方に於て国事政体を談論するの目的を以て、何某社と称し、或は演説会を開き多衆聚合する者有之趣相聞へ、右は警察官に於て視察を加え、万一其挙動民心を煽動し、国安《せい》を妨害するに渉り候者と看認候節は、東京府下は警視長官、各地方は其長官より禁止令め、其事情を具へ内務卿へ届出可し、此旨相達候事。

さらに、内務卿の伊藤博文は、とくに東京警視本署に対して、集会取締りに関する警察官心得を訓示した。この中で、伊藤は、「凡《す》べて政談・講学を目的として衆を集め、演説若《も》しくは論議等をなす会場には、警察官監臨して其の演説・論議の要旨を聴取し、若し国安を害するものと認むる時は直ちに之れを停止せしむ」ことも命じているが（同年一二月）、これは、民権派の集会が盛行していた事実を裏書きするものといえよう。

(2) 愛国社から国会期成同盟へ

土佐の立志社を中心とする愛国社は、いわゆる士族民権の運動体であったが、一八七九年（明一二）三月・十一月の第二回・三回大会を通じて、国会開設運動の拠点となった。とくに第三回大会は、早期の国会開設願望を決議したが、これを契機に全国遊説も始まっている。

その国会開設請願に先んじる形で、岡山県有志や福岡県有志（共愛会）による建白がおこなわれたが、『自由党史』は、これを「先容の名を博せんと欲し」「国会願望の先駆たるの名を取るに急なる」ものと評言している。ただ、後者の建白は、たんなる国会開設でなく、条約改正の実現を目標とする国会開設論を唱えている点で、注目に値しよう。愛国社の場合、その点は必ずしも明確でなかったからである。

翌一八八〇年（明一三）三月、第三回地方官会議の閉会後半月を経て大阪で開かれた愛国社第四回大会は、二府二十二県八万七千余人の総代百十四名を集めたが、その名も「国会期成同盟」と改めた上で、「国会開設の成るに至る迄は幾年月日を経るとも」解散しないことを決議している。かのフランス大革命における「テニスコートの誓い」を想わせるものがある。

### (3) 集会条例の布告

しかし、この会議の終了直前、政府は、突如として、「政治に関する事項を講談論議する」集会・結社を警察署の許可制とし、厳しく取り締まる集会条例を布告した（四月五日）。これによって、言論出版に関する讒謗律・新聞紙条例と合わせると、治安立法が出そろったことになるが（中原《なかはら》英典《ひでのり》「集会条例立法沿革序説」同『明治警察史論集』所収参照）、幸い、当時の法令公布方法によれば、集会条例は大阪では未だ施行することができず、国会期成同盟大会は、辛うじて同条例による検束《けんそく》を免れている。

さて、捧呈《ほうてい》委員となった片岡健吉と河野《こうの》広中《ひろなか》は、国会開設請願書を携えて東京に入ったが、太政官も元老院も言を左右にして受理を拒み、ついに却下してしまった。そこで片岡と河野は、直ちにこの間の顚末を詳述した始末書を作って公表した。そのため、反って国会開設の請願は全国に波及することになり、太政官・元老院ばかりか、左大臣の有栖川宮《ありすがわのみや》や右大臣の岩倉具視の邸に推参する者まであらわれたという（六月〜七月）。

もちろん、集会条例の威力は強く、とくに地方の運動家には相当の足枷であったようである。それでも、国会期成同盟は、十一月に東京で第二回大会を開き、全八ヵ条の国会期成同盟合議書を決議した。国会開設請願書を再提出する案は、激論の末に否決されたものの、この同盟合議書の中で「来会には各組憲法見込案を持参研究す可し」としたことは、いわゆる私擬憲法の起草を促す要因となった点で、大いに注目される。植木《うえき》枝盛《えもり》の提唱する政党組織論もしりぞけられたが、やがて自由党盟約（一二月）へと結実する点において、やはり見逃せない。

しかも、自由民権運動は、翌一八八一年（明一四）の春、新たな文柱を得ることになった。従来のイギリス学中心のものに加えて、フランス学派の自由主義が公然と言論界に登場してきたからである。それは、フランス帰りの令聞高い西園寺公望を社長とし、「東洋のルソー」と称される中江篤介（兆民）を主筆とする『東洋自由新聞』の発行（三月創刊）によって代表される。同新聞は、「自由」「君民共治」「地方分権」「外交平和」などを論説に据えるもので、華族出身の西園寺が民権派の新聞に身を投じたことは、政府を大いにあわてさせた。しかし、その圧力によって西園寺はまもなく退社せざるをえなくなり、問題の『東洋自由新聞』も四月末に廃刊している。

### (4) 私擬憲法の作成

ともあれ、民間の国会開設論・憲法制定論は、この二、三年のうちに隆盛をきわめ、数多くの私擬憲法が作られた（家永三郎《いえながさぶろう》ほか編『明治前期の憲法構想〈増訂版〉』など参照）。ここで、政社による代表的・包括的な草案のみを掲げておくと、次のごとくである。

筑前共愛会《ちくぜんきょうあいかい》「大日本国憲法大略見込書」（全一三四ヵ条、一三年二月）
交詢社《こうじゅんしゃ》「私擬憲法案」（全七九ヵ条、一四年四月）
立志社《りっししゃ》「日本憲法見込案」（全一九二ヵ条、一四年九月）

このうち、立志社案は民権急進派を代表するもの、また、交詢社案は穏健派の産物であるが、いずれも立憲君主制を採用し、国民の権利義務を定め、国会議員の選挙方法を明文化している点において、共通している。しかし、その一方で、立志社案は一院制を採用する点で著しい特色をもっており、植木枝盛の思想の影響をうかがわせる。

他方、最も短いがよくまとまった交詢社案は、他の二案にある摂政・皇族の地位継承法や国籍取得・地方自治（府県会）に関する規定を設けていないが、内閣の議会に対する責任を明示し、議院内閣制への道を示すという点で、他の二案にみられない特徴をそなえている。後に述べる大隈重信の憲法意見書との関連が指摘される所以である（Ⅱ2参照）。

## Ⅱ　政府における立憲政体論

### 1　元老院「国憲」の運命と諸参議の憲法意見

(1) 立憲政体意見の上申

政府側も、言論・出版・集会・結社に対する規制を強化するばかりであったわけではない。まず、かねて国憲案の起草を命じられていた元老院では、いったん草案（第二次案）を取りまとめている（一一年七月）。しかし、岩倉具視などの意に副わず、再検討を余儀なくされて、未だ進奏すべき確定案を得ていなかった。

そこで、三条と岩倉は、特選議会を設置し、これを民選議会に移行させるとした山県有朋の意見を契機として、内閣各参議から立憲政体意見を徴することを提案した。岩倉は、もともと元老院による国憲案取調べに対して強い不満をもっており、その中止も考えていたようである。その提議が採用されたのをうけて、すでに提出済みの山県やとくに意見なしとする西郷従道《さいごうつぐみち》・寺島宗則を除く各参議は、民権派の動きと並行するかたちで、以下のような立憲政体意見を上申している（明一三）。

黒田清隆　国会開設尚早論（二月）
山田顕義　憲法仮定論（六月）
井上　馨　民法編纂後憲法制定論（七月）
伊藤博文　元老院更張《こうちょう》論（一二月）

この間、岩倉も「国憲審査局」を設立する建議をおこなっているが（七月）、このように閣内の意見はさまざまであった。そのため、明治政府としては、憲法制定意見の統一をはかる必要があったが、その調整役は主席参議である大隈重信に割りふられた。しかし、結果的には、これが翌年秋の政変劇の伏線になるのである（Ⅲ参照）。

⑵元老院の第三次「国憲」案

元老院による憲法調査も、同年夏には終了し、その成果である第三次「国憲」案は、各議官の意見を徴したのち、同院議長である大木喬任に提出され、奏上された（一二月下旬）。これは、本則九篇、計八十六ヵ条と附録二ヵ条という体裁のものであるが、議長あての「国憲艸按《そうあん》を進むる報告書」によれば、イギリス・アメリカ・フランスの各憲法からは「只其意を取り」、プロイセン・オーストリア・ベルギー・イタリアなどの憲法からは「多く其文を取る」という仕方で作成されたものであった。

こうすることによって、国憲起草の勅命にある「建国の体と海外各国の成法」との調和をはかろうとしたわけである。したがって、比較憲法的にみると、当時の立憲君主制のスタイルをかなり採り入れた憲法草案となっている。

しかし、この元老院案に対しては、岩倉具視と伊藤博文はきわめて批判的であった。その事情を伝える岩倉あての伊藤書簡は、次のように述べている（一三年一二月二一日）。

国憲草案元老院より差出方之儀は、尊慮之通思召有之旨を以《もって》、未定案之儘御引上け相成候方可然奉存候。既に出来候草案は曾而柳原より写一通内々受取熟覧仕候処、各国之憲法を取集焼直し候迄に而我国体人情等には聊《いささか》も致注意候ものとは不被察候、必竟《ひっきょう》欧洲之制度模擬するに熱中し、将来之治安利害如何と顧候ものには無之様奉存候。如斯皮相之見を以容易変体に着手有之様に而は不相成と憂慮罷在《まかりあり》候次第に御座候処、此度御引揚相成儀に御座候へは至極可然様奉存候。

この最後の部分から知られるように、要するに、政府としては元老院の国憲起草担当を解除することが第一義的なのであり、その上奏案を憲法制定の第一歩とするつもりは毛頭なかったわけである。言い換えると、元老院による「国憲」案の上奏は、憲法起草事業の主導権を政府のもとに回復するという意味をもつことになったのである。

## 2　大隈重信の急進的立憲論

さて、立憲政体方針の統一のための協議の責任者とされた大隈重信は、翌一八八一年（明一四）一月以来、調整を進めてきたが、大きく分かれていた参議間の意見を統一することはむずかしい。しかも、調整役とされた大隈自身が、未だ自らの立憲政体意見を提出していなかったため、その建議の内容も注目されていた。

ようやく三月になって左大臣の有栖川宮に提出された大隈意見書は、すでに述べた交詢社の私擬憲法の起案者でもある矢野文雄《やのふみお》の執筆にかかるもので、イギリス流の議院内閣制を勧めるという点において、まず、他の五人の参議の憲法意見とまったく異なっていた。また、その年（明一四）のうちに憲法を制定し、翌年末には公選議員を召集、そして二年後には国会を開設するといった主張は、当時としてはきわめて急進的なものであった。

この注目すべき大隈意見書は長文にわたっており、その全容を紹介する余裕はないが、幸いなことに、その要点は、意見書自体の中で、次のように整理されている。

第一　国議院開立の年月を公布せらるべきこと
第二　国人の輿望を察して政府の顕官を任用せらるべきこと
第三　政党官と永久官とを分別すること
第四　宸裁《しんさい》を以て憲法を制定せらるべきこと
第五　明治十五年末に議員を撰挙し、十六年首を以て議院を開くべきこと

第六　施政の主義を定めらるべきこと

最後の「第七　総論」では、「立憲の政は政党の政なり。政党の争は主義の争なり。故に其主義国民過半数の保持する所と為れば其政党政柄《せいへい》を得べく、之に反れば政柄を失ふべし」との結論が説かれている。これに関連するのが、第三にいう「政党官」の項目である。これによれば、政党官とは、「政党と与《とも》に進退し」「大概の議員として上下院に列席するを得る者」をいい、非政党官たる「永久官」とは「終身勤続の者」を指している。

調整役であるべき主席参議の考えがこれでは、政府内の意思を統一することは不可能であろう。果たして、大隈の申入れにもかかわらず、左大臣は大隈の建議をひそかに三条と岩倉に示し、その後に伊藤の知るところともなった（六月）。こうした事情を知らなかったらしい大木喬任は、別に「帝憲」と「政体」とを区別する立憲政体意見を提出したが、すでに政局は、大隈の急進主義と伊藤などの漸進主義との抜き差しならぬ対決の状況になっていたのである。

この頃、宮島誠一郎は、かねて依頼を受けていた左院における国憲編纂起源に関する事情（明五〜七）を詳述した私記を、右大臣の岩倉具視に届けている。その書簡の中で、宮島は、「外露致候ては不都合之物」として取扱いを慎重にするよう求める一方で、「時宜により伊藤参議へ差し廻はされ候ては如何に候哉」とも勧めている。これは、伊藤博文が岩倉に随行して米欧回覧の途につき、旧左院の国憲編纂の模様を充分に知りえなかったことを考慮しためであろうが、岩倉と伊藤との強い絆を示す一文としても興味ぶかい。

## 3　井上毅の憲法調査と岩倉意見書

### (1) 井上毅による調査と外国人法律顧問の活用

そこで岩倉は、伊藤を憲法起草の担当者とする決意を固めると同時に、伊藤の立憲政体意見を代草した太政官大書記官の井上毅に対し、憲法問題の調査を命じている。岩倉の持論であった国憲審査局の構想が、事実上スタートしたことになる。その際、井上毅が大隈意見書を密かに見せられたことは、次に引用する岩倉あての井上書簡が示している（六月一四日）。

先日秘書内見被賜候後、潜心熟考致候に、欧洲各国殊に独乙［ドイツ］国の如きは、決て英国の如き十分之権力を議院に与へ、立法之権而已《のみ》ならず、併て行政之実権をも付与するに至らず。彼れ秘書の如きは、其主義全く英国に依り改革せんとするものにして、一足して欧洲各国の上に凌駕せんと欲す。此事、実に容易ならさる儀と存候……

これをうけて、井上は直ちに憲法調査を開始したが、その検討は、主として、外国人法律顧問E・ボアソナードとH・ロェスラーとの問答という方法を通しておこなわれている。右の書簡は、すでに井上の問題関心のありかを示しているが、井上は、もっぱらイギリスとプロイセンとの政体の異同を二人のお雇い外国人に問い質している。例えば、「英国の諺に、国王は国を統べて国を治めずと。此語、普国［プロイセン］に於ても亦適当するや」「孛国［プロイセン］は代議政体を用ゐながら、何の故に英国の連帯責任の法に倣はざる。請ふ、其得失の説明を与へられよ」（いずれも六月中旬）、といった具合いである。

こうしたお雇い外国人の答議は、きわめて有益なものであった（梅渓昇《うめたにのぼる》『お雇い外国人政治・法制』参照）。とくにロエスラーによるプロイセンの大権内閣制の解説は、議院内閣制、すなわち「国会政府なる者は、何れの邦国にも必ず適当する者と云ひ難し」といった評価とともに、必ずや大隈意見書への有力な反論材料となるにちがいない。

他方、伊藤は、初めから、「大隈之建白は恐らく其出処同氏一己の考案には有之間布《これあるまじく》」という疑いをもっていた。そして、大隈のような「実に意外の急進論」とはとうてい「共に廟堂に立つこと能はず」とする辞官願を武器としつつ、「確乎不抜の御定算」を内外に示すよう、三条と有栖川宮に要求している（七月二日）。ちょうどこの日、井上は伊藤に書状を送り、「憲法取調の大事を自ら御負担有之」か、「密かに一部の私擬憲法を草創し、御上奏有之」かの選択を迫ったうえで、「一歩も譲るべからざるもの」と奮起を促している。この時の二人の呼吸は実によく合っている。

⑵ 岩倉意見書の概要

こうして岩倉は、七月五日、井上毅の起草にかかる意見書を提出し、奏覧を請うにいたった。この意見書は、かなり大部のもので、①意見書本文、②憲法起草の根本として動かしえない条件を列示した「大綱領」、③起草委員の拠るべき指針を示した「綱領」、それに、④急進主義を斥ける要点を論じた「意見」——これには「第一」から「第三」まである——からなっている。

まず、意見書本文は、主として「憲法起草手続之事」について述べているが、それには次の三つのやり方があるという。

(a)公然と憲法調査委員を設ける方法

(b)宮中に一局を置き、大臣が総裁となって「内密に憲法を起草し、成案の上内閣の議」に付す方法

(c)「大臣参議三四人内密に勅旨を奉じ、憲法を起草し、成案の上内閣の議」に付す方法

このうち、どの方法を採用するかは「内閣一致」によるべきであり、その取りまとめを必要とするが、最後の方法については、井上は、参議間の対立を招くとして否定的にみていた。

次に、大綱領と綱領は、「欽定憲法之体裁」を用い、「人民の権利」については各国憲法を参酌して定める、といった常識的な案件を含んでいる。それは、しかし、同時に「帝位継承法は祖宗以来の遺範あり。別に皇室の憲則に載せられ、帝国の憲法に記載は要せざる事」など、後の明治典憲体制の根幹にかかわる指針をも指示している。そして、とくに力点を置いたのは、綱領中の「漸進之主義を失はざる事」を説明する「意見第一」と、そのための要件を示す同「第二」であって、まず、前者は次のように説いている。

今我が国に於て立憲の制を起し国会を設立せんと欲せば、事誠に新創に係る。是れ宜く一進して英国の政党政府に模倣し、執政の進退都《すべ》て議院の多数に任ずべきか、又は宜く漸進の主義に本づき、議院に付するに独り立法の権のみを以てし、行政長官の組織は専ら天与の採択に属し、以て普国「プロイセン」の現状に比擬すべきや。此二様取舎の間は、実に今日の廟謨《びようぼ》以て永遠の基本を立て、百年の利害を延くべき者にして、最要至重の問題なり……立憲の大事方《まさ》に草創に属し、未だ実際の徴験を経ず。其一時に急進して其後の悔を題し、或は与へて後に奪ふの不得已《やむをえず》あらしめんよりは、寧ろ普国に倣ひ歩々漸進し以て後日の全地を為すに若かずと信ずるなり。

その上で、意見第二は、「内閣執政をして天子の選任に属せしめ、国会の為に左右せられざらん」ための要点を三点列挙しているが、いずれも大綱領・綱領の中の項目を再言しつつ、それに説明を加えるという体裁をとっている。例えば、以下のごとくである。

第一　憲法に於て「天子は大臣以下勅任諸官を選任し及之を進退す」との明文を掲ぐべし。

聖上親ら大臣以下文武の重官を採択し及進退せらるゝ事。附、内閣宰臣たる者は議院の内外に拘はらざる事。内閣の組織は議院の左右する所に任ぜざるべし。

第二　憲法に於て宰相の責任を定め、其連帯の場合と各個分担の場合を分つべし。

大臣執政の責任は根本の大政に係る者……を除く外、主管の事務に付各自の責に帰し、連帯責任の法に依らざる事。附、法律命令に主管の執政署名の事。

第三　憲法に於て普国の左の一条あるに倣はざるべからず。普国憲法第百九条に云、「旧税は其力を保つ」と。其説明は若し歳計予算に付て政府と国会と協同せざるときは、前年の予算其効を有すべしと云ふにあり。

歳計予算に付、政府と議院協同を得ずして徴税期限前に議決を終らざる歟《か》、或は議院解散の場合に当る歟……又は議院之集会定めたる員数に満たずして決議を得ざるときは、政府は前年の予算に依り施行することを得る事。

このように、大臣の連帯責任制を否認し、前年度予算施行制をとるなど、ここでも、後の明治立憲制のあり方に深くかかわる原則を具体的に指示していることが注目されよう。

### (3) 意見書起草者の意図

もちろん、岩倉意見書の代草者は、前二項が大隈に代表される「現行国憲を主唱する論者の説と相反対する者」であること、前年度予算施行制をいう「第三項は欧洲中独り普魯西［プロシア］に其例を見る」（意見第三）にすぎないことを、よく了知していた。また、井上には、「福沢の交詢社は、即ち今日全国の多数を牢絡し……其主唱者は十万の精兵を引て無人の野に行くに均し」といった時代思潮の中で、「普魯西風の憲法を行ふ事は……至難の勢なるべし」（七月一二日伊藤あて井上書簡）という自覚も、十分あるという。それだけに、「民間の私擬憲法終《つい》に全勝を占むるに至る」前に、先手を打って事を運ぶ必要があるというわけである。

この頃までには、太政大臣の三条実美はもちろん、松方正義《まつかたまさよし》・井上馨・黒田清隆などの諸参議も、伊藤が憲法起草の主任となることに同意し、政府内の漸進論の足並みは一応そろった。問題は、先に急進的な意見書を提出していた大隈重信との対立関係をどう解消するかである。ここに、いわゆる北海道開拓使官有物払下げ事件が起こり、それにともなう政変は明治憲法成立史を大きく左右することになる。

## Ⅲ　明治十四年の政変

### 1　開拓使官有物払下げ事件と国会開設の勅諭

(1) 事件の発端

そもそも、この事件は、北海道開拓使長官の黒田清隆が、廃使置県の実施を前にして、開拓使に附属する官舎・工場などを前官吏数名が組織する一商社に対して、きわめて低廉な価格で払い下げることを認可するよう、太政大臣に奏請したことに端を発している。

この要請を受けた閣議は、ついに七月末に、これを認めてしまったが、この時、大隈重信は独り強い反対を唱え、一時その認可が危ぶまれるという状況になったことがある。大隈はこのために黒田清隆の強い反感を買い、いわゆる大隈陰謀説、つまり、大隈が在野勢力と結託して薩長政府を打倒しようとしているとの風評を流される原因にもなったようである。

さて、政府で内決された開拓使官有物払下げが世上に漏れると、民間の新聞雑誌による政府非難は、次第に激しさを増していった（八月〜九月）。また、政府内でも大蔵卿の佐野常民《さのつねたみ》ほかの撤回論が起こったり、副議長の佐々木高行《ささきたかゆき》を中心とする元老院議官グループによる中正党《ちゆうせいとう》も姿をあらわしたりしている。それは、ついには、早期の国会開設（民間）または内閣更改（中正党）の主張ともなるが、『明治政史』によれば、「維新以来日本全国の人民智となく愚となく挙《こぞ》つて政府の措置を非議せしこと、未だ此時より甚しきはなし」（上篇三六九頁）という情勢であった。

これに困却した三条実美は、岩倉具視を中心に事件の決着をはかるよう依頼した。その結果、有力閣僚の間で、憲法制定方針の宣布・国会開設時期の公示・元老院の更張・大隈参議の罷免・開拓使官有物払下げの中止などの諸点について合意が成立し、ようやく勅許も得るにいたった（一〇月一二日）。

(2)　国会開設勅諭の渙発《かんぱつ》

すなわち、この日、開拓使庁に対し、「詮議之次第有之」として、官有物払下げ許可の指令を撤回することが示達され、大隈重信の辞表も受理された。大隈の追放は、同志の官吏である矢野文雄・犬養毅《いぬかいつよし》・尾崎行雄・小野梓《おのあずさ》などの依願免職や農商務卿である河野敏鎌《こうのとがま》などの下野をもたらし、いわゆる大隈党は政府から一掃されてしまう。これが史上有名な「明治十四年の政変」であるが、同日に渙発された国会開設勅諭は、次のように述べている。

朕……夙《つと》に立憲の政体を建て……明治八年に元老院を設け、十一年に府県会を開かしむ。此れ皆漸次基を創《はじ》め序に循《したがい》て歩を進むるの道に由るに非るは莫《な》し……将に明治二十三年を期し、議員を召し国会を開き、以て朕が初志を成さんとす。今在廷臣僚に命じ、仮すに時日を以てし、経画の責に当らしむ。其組織権限に至ては……時に及て公布する所あらんとす……仍ほ故《こと》さらに躁急を争ひ事変を煽じ、国安を害する者あらば、処するに国典を以てすべし。特に茲に言明し、爾有衆《ゆうしゅう》に諭す。

この勅諭もまた、井上毅によって起草されたものである。末尾の部分は、急進的な民権論に対して厳しい姿勢で臨むことを示したもので、とくに集会条例を厳しく適用することを含意している。事実、それはすぐ実行に移されたごとくで、結成されたばかりの自由党の幹事五名が、政治結社の届出制に対する違反の廉《かど》で罰金を宣告される事態も起こっている（一一月末）。

## 2　政変後の政府組織改革

### (1) 参事院の組織と権限

この劇的な政変から約十日後、新たに参事院が設けられ、内閣にも変動があった（一〇月二一日）。まず、参事院は、従来あった太政官中の法制・内務・司法・外務などの六部制を廃止し、これらを統括するかたちで設置されたものであるが、とくに「内閣の命に依り法律規則の草定審査に参預する」（参事院章程一条）ための機関として位置づけられている。それは、いわば日本版のコンセイユ・デタ（国務院）であって、今日の内閣法制局の原型でもある。その議長には伊藤博文が就任し、議官に井上毅・尾崎三良・鶴田皓《つるたあきら》・渡辺昇《わたなべのぼる》などを擁し、また、議官補には、大森鐘一《おおもりしょういち》・清浦奎吾《きようらけいご》・周布公平《すふこうへい》といった優秀な人材をそろえるというように、きわめて強力な布陣であった。

この参事院は、行政官と司法官との間の権限争議を裁定し、地方官と地方議会との機関争議を審理するなど、広い範囲の権限を与えられており、とくに立法面では次のような権限を認められていた（同七条）。

①自らの発議または内閣の命によって法律規則案を起草し、内閣に上申すること。
②各省の起案した法律規則案を審案し、意見・修正を付して内閣に上申すること。
③元老院の議決した法案を審査し、時宜によりその再議を求めまたは叶議すること。

ここにおいて、各省→参事院→内閣→元老院→勅裁という、当時の基本的な立法プロセスが浮かび上がるが、このため、参事院の議官は、内閣に直接意見を上陳することができるほか、「内閣委員となりて元老院に出頭し議案を弁明すること」も認められた（同九条・一〇条）。実際、集会条例や府県会規則の追加改正などの各種立法に際して、同院の議官・議官補達は、元老院における審議に際して大きな役割を果たしている。

参事院は、内局と内務・司法・法制・外務などの六部とから成っている。このうち、司法部は「恩赦特典及裁判の章程権限並行政裁判の事」、法制部は「民法訴訟法商法刑法治罪法の事」を、それぞれ担当するものとされた。ところが、注目すべきことに、伊藤博文が憲法起草の主任と決定されたにもかかわらず、憲法制定の件それ自体は、規定のどこにも見当らない。この頃すでに、後でみるような伊藤の欧州派遣や憲法調査が決定していたとは考えにくく、この点については、むしろ、岩倉意見書が宮中に一局を設けて内密に憲法を起草するという制定手続案を示していたことが想い起こされよう。

(2) 諸省事務章程通則の布告と法令公布方法の改革

さらに、十一月十日、この参議の各省卿兼任制を前提として、わが国最初の実質的・統一的な国家行政組織法というべき「諸省事務章程通則」が布告された（全一一ヵ条）。その第四条には、「凡法律規則布達の其主管の事務に属するものは、各省卿之に副署し、其執行の責に任ずべし。若し両省以上に関渉するものは、関渉の省卿均《ひと》しく之に連署し、其責に任ずべし」とあるが、これは諸大臣の連署制を初めて導入したものとして注目されよう。

これをうけて、法令公布の方法も改革され、法・律・規則は「布告《ふこく》」の文式により、また、諸省限りで発行されてきた条規類は「布達《ふたつ》」の文式によって、それぞれ統一的に発布されることになった（一二月）。一時的なものを「告示」、諸省卿から地方長官にあてたものを「達」とするのは、これまで通りであるが、こうした「布告」「布達」などの区分は、後に公文式（明一九）が制定される時まで存続することになる。そして、この間には、政府機関紙としての役割をもつ『官報』の刊行も始まっており（明一六）、法令公布の方法も、「布告」

「布達」などを各県別に配布する制度から統一的な官報登載制へと移り、現在のような形式的公布制度が生まれることになる。

### 3　十四年政変の意義

このように、明治十四年の政変は、政治史的には藩閥体制の強化をもたらすが、憲法史の立場からみると、岩倉意見書の説く漸進主義の線で政府の憲法制定論が確定したことを意味する。そして、国会開設の勅諭は、たしかに、自由民権論や国会開設論への回答という面をもっているものの、むしろ政府の漸進主義のあり方を具体的に示したものであり、急進的な民権運動に対する強硬姿勢の宣言でもあったともいえよう。

一方、内閣はふたたび参議・諸省卿兼職制になった。しかも、大隈重信が去り、大隈派の河野敏鎌も外されたために、伊藤博文・井上馨・山田顕義・山県有朋と寺島宗則・松方正義・西郷従道といった顔ぶれからもわかるように、いわゆる薩長藩閥体制がここで確立する。

そして、開拓使の廃止が延期された結果、黒田は、参議兼開拓長官としてしばらく閣内にとどまっていたものの、開拓使存置にともなうその善後策が採用されないことを不満として辞官を請い、翌一八八二年（明一五）一月、ついに免職となる。そして、翌月には廃使置県が実施され、十三年の歴史をもつ開拓使は廃止されることになった。

# Ⅳ　政変後の政府内外の動き

## 1　政党結社の勃興

### ⑴　自由党の結成

国会開設の勅諭が出されると、民権論は、「憲法制定の内容に関する要求」や「一般に政治の方針に関する要求」へと主張の力点を移し、運動の形式も、「主として政党としての活動」（佐々木惣一『日本憲法要論』一四三頁）として展開されるようになった。

まず、勅諭渙発の直後、国会期成同盟員と自由党員とが合同会議を開いて、わが国初の政党となる自由党を結成し、板垣退助・中島信行をそれぞれ総理・副総理に選出した（一四年一〇月一八日）。その盟約によれば、自由党は、「自由を拡充し権利を保全し幸福を増進し社会の改良を図る」という目的をもち、「善美なる立憲政体を確立することに尽力すべし」という。上に述べたように、このことは集会条例違反の口実を与えることにもなったが、自由党の結成が政治結社を通して憲法論議をおこなう契機になったことの意味は、きわめて大きい。

### ⑵　諸政社の組織化

この点については政府側も同じであって、自由党の設立から翌年（明一五）の春までに、次のようないろいろな立場の政社が組織されている。

大阪立憲政党（一四年一〇月、自由党の別動隊）
紫溟《しめい》会（同一二月、熊本の政府党）
東洋議政会（一五年二月、矢野文雄など福沢派）
九州改進党（同三月、九州の自由党）
立憲改進党（同三月、総理・大隈重信）
立憲帝政党（同三月、政府党）
東洋社会党（同五月、長崎の急進派）

地方政党にすぎない最後者を除くと、大きな潮流は自由党・改進党・帝政党という中央三政党に集約されるが、このうち、立憲改進党は、「順正の手段に依て我政治を改良し、着実の方便を以て之を前進する」（同党趣意書）という立場をとるものである。これに対して、井上毅・安場《やすば》保和《やすかず》などが設立した紫溟会と土佐の吏権派を基礎とする帝政党は保守主義に立ち、ことに福地源一郎・丸山作楽《まるやまさくら》などの組織した帝政党は、「漸に循《したがい》て歩を進め、守旧に泥《なず》まず躁急を争はず、恒に秩序と進歩の併行を求め、以て国安を保維し、以て改進を計画せん」とするもので（党議綱領）、正しく内閣の漸進主義を体したかたちになっている。

(3)　憲法制定手続問題

このような政党状況は、それぞれの配下の新聞による憲法論議にも反映している。これを代表するのが、主権の帰属をめぐるいわゆる主権論争である――主権在君説・主権在国家説・主権在国会説・主権在民説などが対立していた――が、これは踏むべき憲法制定の手続の問題をも含んでいた。

すなわち、まず、福地源一郎の率いる『東京日日新聞』は、一国の至高大権たる主権は元首（君主）にあるから、憲法はもっぱら欽定されるべきもの、と説く。これに対し、『報知新聞』『朝野《ちようや》新聞』などによれば、国家統治の大権たる主権は、君主の私有物でなく、君主と人民との合一の中にある。したがって、憲法は、必ず「国約憲法」、つまり君主と人民の一致に基づいて定められなくてはならない、と主張した。こうして民権派は、いわゆる憲法制定議会の開会を要求することになるのである。

## 2 治安立法の強化

### (1) 集会条例の追加改正

このように、民間において政論・政社が勃興して激烈になった頃、後にみるように、伊藤博文以下の一行が憲法調査のためヨーロッパに旅立つことになるが（V参照）、その後、政府は、国会開設の勅諭にあるように、「故さらに躁急を争ひ事変を煽じ、国安を害する者あらば、処するに国典を以てすべし」との姿勢を固めた。

すなわち、急進的な民権運動に対する「国典」は、まず、集会条例の追加改正というかたちをとった（六月三日）。上に記したように、集会条例は、二年前の国会期成同盟会議の終了直前に、突如制定されたものであるが、今回これをいっそう強化しようというわけである。このため、政治上の一切の集会・結社・講談などを完全な許可制の下に置き、演説者に対しては、地方長官・内務卿が、一年を限度として公然政治を論議することを禁止すること ができるものとした。また、政治に関する事項を論ずるための広告・公衆誘導・支社の設置・他社との通信連絡を禁止するといった措置も定められ、内務卿は、「治安に妨害ありと認むる」結社・集会を禁止することができるようになった。

この集会条例の改正は、大いに威力を発揮する。直ちに各政党に対する警察の尋問が始まり、禁圧をおそれた自由党・改進党などは、すべて条例所定の届出をし、政党としての許可を受けた。けれども、その結果、自由党の地方支部は解散せざるをえなかったし、自由党との連絡が密であった国友会（一四年四月設立）も、改進党と関係の深かった嚶鳴社《おうめいしゃ》（一一年一〇月設立）や東洋議政会も、それぞれ解散を余儀なくされている。大阪立憲政党は、いったん届出をしたものの、集会条例による検束を嫌って、翌一八八三年（明一六）三月下旬についに解散してしまう。そして、「平等を主義となす」東洋社会党などは、「治安に妨害あり」との認定を受けて、結社そのものを禁止されてしまった。

⑵府県会に対する牽制

官民の抗争は、民権派の強い府県会と地方官との争いというかたちもとっている。もともと、府県会規則（明治一一年太政官布告第一八号）は、府県会が急進論による「大権下移の路」（岩倉）となるのをおそれて、その会議が「国の安寧を害し或は法律又は規則を犯すことあり」と認められる場合は、知事・県令に会議中止権、内務卿には閉会・解散命令権を与えていた（三三条・三四条）。

さらに、国会期成同盟の第二回大会後に行われたその追加改正（一四年二月同布告第四号）は、地方長官と対立する府県会が「法律上議定すべき議案を議定せざることあるとき」には、知事・県令が、内務卿の認可を得てそのまま議案を執行しうる権限を認めることにした（三三条二項）。のみならず、「府知事県令と府県会との間に於て、法律の見解を異にし又は権限を争ふことあるときは、双方より其事由を具状し、政府の裁定を請ふべし」とも定めている（九条三項）。これによって府県会の景況を推して知ることもできるが、その裁定機関として太政官内に審理局が置かれた。先に述べたように、この事務が十四年政変後に参事院へと引き継がれたわけである（Ⅲ2参照）。

さらに、府県会議員はしばしば相互に連絡をとり、県治上の相談集会をもつことがあった。初めのうちは、政府はあまり干渉しなかったようであるが、十四年の政変頃から態度を変えている。そして、東京府会議員でもある鳩山和夫《はとやまかずお》・田口卯吉《たぐちうきち》などが、全国の府県会議員の懇親会を開こうとするに及んで、ふたたび府県会規則の追加改正がおこなわれ（明治一五年一二月太政官布告第六八号）、内務卿は、会議の論説が「国の安寧を害し或は法律又は規則を犯すことありと認むるとき」は、府県会そのものを停止し、開会を命ずるまでの間、府知事・県令が地方税の経費・徴収方法などを定め、内務卿の認可を得て施行することができるようになった（三三条四項）。

これと同時に、政府は、府県会議員の連合集会・往復通信を禁止する太政官布告（同日第七〇号）をも発することによって、その動きを厳しく監視する方針を打ち出している。この府県会議員連合集会禁止令は、民選議員の集団行動を一般的な集会条例の規制の下に置くことを意味するもので、ここには議員特権の保護といった思想は、まったく見られない。

ともあれ、このような政府の強硬姿勢の背景には、すでに内務卿の諮問機関と化していた地方官会議を通して、府知事県令が府県会にやりこめられている実情を政府が重大視し、岩倉具視の府県会中止意見（一二月）に代表されるような「武断専制」必要論が、閣内に台頭してきたという事情があろう。

## 3　ドイツ学の振興

### (1)　自由民権運動との思想的対決

とはいっても、政府が「武断専制」のみに頼ったと考えるのは、やはり早計であろう。政府の自由民権運動との対決は、いわば精神的な面からも試みられたのであって、その努力は、急進的民権論の憲法思想上の支柱を形づくっていた英仏流の憲政論に対して、別の「準拠理論」（山室信一《やまむろしんいち》『法制官僚の時代』参照）を対置させ、その力で官民の思想を漸進主義に馴致させる、というかたちでおこなわれた。岩倉意見書の起草者である井上毅は、その必要を最も強く感じた一人でもある。

すなわち、先のロェスラーとの問答を通して、井上は、大隈意見書に対抗しうる立憲政体の理論と制度をプロイセンに見出し、これまで官民を通して有力であったイギリス学と手を切って、ドイツ学を勧奨すべきことを説いている。この頃、ドイツは、いわゆる鉄血宰相ビスマルクの率いるプロイセンを中心に大帝国として統一され（一八七一年）、強力な国家政策を進めていたから、「模範国」としては申し分がない。のみならず、バイエルンなどの南ドイツ諸邦を中心に、いわゆる君主主義に立つ憲法制度が現におこなわれており、その憲法思想は十分参考に値するものであった。

⑵ドイツ学への傾斜

そこで、井上毅は、「独逸書籍翻訳意見」を草し、ドイツ学者の主権帰一論について、ルソーやモンテスキューに由来する立憲王政論とは異質の「一種の正義」を唱えるものと評価し、次のように説いている。

我国に於て我国体に適したる憲法を設立して是を永遠に維持せんとするには、先づ現今盛に全国に行はれ、一時人心を涵漸する所の英国政体論をして漸々衰微し、終《つい》に勢力なからしめざるべからず。五十年来新に日耳曼［ゲルマン］に一派の正義者流を出したるは、実に我国に向て暗に国体を維持する憲法の応援をなしたるものといふべし。方今憲法設立の為経画設備は人心を統攬《とうらん》制御するにあり。人心を統攬制御するには、先づその脳漿を涵化する所の書籍教育をして、時流を去て正義に帰せしむるにあり。

この趣旨を体現したものが、政府の肝入りで結成され、平田東助《ひらたとうすけ》・中根重一《なかねしげかず》・山脇玄《やまわきげん》などを会員とする「独逸学協会」であった（一四年九月創立。堅田剛《かただたけし》『独逸学協会と明治法制』

参照）。とくにその力を注いだのは、スイスの国法学者J・K・ブルンチュリの著作を訳出することであって、その『一般国法学』――その一部はすでに加藤弘之訳『国法汎論』として出版されていた――その他の著作の翻訳紹介は、のちの憲法制定作業にもかなり影響を与えることになる。

こうしたドイツ学の振興の中で旅立つ伊藤の憲法調査団が、その本拠地をめざしたのは自然なことであったが、ちょうどこの時、東京大学ではドイツ人K・ラートゲンによる国法学・政治学の講義も始まっている。それまで、司法省法学校ではE・ボアソナードに代表されるフランス学派が主流を占めており、東京大学の前身である東京開成学校ではイギリス学派が主役を務めていたことを想うと、その事実は政府のドイツ学への傾斜をよくあらわす出来事といえよう。

## V　ヨーロッパにおける憲法制度の調査研究

### 1　伊藤博文の派欧

(1) 憲法調査団の結成

一八八二年（明一五）春、前年初冬に出された元老院議長の寺島宗則による建議を契機として、本格的な憲法調査のため、参議の伊藤博文をヨーロッパに派遣することになった。伊藤が参事院議長の職を解かれ、山県有朋が後任に任じられたのは、そのためである（二月下旬)。伊藤の随行員としては、太政官大書記官の山崎直胤《やまさきなおたね》、参事院議官補の伊東巳代治《いとうみよじ》、大蔵権大書記官の河島醇《かわしまじゅん》、大蔵少書記官の平田東助などが指名されたが、ほとんどがドイツ学に通じた者である。

のちに、参事院議官補の西園寺公望・岩倉具定《いわくらともさだ》・広橋賢光《ひろはしまさみつ》の三人も随行することに決まったが、これは憲法調査とは直接関係がなく、皇室制度や貴族制度を調査するため、とくに岩倉具視の意見によって宮内省特派礼式取調員として派遣されることになったにすぎない。

(2) 憲法調査項目

出帆を前にした三月三日、「欧洲立憲の各国に至り、其政府又は碩学の士と相接し、其組織及び実際の情形に至るまで観察」するようにとの勅書が伊藤に与えられ、取調条目も具体的に示されている(全三一項)。

その冒頭に掲げられた訓条は、「欧洲各立憲君治国の憲法に就き、其淵源を尋ね、其沿革を考へ、其現行の実況を視、利害得失の在る所を研究すべき事」という総論的な指示であったが、これは伊藤一行の主要な任務をよくあらわしている。そこに示された取調条目には、例えば、次のような立憲制度上の重要問題が具体的に列挙されていた。

一　皇室の諸特権の事
一　内閣の組織並立法行政司法及外交の事に関する職権の事
一　上院及下院の権限並事務取扱手続の事

一　司法官の進退黜陟《ちゅっちょく》の事
一　地方制度の事

ここには、皇位継承の件が見当たらない。それは、すでに前年の岩倉意見書で「帝位継承法」を憲法典に規定しないとの方針が固まっていたためであるが、その意見書にあった国民の権利に関する事項も、ここには見当たらない。おそらく、この内容は各国ほぼ共通と考えられたためであろう。

伊藤に与えられた勅書は、ヨーロッパ各国の「政府又は碩学の士」と接触すべきことを述べているが、その政府や碩学とは、具体的にはドイツ帝国と二人の人物、つまりベルリン大学の国法学者R・グナイストと、ウィーン大学の国家学者L・シュタインを指していた。随行員の河島醇と平田東助とは、それぞれかつてシュタイン、グナイストに師事したことがあったのである。

## 2　憲法調査の概要

### (1)グナイストとモッセ

さて、三月十四日に横浜を出帆した伊藤一行は、二ヵ月後、ナポリを経てベルリンに到着している。在欧中の憲法調査は、ここでの約五ヵ月の研究（五月～七月末、一一月～翌年二月）とウィーンにおける約三ヵ月間の調査（八月～一一月）とに大別されるが、伊藤にとって収穫が多かったのは、ウィーン期での調査であった（清水伸《しみずしん》『明治憲法制定史〈上〉』参照）。

というのも、ベルリンでは、直接グナイストについてドイツ国家学を学ぶつもりであったが、老齢の大家は断片的な話にこそ応じたものの、体系的な講述の方は断り、これを伊藤より五歳若い弟子のA・モッセに委ねてしまったからである。この時の成果の一部が『莫設《もっせ》氏講義筆記』として現存するのに対し（国立国会図書館憲政資料室）、これに相当するグナイストの講義録の類がまったく見当たらないのは、おそらくこうした事情によるのであろう。ただ、グナイストが、「縦令《たとい》国会を設立するも、兵権、会計権等に喙を容させる様にては、忽ち褐乱の媒囮たるに不適、最初は甚微弱の者を作るを上策とす」という「頗る《すこぶ》専制論」を述べたことは、強く伊藤の印象に残ったようである（五月松方あて信書）。他方、駐在公使の青木周蔵が通訳にあたったものの、ドイツ語を解さない伊藤には、「一法師」にすぎないモッセのドイツ公法学の講義などは、ひどく苦痛であったようである。

(2) シュタインの教え

その伊藤が調査に自信をもつようになったのは、ウィーンに赴いてからである。ここでは常に、シュタインみずからが伊藤一行に応接し、立憲政体の異同などを詳しく教える労をとった。そこで、初めて伊藤は、「来欧以来取調候廉々」の成果について、次のように岩倉に報告することができたのである（八月書簡）。

独逸にて有名なるグナイスト、スタインの両師に就き、国家組織の大体を了解する事を得て、皇室の基礎を固定し、大権を不墜の大眼目は充分相立候間、追て御報道申上候。実に英、米、仏の自由過激論者の著述而已《のみ》を金科玉条の如く誤信し、殆んど国家を傾けんとするの勢は、今日我国の現状に御座候へ共、之を挽回するの道理と手段とを得候、報国の赤心を貫徹するの時期に於て、其功験を現はすの大切なる要具と奉存《ぞんじたてまつり》候て、心私《ひそか》に死処を得るの心地仕候。将来に向て相楽居候事に御座候。両師の主説とする所は、邦国組織の大体に於て、必竟君主立憲体と協和体の二種を以大別と為し……君主立憲政体なれば、君位君権は立法の上に居らざる可からずと云の意なり。

このように伊藤はシュタインに傾倒し、井上毅や山田顕義あてに老碩学を「政府のアドバイセル」として日本に招聘したい旨も伝えている。こういう空気であったから、秋におこなわれた英語によるシュタインの国家学講義は、伊藤に「実に得る所不少と心竊《ひそか》に楽み居候」（九月松方あて書簡）と言わしめるほど、有益なものであった。これを通じて伊藤は、これまでの自分を「政令寛大に失」したと反省し、「独逸各邦の政権を主持して一歩も仮さゞるを見る毎に、前日の非なるを悔ゆる」までになったようである。そして、「独逸学者の説く所の民権の各種、其幅員広狭の度合い等、英仏学者の主眼とする所と異なる者あること」のみならず、お雇い外国人「ロエスレルの説は自由に傾斜せること」を発見したとも伝えている（八月、山田あて書簡）。

このシュタインの講義の内容も、『大博士斯丁氏講義筆記』三巻として現存しているが、国王の特権・政体の異同・政党・大臣責任・自治制度など、立憲制全般にわたる組織立った論述になっている。モッセが平板なドイツ実定公法の講義に終始したのに対し、むしろ国家学・政治哲学の立場から憲法制度を論じているところに、その特徴がある。これ以後、シュタインは、日本政府の求めに応じて、いろいろな国政意見書を寄せるなど好意的な態度を示し、日本当局者の間で「シュタイン詣で」が繰り返されることになる（瀧井《たきい》一博《かずひろ》『ドイツ国家学と明治国制』参照）。

(3)ドイツ型立憲君主制への信念

十一月初め、伊藤はふたたびベルリンに帰来したが、この時、次のような書面を認めており、ドイツ型立憲君主制への信念を吐露している（宛名不明、平塚篤《ひらつかあつし》編『続　伊藤博文秘録』所収）。

小子もスタイン師の憲法講談完了に付、当府に再転、従前取調の事項及行政経済等の大要研窮を可仕心得に御座候……スタインの講談中にも、憲法政治の必要不可欠ものは帝家の法、政府の組織及び立法府組織の三箇にして、此一を欠く、立君憲法政治にあらずと。三箇の組織定法能く確立して並び行はれて相悖《もと》らさるの極を統合する者、則憲法なりと。由此観之《これによりてこれをみれば》政府の組織行政の準備を確立する、実に一大要目なり……今の識者、政体を論する者、多くは英国の議会政府を以て模範と為さんとす。而して又た自から云、帝室を重んずと……蓋《けだ》し議会政府を創置せんとするか、帝権を減削せさるを得ず。帝権を重んせんとするか、議会政府を用ゆる能はず。愚惟らく、議者の見、民権共和に偏重して立君憲法政治に反すと。

こうした憲法調査の万全を帰すため、伊藤は滞欧延長を願い出た。けれども、国内当局者はその帰国を心待ちにしていたため、「必六月中旬迄には御帰朝相願候」（一二月、山県）と伝えられ、翌一八八三年（明一六）には、病気加療中の岩倉からも、「貴官御一行必当月を期し……期限通り帰来可有之《これあるべし》」との連絡を受けた（二月）。このため伊藤は、ベルギー・イギリスから、モスクワでのロシア皇帝戴冠式に列席した後、ナポリを出港することになるが（六月二六日）、伊藤一行が横浜に到着したのは、八月三日夜半のことであった。

## 3　滞欧中の伊藤と「留守政府」との間

### (1) 閣僚の一致協力の確約

滞欧中の伊藤は、右にみたように、お雇い外国人の考え方にもある距離を置いてみることのできる幅広い憲法調査と新知見の獲得を通して、「立憲カリスマ」（坂本一登《さかもとかずと》『伊藤博文と明治国家形成』六頁）としての自覚を次第に深めていった。が、その間、日本の当局者とは、どういう関係にあったのであろうか。この点については、まず、伊藤一行の出発前、次の勅旨が太政大臣の三条実美から参議一同に伝達された事実に注意する必要がある。

今般、伊藤参議洋行各国憲法の源流取調の義を命ぜり……抑《そもそも》国会開設、期するに二十三年を以てするは、年間短にして準備整はざるの議、喋々《ちょうちょう》異論ありし事なり。仍《よっ》て外にしては伊藤寺島力を効し、内にしては閣臣力を尽し、法律なり財政なり百般の事、各自担任する所ろを定め其成功を望むなり。就ては、伊藤出発前閣員互に心慮を尽し、熟議の上、中外同一に出るを期す。右申合之上、其次第書を以て申出づべし。

やや判りにくい内容であるが、要するに、内外の閣僚が一致協力して国政に当たるべき旨を諭したものである。表面上は国会開設期限をめぐる「喋々異論」に言及するのみであるが、その裏には、かつて岩倉使節団が派遣された際（明四〜六。第一章Ⅰ2参照）、いわゆる留守政府と出張閣僚との間でも留守政府内部でも摩擦がたえず、ついに政変にまで至ったことを、教訓として生かしているのは、たしかであろう。

これに対して、大木喬任以下の諸参議は、連名で「耐忍不抜同心協力」を誓い、「苟《いやしく》も政治の概要及将来の目的に係るものは務て内外通報し、其必ずしも急を要せさる件の如きは共に其報を待て后《のち》行ひ、以て彼是の背馳《はいち》せざらんことを期す」と奉答している。

⑵ 伊藤と留守閣僚との交信

こうして、大臣・諸参議の間に一致協力の約束が交わされた。すでにみた何通かの音信も示すように、滞欧中の伊藤と在日閣僚との間でたえず「内外通報」が交わされたのは、正しくそのためである。実際、日本側から伊藤あてに国内状況を伝えた書簡は多く、伊藤は渡欧から帰朝までの間に、三条・岩倉・山県・松方・山田・井上（毅）などから、多くの情報を得ている（大石眞「伊藤渡欧時代の憲法史的考察」同『日本憲法史の周辺』所収）。

なかでも、井上毅からの通信は、優に十五通を超えているが、これは岩倉が「政府要用機密件々総て井上毅より巨細申入且御談じ候」（一五年六月書簡）という方針をとったからである。壬午《じんご》事変（同七月）に関連したものを除くと、伊藤への通報の多くは内政問題で占められ、先に述べた自由党・改進党などの諸党派の活発な動き、民権派を牽制するための集会条例・府県会規則などの改正作業のほか、板垣・後藤の洋行計画をめぐる自由党の内紛事情に至るまで、ことごとく伊藤に知らされていた。

なお、重い病に臥していた岩倉は、「来欧以来取調候廉々」の要点を伝えてきた先の伊藤の書簡（八月）に接して、その成果に大いに満足したようである。これへの返書（一六年二月）の中で、次のように書き添えたのは、そのあらわれであろう。

御書面中、歓喜雀躍候事は渡航以来追々御取調グナイス（ママ）、スタイン之両師に就き、国家組織の大体御了解にて、帰朝の上は皇室基礎確立云云之ヶ条、実に国家の幸福無此上事と、小生には始而安眠可致事に候。

(3) 留守政府による新聞紙条例の全面改正

この返書を伊藤が受け取ったのは、おそらくロンドンにおいてであるが、この頃、留守政府は、新聞紙条例を全面的に改正したものを布告している（四月）。民権運動が興隆する前の旧条例（全一六ヵ条）では時世の変化に対応できないためで、参事院議長の職にあった山県有朋の発議に基づいている。

改定された新聞紙条例はきわめて詳細なもので（全四二ヵ条）、新たに保証金の制度を導入し、いわゆる身替り新聞の発行を禁じるとともに、記載事項の誤りについて正誤を義務づけ、官・省・院・府県会の議事の掲載を制限するなど、言論取締法という色彩を一段と濃くしている。岩倉具視のいう「断行施政之主義」がますます強くなったわけで、まもなく出版条例の改正もおこなわれている（六月）。

この時、しかし、岩倉の病はすでに篤く、伊藤の帰朝報告を聴くこともなく他界してしまう（七月二〇日）。この訃報に伊藤が接したのは上海においてであったが、「岩倉の死といれちがいに伊藤が帰国したことは、奇しくも歴史の転換を象徴している」ようである（大久保《おおくぼ》利謙《としあき》『明治憲法の出来るまで』一七八頁）。

## ■第三章　年表

| | | |
|---|---|---|
| 1878年（明11） | 4月 | 第二回地方官会議、愛国社の再興を決定 |
| | 7月 | 地方三新法を制定、元老院「国憲」第二次案 |
| 1879年（〃12） | 11月 | 第三回愛国社大会、国会開設願望の決議 |
| 1880年（〃13） | 2月 | 第三回地方官会議 |
| | 3月 | 国会期成同盟の結成 |
| | 4月 | 集会条例の制定 |
| | 12月 | 元老院「国憲」第三次案 |
| 1881年（〃14） | 3月 | 大隈重信の憲法意見書 |
| | 4月 | 交詢社「私擬憲法案」 |
| | 7月 | 岩倉具視の憲法意見書、北海道開拓使官有物払下げ閣議決定 |
| | 9月 | 立志社「日本憲法見込案」、独逸学協会設立 |
| | 10月 | 大隈の追放、官有物払下げの取消し、国会開設の勅諭、自由党の結成、参事院の設置 |
| | 11月 | 諸省事務章程通則の制定 |
| 1882年（〃15） | 3月 | 立憲改進党の結成、伊藤博文憲法調査団の出港 |
| | 6月 | 集会条例の追加改正 |
| | 12月 | 府県会規則の追加改正 |
| 1883年（〃16） | 4月 | 新聞紙条例の全面改正、地方巡察条規の制定 |
| | 7月 | 官報創刊される |
| | 8月 | 伊藤憲法調査団の帰国 |

# 第四章　立憲体制樹立への準備

## Ⅰ　制度取調局における調査立案

### 1　制度取調局の設置

#### (1) 伊藤帰国後の動き

伊藤博文がヨーロッパでの憲法調査を終えて帰国すると、憲法制定と条約改正に向けた方策が強く打ち出されることになった。いわゆる欧化政策の始まりを告げるものであるが、一八八三年（明一六）十一月下旬の鹿鳴館の竣工は、それを象徴する出来事といえよう。また、「立憲カリスマ」としての識見をそなえた伊藤が帰国したのをうけて、政府部内で憲法起草に向けた具体的な動きが活発になってきたのは、たしかであろう。

これと同時に、十四年の政変後に定まったドイツ学の振興という方針――すでに政府にはH・ロエスラーがいた――のもとに、ドイツ滞在中の伊藤が依頼した青木周蔵公使のあっせんによって、プロイセンの官吏が政府顧問として来日することになる。翌一八八四年（明一七）一月にC・ルードルフやH・テヒョウなどが来日したのは、その具体的なあらわれである。

## (2) 取調局設置までの経緯

こうした動きを背景に、立憲制度の確立に向けて国内法令や環境の整備が始まるが、その第一歩として、制度取調局の設置を挙げなくてはならない。この制度取調局は、もともと伊藤が進めてきた憲法調査を継続し、具体的な憲法起草にも踏み込む役割をもつ機関として設けられたようであるが、ここに至るまでには多少の曲折があった。

すなわち、伊藤の滞欧中に岩倉具視を総裁心得とする内規取調局が設けられていたが、岩倉死去後の一八八三年（明一六）九月上旬、「近日憲法取調之局御開設可相成趣」を聞きつけた内規取調局の委員長である元老院副議長の東久世通禧は、同局の作業を発展させるため、これとは別に、「皇統継承法、帝室諸制度の如き」を審査する「一局」を特設すべきことを、太政大臣の三条実美あてに建言している。これより少し前には、宮内省御用掛の宮島誠一郎も、憲法の立案に当たる「立法の一局」を開設すべきことを伊藤に説いており、東久世の建言はこれを意識しておこなわれたのかも知れない。

伊藤は、そうした提案を参考にしつつ、従来の内規取調局に代わる新しい制度取調べ機関を設けることを具奏したわけである。これをうけて、まもなく内規取調局は廃止され（一二月）、翌一八八四年（明一七）三月十七日には制度取調局が発足するが、これは、一般国政の本部である太政官の中には置かれず、とくに宮中に設けられている。その訳は、欽定憲法主義はすでに確立した方針であり、『明治天皇紀』のことばを借りれば、「臣僚の手にのみ委任すべきものにあらず、天皇親しく其の議を与《あずか》り聞召《きこしめ》し、親しく其の可否を検討し、宸裁《しんさい》したまふの要」（第六、一八二頁）があったからであろう。

なお、長官の伊藤博文は、その洋風好みを嫌った参議の佐々木高行などの異論があったにもかかわらず、宮内卿をも兼任することになった（三月二一日）。それが実現したことは、立憲君主制的な憲法体制の創設者となるべき伊藤の地位が、政府内部で確立したことを意味する。

### (3) 制度取調局の陣容と役割

制度取調局は伊藤博文を長官としたが、その御用掛（局員）の任命は、一度におこなわれたわけではなかった。取調局の発足後に最初に任命されたのは参事院議官である井上毅であり、これを筆頭に、同議官補の伊東巳代治、太政官書記官の荒川邦蔵《あらかわくにぞう》・渡辺廉吉《わたなべれんきち》・牧野伸顕《まきののぶあき》などが（三月下旬）、次いで、太政官から金子堅太郎《かねこけんたろう》、参事院からは山脇玄などが任命された（四月中旬）。さらに、前年初冬にアメリカから帰国していた寺島宗則のほか（五月）、先の内規取調局の委員であった参事院議官の尾崎三良なども任命される（六月）、といった具合いであった。

この制度取調局の発足後におこなわれた参事院章程の改正（四月二二日）によって、参事院の権限は著しく縮小された。すでに述べたとおり（第三章Ⅲ2参照）、十四年の政変後に設けられた参事院は、「太政官に属し、内閣の命に依り法律規則の草定審査に参預するの所」として、いろいろな権限をもっていた。しかし、今回の改正によって、法律規則案の発議権や意見上申権など内閣と直接関わるような権限事務はすべて削除され（改正章程七条〜九条）、参事院が重要政策に関与する道はほとんど閉ざされてしまった。その役割は、むしろ制度取調局に期待されたからである。

その結果、参事院は、従来どおり、「地方議会と地方官との間に於て法律の見解を異にし又は権限を争ふことあるときは之を審理す」とされた。しかし、「制度取調局の仕事としては、地方で県会と県知事との間に争議が起った場合、それがこの局に持ち込まれることがあって、そういう時はその解決に当たらなければならなかった」（『牧野伸顕回顧録』上巻一〇九頁）程度であるという。

(4) 制度取調局の運営

さて、制度取調局は、憲法の調査立案をおこなうべき機関とされたものの、他の制度とちがって、その組織や権限などを定めた職制・章程は、とくに見当たらない。ただ、右に述べた参事院との関係を整理するため、次のような「参事院及制度取調局執務順序」が内達されている（三月一八日）。

凡ソ法律ノ新創又ハ改正、各省ヨリ案ヲ具ヘ上申スルモノハ、主管参議検印シテ制度取調局ノ審閲ニ付シ参事院ノ議決ヲ経、内閣回議ノ上御覧ヲ請ヒ裁可シテ後、元老院ノ議決ニ付シ更ニ内閣ノ回議ヲ経、上奏批行スこれにより、制度取調局の優位性は明らかであるが、いずれにせよ制度取調局の運営がきわめて流動的で、不確定であったことはたしかであろう。そのことは、右に述べた委員の任命のしかたにもあらわれているが、制度調査機関としての体裁が整うのは、発足後三ヵ月経ってからである。しかも、長官の伊藤を始めとして、ほとんどの局員は他の職務を兼任しており、「地方巡察条規」(前年四月の太政官達による)に基づく地方巡視に出ることも多かった。したがって、制度取調局としての組織的・体系的な作業がはたしてどこまで進められたのか、実は、はっきりしないところがある。

実際、長官の伊藤博文は、宮内卿としての仕事のほかに、外務卿の井上馨に代わる全権大使として、一八八四年末に起こった甲申事変の処理や天津条約の締結といった対外交渉のために中国に渡ったが(明治一八年二月下旬～四月下旬)、この時には井上毅・伊東巳代治なども随行している。また、群馬事件・加波山《かばさん》事件・秩父事件など、過激派の自由党員による暴動事件が相次いで起こる情勢のなか、伊藤以下のメンバーには、制度調査に専念する余裕などほとんどなかったとも考えられる。

## 2　憲法・皇室法の調査立案の問題

### (1) 除外された憲法調査

それでも、制度取調局では、後にみるような一連の意義のある調査が進められたようであるが、制度取調局として肝腎の憲法に関する調査立案をおこなった事実を明示する史料は、ほとんど見当たらない。ただ、この時期のものと思われる問題点十二項を列挙した「廿三年国会開設に付附緊急問題」と題する文書は、その筆頭に、「国会開設に付、日本憲法所謂コンステチューションなるものを確定すべきや、又は姑く国会関係に要用なる法律のみを制定し、年を逐ひ漸次他の憲法に及ぼすべきや」と記してあり、憲法起草問題が取り上げられたかに見える。

しかし、これも憲法案が具体的に起草された事実を示すわけではない。他の列挙事項をみても、「国会は元老院民選院の二局を以て組織すべきや」「国会を開くは何月を以て適当とするや」といった論点を指摘しているところからもわかるように、そこでの中心的な関心事は、憲法制定を念頭に置きながらも、国会開設に向けて議会制度を検討することにあったと考えられる。

このように、当初、憲法の調査立案が期待されながら、結局、制度取調局の公式的な作業から除外されてしまったことについては、いくつかの事情が考えられる。まず、制度取調局の人的構成をめぐる問題があった。すなわち、もともと、制度取調局は、元老院議官の柳原前光などの発議で設けられた内規取調局の後身に当たっており、しかも太政大臣三条実美の影響のもとに、東久世通禧などの建議を契機として設置されたものであった。したがって、長官の伊藤が人事について全権を握っていたわけではなく、後の金子堅太郎の表現によれば、「種々の人が種々の関係で入って」来たのである。そのため、伊藤は、始めから制度取調局を「寄木細工のやうなもの」とみており、局員にも多くのものを期待してはいなかったようである（島善高《しまよしたか》『近代皇室制度の形成』二〇頁）。

この点とも関連しているが、憲法の調査立案が制度取調局の公式作業から外されたことには、もう一つ大きな事情があった。先に述べたように、十四年の政変によって、岩倉意見書が説いた憲法起草手続の一つの方法、つまり、宮中に一局を置き大臣が総裁となって「内密に憲法を起草し、成案の上内閣の議」に付すという方針は、すでに確定していた（第三章Ⅱ・Ⅲ参照）。ここで、もし「寄木細工」のような人員構成をもつ制度取調局が、それ自体として憲法起草に取り組むことを認めるとすれば、「公然と憲法調査委員を設け」るという別の方法をとるに等しいことになるからである。

⑵ 憲法起草グループの形成

こうした事情から、伊藤博文は、制度取調局の公式作業から憲法起草問題を切り離し、少人数のグループで「内密に」検討を進める方針をとったものと考えられる。そのグループとは、長官の伊藤のもとに結成された井上毅、伊東巳代治、そして金子堅太郎という、いわゆる憲法起草トリオである。

このうち、井上毅は、「殊に有用之学識を有し、明治八年以来、岩倉大久保二老之信任を受けし而已《のみ》ならず、枢機之事務与《あずか》らざるは無く、十有余年間、軍国の大計に関する機密の文案、十中七八同人之起草に之あり」「就中《なかんずく》立憲組織之計画及び憲章立案の重事」に「満腔の熱血」を注いだ「忠実無二の人物」（伊藤の徳大寺実則あて書簡）として、文字通り起草グループの筆頭の地位を占める人物であった。

他方、伊東巳代治は、かつて伊藤のドイツ・オーストリア憲法調査に随行し、シュタインなどの講義録をまとめたことがあり（第三章Ｖ２参照）、この時には伊藤参議の秘書官となっていた。また、金子堅太郎が抜擢されたのは、伊藤滞欧時の元老院書記官時代に、同院議長の寺島宗則の依頼に応じて、憲法調査の論点をまとめた約五十項にわたる詳細な「各国憲法異同科目」を作成したが、これが伊藤に送付され、その眼鏡にかなったことによる。

これ以後、この憲法起草グループの体制が、明治典憲体制の成立の時まで、ずっと続くことになる。もっとも、制度取調局時代に、この四人が具体的にどのような方針のもとに、どのような憲法調査をおこなっていたのか、実はよく判らない。

### 3　制度取調局時代の成果

右に述べたように、制度取調局のメンバーは、翌一八八五年（明一八）十二月下旬の官制改革によって同局が廃止されるまでの間、手分けして行政裁判・議会・皇室制度や地方制度などに関する調査検討をおこなった。その成果は、後の明治典憲体制を予想させる内容を含んでいるから、ここでその主要な動きをみておこう。

(1) 行政争訟制度の研究

まず、荒川邦蔵を中心として行政争訟制度に関する調査が進められている。これは、Ｈ・ロエスラーによって起草された全三十九ヵ条の「行政裁判法草案」と全十七ヵ条の「行政訴願法草案」に代表されるが（同年一一月）、それぞれ詳細な「理由及説明」をともなうもので、注目に値する。

例えば、その「行政裁判法草案」は、行政訴訟の提起について訴願前置主義をとるとともに、裁判事項に関しては列記主義を採用していたが、その「理由及説明」によれば、まず、行政裁判所の編成について「主として注目すべきの国は仏国、孛国、及墺国是なり」として、いわば模範国を示した上で、それらの裁判構成の大要を記し、同案を「仏墺二国の組織聊《いささ》か改正を加へ採用し、以て草定したるもの」と位置づけている。

右の二つの草案による行政争訟の構想は、結局、「欧洲大陸之行政裁判法……を我邦に適施すべき乎の問題に至而困難の件々」ありとする井上毅の異論（翌年二月伊藤あて書簡）などもあって実現しなかった。しかしながら、のちに憲法典の起草が一段落して憲法附属法案の内容が問題となった時、井上は、改めてこの時のロェスラーの「行政裁判法草案」と「行政訴願法草案」を参照し、とくにその「理由及説明」を熟読している（二一年四月）。この意味において、制度取調局時代の作業は、本格的な基本法典の起草にも影響を及ぼしたということができる。

(2)国会規則案の取りまとめ

次に、議会制度をめぐる検討をみると、尾崎三良を中心とした国会規則案の取りまとめが注目される。尾崎自身の説明によると、「先づ第一に国会規則を取調べることとし、先づ欧洲各国上下両院議員の資格、任命、撰挙の方法、撰挙民の区域及び議院の法律、議事の慣例等を調査したり」（同『自叙略伝』中巻三九頁）という。その成果は、一八八五年（明一八）早々、全四章百十五ヵ条からなる「国会規則」草案と全三章五十五ヵ条の「国会会議規則」草案として集約されている。

ただ、その提出の時期は、伊藤の清国出張と尾崎自身の九州地方巡視（三月下旬〜九月上旬）とによって大幅に遅れ、両草案はようやく十一月九日になって伊藤に届けられている。しかし、この時すでに、制度取調局の廃止を含む官制改革プランが検討されており、伊藤に尾崎案を顧慮するだけの用意があったかどうか、かなり疑わしい。

さらに、より実質的な問題もあった。というのも、尾崎の「国会規則」案の内容をみると、本来、憲法典で規律すべき事項を数多く含んでおり、憲法起草者の眼にはとうてい採用できない筋合いのものと映ったにちがいない。その意味では、尾崎三良の立案がのちの基本法典の本格的な起草過程に及ぼした影響は乏しいと考えられる。

ただ、尾崎が主として依拠したイギリスの議会関係書、つまりアースキン・メイの古典的な『議会法論』とR・ディキンソンの『欧米各国議院手続要略』とは、のちの憲法典・議院法の起草に際して大いに参照されており、ここに共通点を求めることはできよう。また、尾崎案によれば、「国会規則」は法律として想定され、「国会会議規則」も「上下両院通用」すべきものとして起案されている。このことは、のちの議院法体制の構想——議院手続準則について可能な限り両議院が足並みをそろえることをよしとする考え方——をうかがわせるもので、この点でも注目されよう（大石眞『議院法制定史の研究』参照）。

### (3) 華族制度の検討

また、華族制度のことがある。これについてはさまざまな思惑があり、明治維新の後、従来の公卿・諸侯の称を廃止して一律に華族としたものの（明二）、その間に等級を分ける爵位制度をどういうかたちで設けるかが、常に問題とされてきた。公伯士の三爵案（明九）、五爵貴族の爵位令案（明一一）や岩倉具視の叙爵五等案（明一五）などは、その代表的な試みといえる。

しかし、制度取調局の設置後まもなく、将来開設される議会における貴族院の組織の基礎を定めるために、一八八四年（明一七）七月、華族令が定められた。これは、公・侯・伯・子・男の爵位五等制であり、勅旨をもって叙爵することなどを内容としているが、その制定の時期からみると、制度取調局それ自体の成果というより、むしろ長官伊藤博文の年来の主張を法制化したにすぎないのかも知れない。

この華族令の制定当日、直ちに、三条実美以下五百四名に対する授爵式がおこなわれた。門流にこだわった岩倉などの案と異なり、明治維新に勲功のあった士族功臣への叙爵を実行した点が注目されるところで、伊藤博文・大木喬任以下の諸参議は、この時、すべて伯爵となっている。また、この華族令の制定にともなって、翌年（明一八）一月には、士民の儀表たるべき品位を保つために定められていた華族懲戒例（明九）の改正もおこなわれ、蟄居制に代わる厳しい除族制度が設けられている。これには伊東巳代治が係わっていたようで、同例の改正案に対するロェスラーの意見書（一七年一一月）には、伊東による加除の跡もみえる。

(4)「皇室制規」案の作成

このように制度取調局のメンバーの働きは多方面にわたっているが、最近の研究は、さらに、皇室制度についても、この時期に具体的な成案を得ていた事実を明らかにしている。のちの皇室典範の原初的な草案である「皇室制規」に関するものがそれであって、この「皇室制規」の草案と思われるものが、牧野伸顕の遺文書のなかに数点見出される。牧野がどの程度この皇室制規草案に関与していたのかは、実はよく判らないが、制度取調局のメンバーによって皇室法に関する草案が起草されたことは、たしかなようである。

そして、これを基に、本則二十七ヵ条と附録四ヵ条からなる「皇室制規」が作成され（一八年末〜一九年初め頃）、これに修正が加えられて、基本法典の本格的な起草作業を告げる宮内省立案の「帝室典則」（一九年六月一〇日）へとつながっていくことになる（第五章Ⅰ2参照）。したがって、ここでも、制度取調局時代の調査立案は大きな意味をもつといえよう。

(5) 制度取調局の憲法史上の位置づけ

このように、従来の憲政史研究では、制度取調局時代の作業にはあまり関心が寄せられなかったが、実は、後の立憲制度の創設に向けた動きがさまざまなかたちで進行していた事実を確認することができる。したがって、日本における立憲制の歩みを考えるときは、この時期を軽視することはできないように思われる。

もちろん、この時期は、諸省卿を兼任する内閣参議と三大臣との関係、すでに述べた参事院と制度取調局との関係など、国家機関の相互の関係は、未だ必ずしも明らかでなかった。とくに古来の太政官制度は、国政に責任を負う宰臣の適切な補佐のもとに君主が統治をおこなうものとする近代的な立憲君主制の理念とは、相容れない側面をもっている。そのため、立憲制の創設への動きは、いずれ旧来の太政官制の根本的な変革へと連動せざるをえないのであって、その時機は、一八八五年（明一八）十二月に到来するが、その官制改革案自体、制度取調局時代に進められた調査検討の成果であったといえる。

(6) 時代的な環境

さて、この時までにすでに自由党は解党し（一七年一〇月末）、立憲改進党も総理の大隈重信と副総理の河野敏鎌の脱党（同年一二月）などによって、大きく勢力を削がれていたが、そのような民権運動の後退をよく示しているのは、自由党の解党主意書であろう。

この主意書は、集会条例・新聞紙条例の強化という状況のもとで、「公党を組織して、我邦現時の社会に立つこと」の非常な困難さを訴え、およそ「治者と被治者は言路に因りて互に其情意を通ずるものなり。情通ずれば則《すなわ》ち意和し、意和すれば則ち国治まる」べきところ、現状は「言論の未だ全く自由ならざるを以て、言路従ふて幾分の阻礙《そがい》を覚ゆるあり」と慷慨《こうがい》している。しかし、翌年（明一八）七月下旬には新聞紙条例の改正もおこなわれ、民権派の言論に対する規制はいっそう強化された。こうした環境のもとで「上からの改革」が着々と準備されていたわけである。

# II　内閣制度の創設

## 1　責任政治の原則と政府組織の改革

### (1) 太政官制度の憲法問題

およそ立憲主義というためには、責任政治がおこなわれることが不可欠で、責任政治を実施に移すためには、国政上の意思決定のあり方を統一し、実行力と責任のある憲法的機関を設ける必要がある。君主制の国では、この役割をになうのは、原理上無答責とされる君主に対して助言をおこない、国政を補佐する諸大臣であるから、君主と大臣との関係は濃密でなくてはならず、その間の意思決定のしかたは一元的でなくてはならない。

ところが、明治維新以来の太政官制度は、こうした立憲的な政府組織をつくる上で大きな障害であった。この点を痛感したのはおそらく伊藤博文であり、そのことを表面化させたのは、侍従長の徳大寺実則《とくだいじさねつね》や侍講の元田永孚《もとだながざね》などのいわゆる側近派による政務への関与、それに十四年の政変後に内閣顧問となっていた黒田清隆の右大臣登用などの問題であった。

すなわち、伊藤は、まず、宮内卿の地位にありながら天皇への直接の奏聞もままならないことを不満として、徳大寺と元田に対して善処を申し入れるとともに（一八年七月）、太政大臣の三条実美にあてて、この両名のような「宇内の大勢に暗く、時務の得失を弁へず、且其の地位にあらず、其の責を負はざる者」との談話のみでは、天皇による国政総攬はとうていおぼつかない、とする書面までしたためている。この点について、『明治天皇紀』は、「博文稿を終へしも、果して之れを実美に致ししや否やを審《つまびら》かにせず」というが（第六、四四八頁）、その趣旨が伝えられたことはたしかであろう。

他方、黒田の右大臣登用問題は、岩倉が死去した後、諸参議に対する太政大臣・左大臣の統率力が著しく低下し、このままでは国会開設の準備もおぼつかないという情況のもと、開拓使長官を辞した黒田が、その各種の提議をほとんど斥《しりぞ》けられるに及んで、実質上の政権者である伊藤に対する反感を募らせていたという事情を背景として起こった。つまり、伊藤はいわば黒田懐柔策としてその右大臣への登用を建議し、ようやく認許を得たのであるが、黒田が就任を固辞したため、勅旨の撤回という異例の事態に発展してしまったのである（同年一一月）。

(2) 立憲的な政府組織改革案

ここにおいて、無答責の君主と責任ある補佐機構という一元的な政府組織を樹立することの重要性が改めて認識され、そのための具体的な政府改革の動きが始まることになる。実際、井上毅は、のちの内閣諸大臣に対する「デクレー」（詔勅）案や、各省事務整理綱領の原型にあたる「インストリュクション」案の内容を検討しているし（一一月下旬、伊藤あて書簡）、尾崎三良も、その日記に「近日内閣変革あるべし」と「本日聞く所」を記している（一一月二七日、『尾崎三良日記』上巻六一二頁）。

こうして、内閣制度の創定をめざす官制改革案は、主として伊藤博文と井上毅との間でまとめられた。その要旨は、旧来の三大臣・参議・諸省卿の制を廃止して一人の内閣総理大臣を置き、その推薦により各省大臣を登用するとともに総理大臣の統率するところとし、総理大臣を政務全般の責任者にするというものであった。この案は、太政大臣の三条実美に提出された後、直ちに閣議で了承され、伊藤に対して内閣総理大臣に就任するよう内命もおこなわれた。その数日後、井上は、伊藤にあてた書簡の中で「今度之勅諚《ちょくじょう》並に官制は実に将来憲法之基本として議院に対する内閣之城壁」と位置づけられることを述べ、次のように説いている（一二月一一日）。

　内閣之組織において、英国風に類似之傾きを生じ候はゞ、将来にヴォト・オフ・コンヒデンス之媒介となるは必然に可有之歟《これあるべきか》。望むらくは、独逸［ドイツ］流之憲法上合議責任之特例を除く外、各自責任之意味、最も明白に相見え候様、有之度《これありたき》事に存候……各相均しく皆内閣大臣として、諸省之事務は其分課兼任たる様之組織を示し候はゞ、則ち連帯責任之議論に向て此上なき論拠を与へ、勢力を増加するは予想すべき哉に奉存候……此事パル、メンタリ・システムとコンスチチュシオナリ・システムとの岐途と奉存候へは、御参考迄に奉録上候。

この井上の書簡は、後に述べる「内閣職権」の制定趣旨をも示している。もちろん、責任政治の原則を採用するといっても、民権派の「交詢社之私擬憲法」が明文で定めるようなイギリス流の連帯責任の方法ではなく、ドイツ流の「各自責任原則」によるべきことを説くのである。

こうして井上は、末尾の文章から明らかなように、議院内閣制を理想とする立憲主義を導入することを否認し、内閣の存立を君主の意思によらしめる大権内閣制を内実とした立憲君主制の採用を指示するのであり、かつて岩倉意見書を起草した立場を少しも変えていない（第三章Ⅱ3参照）。もちろん、旧来の太政官制度を廃止するとすれば、長く太政大臣の職にあった三条実美はその地位を失うことになるが、三条自身は、「国家将来の為を図り……反覆思考し尽し決意」したという（一二月二〇日の尾崎あて書簡による）。

## 2　政治体制の刷新

### (1) 制度改革の内容

これをうけて、一八八五年（明一八）十二月二十二日と二十三日の両日、新たな責任ある政治体制を整えるため、一連の太政官達が出された。その主要な内容は、次のようにまとめることができよう。

①宮中に「内大臣」および「宮中顧問官」を設けること（第六八号）。このうち、宮中顧問官（十五名以内）は、「帝室の典範儀式に係る事件に付、諮詢に奉対し意見を具上す」るものとし、内大臣一名は、「御璽国璽を尚蔵す」るとともに、「常侍輔《じょうじほ》弼《ひつ》し及宮中顧問官の議事を総提す」る役割をもつ役職とする（常侍輔弼のあり方に焦点を絞った松《まつ》

田好史《だよしふみ》『内大臣の研究』参照）。

②太政官制度を廃止して、内閣制度を設けること（第六九号）。すなわち、「太政大臣・左右大臣・参議・各省卿の職制を廃し、更に内閣総理大臣及宮内・外務・内務・大蔵・陸軍・海軍・司法・文部・農商務・逓信の諸大臣を置く」。ただ、内閣を組織するのは総理大臣および宮内大臣を除く九大臣の計十名であり、その地位・権限は、同時に制定された「内閣職権」において明らかにされている（後述3参照）。

③参事院と制度取調局を廃止して、両者を整理統合した法制局を内閣に設けること（第七一号・七四号）。すなわち、法制局は「内閣総理大臣の管轄に属す」る機関とし、行政・法制・司法の三部を置く。このうち、法制部と司法部は、それぞれほぼ旧参事院の同名の部局に対応する事務・法令の起草審査をつかさどるものとし、行政部は、その外務・内務・軍事・財務の四部門が管掌していた事務を統合するとともに、新たに設けられる逓信省の事務に関する法令の起案審査も担当する。

(2)　主要な人事

ここで、右の①と②にかかわる具体的な人事を確認しておこう。まず、内大臣には三条実美が、宮中顧問官として川村純義《かわむらすみよし》・佐々木高行・寺島宗則などの六名が、それぞれ任命されるとともに、宮内大臣は、やはり伊藤の兼任するところとなった。

内閣については、総理大臣に伊藤博文と九名の各省大臣が任命され、これにより第一次伊藤内閣が形づくられることになる。このうち、外務・内務・大蔵・司法の各大臣には、引きつづき井上馨・山県有朋・松方正義・山田顕義が、それぞれ就任している。
なお、③の法制局については、長官に山尾庸三《やまおようぞう》（宮中顧問官）が充てられたが、周布公平《すふこうへい》・平田東助・今村和郎・山脇玄・荒川邦蔵などが参事官に任命されており、ドイツ系の旧参事院議官や制度取調局御用掛などを中心に組織されていることが注目される。

## 3 「内閣職権」と官紀五章の訓示

### (1) 内閣職権の立法趣旨

さて、右の②にいう全七ヵ条からなる「内閣職権」の立法趣旨は、先に紹介した井上毅の書簡によって知ることができよう。これを明治憲法制定後の「内閣官制」（二二年一二月）と比較してみると、内閣の「首班」としての総理大臣に各省統制権その他の強い権限を与える、いわゆる大宰相主義を採用している点において、大きな特徴をもっているが、なかでも注目されるのは次の諸規定である。

第一条　内閣総理大臣ハ、各大臣ノ首班トシテ、機務ヲ奏宣シ旨ヲ承テ大政ノ方向ヲ指示シ行政各部ヲ統督ス
第二条　内閣総理大臣ハ、行政各部ノ政績ヲ考ヘ其説明ヲ求メ及之ヲ検明スルコトヲ得
第四条　内閣総理大臣ハ、各科法律起草委員ヲ監督ス
第五条　凡ソ法律命令ニハ内閣総理大臣之ニ副署シ、其各省主任ノ事務ニ属スルモノハ内

閣総理大臣及主任大臣之ニ副署スヘシ

いずれも、国政の運用にとって特別の意義をもつもので、憲法的な重要性をもつ規定である。後に制定された明治憲法は、この点に関して、わずかに「国務各大臣は天皇を輔弼し其の責に任ず」（五五条一項）と定めるにすぎなかったが、にもかかわらず、その半官的な註釈書『憲法義解』の中に次のような説明が見られるのは（岩波文庫版八四頁、八七―八八頁）、当時の現行法であった右の「内閣職権」の諸規定とその立法趣旨を前提としていたからであろう。

国務各大臣は入て内閣に参賛し、出て各部の事務に当り、大政の責に任ずる者なり。凡《およ》そ大政の施行は必内閣及各部に由り、其の門を二にせず……
内閣総理大臣は機務を奏宣し、旨を承けて大政の方向を指示し、各部統督せざる所なし。職掌既に広く、責任従て重からざることを得ず。各省大臣に至ては、其の主任の事務に就き各別に其の責に任ずる者にして、連帯の責任あるに非ず。

(2)官紀五章の訓示

内閣制度の創設後まもなく、総理大臣の伊藤は、各省大臣に対して、「各省事務を整理するの綱領」を示し、「此範囲内に於て便宜斟酌し、案を具へて閣議に提出すべし」とする訓示をおこなった。その各省事務整理綱領の要点は、先の井上毅の書簡が示したところとほぼ同じであり、「官守を明にする事」「選叙の事」「繁文を省く事」「冗費を節する事」「規律を厳にする事」の五点を内容とし、そのために「官紀五章」とも呼ばれている。

このうち、まず、「選叙の事」とは、それまでの官吏任用のあり方が「人各々知る所を挙ぐ」という方法をとっていたために「情弊の至る所」となっていたのを改めて、競争試験制度を導入すべきことを述べるものである。また、「官守を明にする事」もわかりにくいが、要するに、「官制の綱領」、つまり国家行政組織の基準を示したものであって、そこには「各省次官一人に限る」、各省「定員の外、出任又は御用掛の名義を以て補任《ぶにん》することを得ず」といった節目が、具体的に指示されている。

### (3) 官制通則の必要性

ここで重要なことは、右の訓示の中で、これらに基づいて、各省大臣が「各々省内局課の設置を定め、官吏の員数を限り、節減淘汰の意見を具へて閣議に付し、各省をして略均一ならしめ、成案となし」た上で勅裁を仰ぐという手続を予定している点である。これと同じように、各省大臣の定める「局課の規程」についても、「可成《なるべく》各省均一を要する為に閣議を経」ることを要求している。

もちろん、こうした官制通則の必要性は旧太政官制の下でも認識されており、すでに述べた十四年の政変の後に定められた全十一ヵ条の「諸省事務章程通則」は、そのあらわれであった（第三章Ⅲ２参照）。ここに来て、その必要が再認識されたわけであるが、実際、「伊藤博文内閣の初仕事」である「各省官制の閣議提示要求」（赤木須留喜《あかぎするき》『〈官制〉の形成』二六九頁、三〇三頁）は、翌一八八六年（明一九）二月に、全八十五ヵ条からなる各省官制通則という勅令として結実することになる。

しかし、この作業は、宮内省の分まで含めると合計十省についての各職制案を作成するとともに、宮内省を除く九省の官制に通用する規則をも立案するというのであるから、決して生易しいものではない。しかも、右の官紀五章は、官吏試験制度についても、「其規則節目の詳なるは委員をして審査せしめ、閣議を経るの後成案となし裁可を請ふ」べきことを訓示していた。したがって、各種の試験規則の立案も必要であったし、官制改革にともなう官吏処遇の問題も検討しなくてはならない。

## Ⅲ　国家行政組織と法令形式の整備

### 1　臨時官制審査委員による調査立案

#### (1) 臨時官制審査委員の設置

いずれも、各省の事務を刷新し、内閣制度の創立にあわせた国家行政組織を整えるのに必要な措置であるが、さらに「内閣職権」は、先に示したとおり、法律と命令の区分や大臣副署制を定めていたので、これへの対応も必要であった。

こうした作業を速やかに進めるため、一八八五年（明一八）末、臨時官制審査委員が特設された。その委員長には宮内省図書頭の井上毅が、委員としては内閣総理大臣秘書官の伊東巳代治と金子堅太郎、法制局参事官の荒川邦蔵・曾禰《そね》荒助《あらすけ》・山脇玄の五名が任命された。伊藤博文がその主裁に当たったことは、言うまでもない。

伊藤を始めとする臨時官制審査委員の年末年始は、文字通り、不眠不休の毎日であったようである。その一人であった金子堅太郎が、後年、次のように回想したのは(金子「伊藤公と憲法制定事業」国家学会雑誌二四巻七号五八頁)、おそらくこの頃の働きぶりを指しているのであろう。

此時の伊藤公の勤勉は壮年の者の殆んど及ばざる程であつた。早朝から訪問客に面会し、夫れより内閣にて各般の政務を処理し、四時の退省時間からは、故井上毅君伊東巳代治君と私との三人を率ゐて、永田町の官邸に帰り、直ちに調査に従事し、晩の食事が済むと、二階の書斎に這入つて、夜の十二時又は一時まで毎晩各省の官制改革と憲法の起草のことを自ら指導せられた。

こうした精力的な作業の結果、翌一八八六年(明一九)二月四日、まず、宮内大臣である伊藤博文が主任となった宮内省官制が制定された。そして、これと併行するかたちで、後の勅令「公文式《こうぶんしき》」につながる法令布告案の検討も進んでいたようで、その中心となったのは、おそらく伊東巳代治であろう。というのも、伊東は、ドイツ人の法律顧問であるH・テヒョウとC・ルードルフの意見や立案を参考にしつつ、公文式草案の検討に従事していたからである。

ここで、お馴染みの法律顧問、H・ロエスラーの名が見えないのを怪しむ人もあろう。しかし、ロエスラーは、わが国代表としてベルギーで開催される万国商法編輯会議に出席するために、前年七月上旬から日本を離れており、年末年始を通して不在であった。ロエスラーの帰国は、この年（明一九）の二月初めのことで、その期間、テヒョウとルードルフが代役を務めることになったわけである。

実は、臨時官制審査委員の間では、ほぼ一月末までに宮内省官制・公文式・各省官制通則などの最終案がまとまっていた。しかし、これらが確定的な上奏案とされたわけではない。この点について、伊東巳代治は、この頃の様子を次のように述べ、その間の事情を伝えてくれる（一月二七日伊藤あて書簡）。

各省官制御通覧被遊候節、御照考之御便宜とも存候に付、一昨日御加筆之跡に就修正を加候処を朱書に相認差上候……通則案英訳は今朝より取掛居候。是も至急整頓之上ロイスレル氏へ可差遣と存居候。其内公文式之意見書も出来可申、彼是引替従事可仕候。

⑵ロェスラーへの信頼

H・ロエスラーのことを指す時、井上は「ロスレル氏」、伊東は「ロイスレル氏」と呼ぶのが習いであったようであるが、右の一文は、伊東がお雇い外国人の意見を徴するための英訳の作成主任らしいことを示している。また、それは、この時点ですでにロェスラーとの連絡が可能であり、公文式案を提示してその意見を求めていたこと、官制通則案も同じやり方をとっていることも、教えてくれる。いうまでもなく、ロェスラーは、一八七八年（明一一）の来日以来、ボアソナードとともに、わが当局者が最も信頼を寄せていた法律顧問であって、その帰朝の日がわかっている以上、その意見をまって重要法令を発布することにしても、決して不自然ではない。

二月初めの宮内省官制についていえば、ロェスラーの意見が徴されたかどうかは疑わしい。しかし、少なくとも、公文式と官制通則の両案についてその手続が踏まれたことは、まちがいない。事実、ロェスラーは、公文式案に対し、「立案頗る穏当、理義精確にして……間然する所なし」「本案の大体を通論して其主義に付ては大に余の賛成を表する」といったコメントを付したうえで、具体的な修正意見を提示している。

右の「公文式之意見書」に相当するのが、公刊されている秘書類纂『法制関係資料（上巻）』所収の「ヘルマン・ロヱスレル稿伊東巳代治訳　法律命令意見書」に他ならない。そして、ロェスラーの意見は、公文式案や官制通則案に対する修正として反映されることが多く、これを基に二月二十日過ぎには相前後して各成案が確定することになる。

## 2　公文式・各省官制通則の制定

### (1) 各省官制通則

公文式および各省官制通則は、二月二十四日と二十六日にそれぞれ裁可され、勅令第一号および第二号として、官報で公布された。このうち、全八十五ヵ条からなる各省官制通則は、内閣職権を前提としつつ、その規定の一部をも取り込んだものであるが、この三年後の一八八九年（明二二）二月に憲法典が制定されるに及んで、重要な憲法問題を引き起こすことになる。

この点については後で検討するが、いま、その問題の一例を挙げると、各省官制通則第七条の合憲性がある。すなわち、同条は、「各省大臣の命令には罰金……又は禁錮……の罰則を附することを得」としていたが、他方、明治憲法第二十三条は、いわゆる罪刑法定主義を明文で規定し、罰則は議会制定法によってのみ設けることができると定めた。したがって、このままだと、各省官制通則第七条は明らかに憲法違反となって、憲法にいう「遵由の効力」（七六条一項）を有しないことになる。その失効の期日は憲法施行の日と考えられており、そのため、各省官制通則は、一八九〇年（明二三）三月、憲法上諭にいう「議会開会の時」を前にして、全面的に改正されるにいたるのである（第七章Ⅱ1参照）。

### (2) 公文式の制定

一方の公文式は、全十七ヵ条からなるが、各省官制通則と異なり、明治憲法の制定によってそうした致命的な問題がもたらされることはなかった。もちろん、新しい内閣官制（二二年一二月）にともなう部分的な変更は避けられず、例えば、議会開設による元老院の廃止（一三年一〇月）は、公文式第一条中の「法律の元老院の議を経るを要するものは旧に依る」（二項）といった規定を死文化することになるが、右にみた各省官制通則が抱えるような問題に比べれば、いわば些事にすぎない。こうした点を除くと、公文式は、むしろ憲法の制定と議会の開設によって、ようやく本来の意味をもち始めたということができる。

というのも、公文式は、たしかに法律・勅令といった形式を区分していた。しかし、議会開設前は、すべての法令は、形式上、天皇の裁可を経た政府の命令そのものであって、議会制定法を法律とし、これを政府限りで制定する勅令などから区別して形式上の効力に優劣をつけることは、まったく意味をなさないからである。「法律」と「命令」の形式的な区分が法律的な意味をもつのは、むしろ議会が開かれた後のことであり、そのため、公文式は、一九〇七年（明四〇）、公式令の制定によって法令の形式や公布のありかたが新たに規律されるまで、長く効力をもつことになる。

### (3)「御名 御璽」方式の起源

なお、今日、官報による法令公布のあり方をみると、かならず各法令の冒頭に「御名《ぎょめい》 御《ぎょ》璽《じ》」という記載がある。この「御名」は、法令の原本には天皇自らの署名があることを、また、「御璽」は、その署名の下に「天皇御璽」の刻印があることを、それぞれ示す表記のしかたである。

それは、明治憲法時代、法令を成立させる天皇の裁可（憲法六条）がおこなわれたことを意味していたが、天皇による法令の原本への親署という方式と官報による公布に際して「御名　御璽」という表記が採用されたのは、この公文式の制定の時が初めてであった。これ以後、「御名　御璽」方式は、公文式第三条にいう「法律勅令は親署の後御璽を鈐《けん》し……」とする規定そのものの要求として定着し、現在にも及んでいる。

### 3　その後の動き

一八八六年（明一九）の三月に入ると、帝国大学令・高等官官等俸給令・参謀本部条例の改正・元老院官制の改正などがおこなわれる一方、内閣制度の発足にともなう国家行政組織法（官制）の改革やこれに付随する官吏処遇問題も、ようやく一段落した。

実際、この頃、井上毅は、旅先の奈良から伊藤にあてて、「特恩を以而旅行之機を得……誠に近来之清遊」と書いているが（四月二日）、激務の後に、ひとときの解放感を味わっていたのかもしれない。これでようやく、憲法・皇室典範などの基本法典の起草に本格的に着手するための環境が整ったことになる。

なお、各省官制通則は、各省次官（一人）を勅任とし、「主務大臣の命を承け……大臣の職務を代理し、又は大臣の指命したる範囲内に於て委任を受く」（二八条）という重要な役割を、次官に与えている。そして、三月中旬までにはすべての人選が終わり、内務次官として芳川顕正《よしかわあきまさ》、外務次官として青木周蔵、司法次官として三好退蔵といった人物が、それぞれ任命されている（宮内次官にはすでに吉井友実が任ぜられていた）。

## ■第四章　年表

| | | |
|---|---|---|
| 1884年（明17） | 3月 | 制度取調局の設置 |
| | 5月 | 群馬事件 |
| | 7月 | 華族令の制定 |
| | 9月 | 加波山事件 |
| | 10月 | 会計年度の改正（19年度から4月起算とする）<br>自由党の解党 |
| | 11月 | ロェスラーの「行政裁判法」「行政訴願法」草案 |
| | 12月 | 甲申事変 |
| 1885年（〃18） | 1月 | 華族懲戒例の改正 |
| | 3月 | 歳入出予算条規の制定 |
| | 7月 | 新聞紙条例の改正 |
| | 11月 | 尾崎三良による国会規則・国会会議規則草案 |
| | 12月 | 皇室制規の立案<br>内大臣・宮中顧問官の新設<br>内閣制度の創設、内閣職権の制定、法制局の設置 |
| 1886年（〃19） | 2月 | 宮内省官制の制定<br>公文式・各省官制通則の制定 |
| | 3月 | 帝国大学令の制定、参謀本部条例の改正 |
| | 4月 | 会計検査院官制の制定 |

# 第五章　基本法典の調査立案

## I　基本法典成立史の概要

### 1　基本法典制定過程の重み

(1) 明治典憲体制の意味

本書では「明治典憲体制」(または「典憲体制」)ということばを用いている。ここに明治典憲体制というのは、一八八九年(明二二)二月に制定された「皇室典範」と「大日本帝国憲法」――この公式略称は「帝国憲法」である――が、ともに最高の形式的効力をもつ憲法体制であって、その両法典およびこれと同時に制定された憲法附属法とを中心に組み立てられている憲法秩序の全体を意味している(序章II参照)。

この皇室典範・憲法典と同時に制定されたのは、議院法、衆議院議員選挙法(これも「選挙法」と略称される)、会計法および貴族院令の四つの基本法典であり、これらは、その形式的効力にかかわりなく、本書の冒頭で述べたような実質的な意味の憲法に属する規範を内容とするので、とくに「憲法附属法」と名づけられる。

ここで注目すべきは、こうして成立した明治典憲体制の運用の問題である。この体制は、わが国が無謀な戦争に敗れて「戦後改革」に着手せざるをえない一九四五年（昭二〇）八月までの半世紀余りつづくことになるが、その間は、皇室典範に二度の増補改正がおこなわれただけであり、憲法典はまったく変更されなかった。つまり、明治典憲体制の中心をなす二つの最高法典は、ずっと制定当初のままの姿を維持していたわけであるが、憲法附属法のうち第一の地位を占める議院法も、微細な六度の改正があっただけで、何ら実質的な変更を加えられることはなかった。憲法制定後に定められた会計検査院法（明二三）、内閣官制（同年）、裁判所構成法（明二三）、行政裁判法（同年）などの憲法附属法についても、ほぼ同じことがいえる。

もちろん、一九二〇年代における会計法の全面改正（大一〇）や、選挙法改正（大一四）のように、憲法体制の運用上、重要な意味をもつ変更はあった。例えば、会計法の改正によって決算と第二予備金支出に関する事後承諾案の議会提出時期を繰り上げたり、選挙法の改正によって有権者数を一挙に四倍にした男子普通選挙制を導入するとともに、いわゆる中選挙区制や戸別訪問の禁止などを定めたりしたのが、わが憲政史上、特筆すべき出来事であったことは間違いない。

(2) 政府の命令としての基本法令

しかしながら、立憲政治の主要な舞台となる議会制度や財政制度を規定した憲法典の改正はまったくおこなわれず、議院法の改正もほとんど実りあるものでなかったということは、やはり成立した明治典憲体制の強固さというものをあらわしている。

しかも、皇室典範および憲法典はもちろん、同時に制定された議院法以下の基本法典や、憲法施行・議会開設時までに公布された会計検査院法・行政裁判法などの憲法附属法は、もともとすべて政府限りで決定したものであって、ひとしく政府の命令という性格をそなえていることに注意しなくてはならない。したがって、例えば、議院法などが「法律」として公布されたとはいっても、それは決して議会制定法として成立したことを意味するわけではなく、たんに憲法施行・議会開設後は、その改正に議会の「協賛」が必要とされるという意味をもつにすぎないのである。

こうした事実は、基本法典の制定当初における政府部内の作業が明治典憲体制の運命にとって決定的に重要であることを示している。ここに、明治典憲体制の成立の経緯や憲法典を始めとする基本法典の起草過程を詳しく取り扱うことの憲法史的な意義がある。したがって、これまでの明治憲法史の研究は、主として憲法典の成立史の研究に傾きがちであったが、そのこと自体は必ずしも不当ではない。もし、これまでの憲法史研究に問題があるとすれば、それは、むしろ、憲法体制・憲法秩序の全体を視野に置いて、議院法・会計法などの憲法附属法の成立過程にまで深く関心を寄せる姿勢に欠けていたところにある、と言うべきであろう。

## 2　基本法典の起草方針

### (1) 具体的な憲法起草方針の確定

さて、いわゆる憲法起草トリオの一人、金子堅太郎によれば、先に述べた内閣制度創設・官制改革および官吏処遇などの諸問題が一段落した一八八六年（明一九）五月頃に、伊藤博文から、井上毅・伊東巳代治・金子の三人に対して、欽定憲法主義・大権内閣制・両院制議会といった原則を確認するとともに、次のような憲法起草方針に関する基本的な七項目が指示されたという（金子『憲法制定と欧米人の評論』一三三頁）。

第一　皇室典範を制定して皇室に関係する綱領を憲法より分離する事
第二　憲法は日本の国体及歴史に基き起草する事
第三　憲法は帝国の政治に関する大綱目のみに止め、其の条文の如きも簡単明瞭にし、且つ将来国運の進展に順応する様伸縮自在たるべき事
第四　議院法、衆議院議員選挙法は法律を以て定むる事
第五　貴族院の組織は勅令を以て定むる事　但し此の勅令の改正は貴族院の同意を求むるを要す
第六　日本帝国の領土区域は憲法に掲げず法律を以て定むる事
第七　大臣弾劾の件を廃し上奏権を議院に付与する事

ここで、基本的な憲法附属法である会計法が登場しない理由はすぐ後で述べるが（3(2)参照）、こうして井上毅は皇室典範と憲法典を、伊東は議院法を、金子は選挙法と貴族院令をというように、それぞれ起草主任を定めたという。もっとも、この金子堅太郎の回想をすべて鵜呑みにするわけにはいかないようである。というのも、例えば、金子自身が担当したという第五項についてすら、初めから貴族院令と決定されたわけではなく、当初「元老院組織権限法」として起案されていた事実があり、また、その但書きにいう貴族院の同意を要する勅令という特殊な形式が考案されたのも、のちの枢密院での審議過程においてであったからである。

ただ、すでに述べたように、伊藤博文を中心とする憲法起草グループは、制度取調局の時代から形成されていたものである（第四章Ⅰ2参照）。したがって、折に触れ機に臨んで、伊藤が基本的な憲法観や憲法起草の基本的方針を伝えるとともに、起草グループの内部で起草方針についてある程度議論し、伊藤が裁定を下すというかたちで合意に達していたということは、充分に考えられる。また、右の起草方針の第一項などは、岩倉の憲法意見書（一四年七月）以来の姿勢をうけたものであり、第二項は、元老院の憲法草案が葬り去られたポイントそのものでもあった（第三章Ⅱ参照）。

(2)　憲法草案起草の開始

まず、憲法草案の起草の模様をもっとも早く伝えるのは、おそらく一八八六年（明一九）初冬に井上毅が伊藤博文に送った書簡であり、次のように述べている（一一月二二日）。

昨冬来追々教示を承候主義に依候へば、「ローヤル、プレロガチーフ」を憲法に掲挙候者、却而《かえつて》矛盾之嫌ある歟。曾而《かつて》承候教示之旨に従へば、むしろ帝王大権は、人民に明示する為には、是を詔勅の中に平叙し、而して憲法条章之中には掲げざる方、体裁之宜を得る歟と奉存候。因而《よつて》試に別紙起草、奉供御参考候……

この書簡は、天皇大権を憲法典の本則ではなく、前文に掲げることが当初の起草方針とされていたことを示しているが、ここに「昨冬来」というのは、前年（明一八）冬以降のことを指し、あえていえば、おそらく金子が、「夜の十二時又は一時まで毎晩各省の官制改革と憲法の起草のことを自ら指導せられた」と追憶した頃を指す。そして、ここで送付したという「別紙」とは、「朕祖宗の遺烈を承け万世一系の帝位を継ぎ」に始まる憲法上諭の草案を意味するが、これが憲法典の草案の最初のものとみられている。

右の十一月二十二日付書簡は、井上毅の許における具体的な憲法典の調査立案が、その日以前に始まっていたことを示している。一般に、憲法史研究者が憲法起草に着手した時期について、一八八六年（明一九）秋頃からと説明するのは、そのためである。

## 3　基本法典制定史における特色

### (1) 皇室法草案の先行

ここで、便宜上、憲法典を始めとする基本法典の起草過程における興味ぶかい事実を、いくつかまとめておこう。

まず、第一に、先に述べた最初の皇室法草案である「皇室制規」をめぐるその後の動きがある（第四章Ⅰ3参照）。この「皇室制規」は、制度取調局時代の調査立案の成果をうけて、内閣制度の発足直後に宮内省で作成した全二十七ヵ条・附録四ヵ条からなる草案であるが、これに対して、井上毅は、「謹具意見」と題する詳細な意見書を提出し、同案が女帝を容認していること、両院合同会議によって摂政を設置するものとしている点などについて、厳しい批判を加えた。井上の意見書は、さらに、「我国の王室の系統は、祖宗以来不文の間に自ら不抜の憲法を存したれば、強《あなが》ちに事新らしく掲載するの要用あることなく……我国の憲法に於ては、王家の事に就ては寧《むし》ろおほらかに一つの大綱を掲ぐるに止まり、其の他の事は之を不文に附する方、然るべきに似たり」といった、憲法典の起草方針への示唆を含んでいる点においても、注目される。

こうした意見を参考としつつ、宮内省では、本則全二十二ヵ条からなる皇室法の第二次案をつくり、名称も「帝室典則」と改めた。これにさらに修正を加えたものが、六月十日に、宮中顧問官の評議に付すために、宮内大臣の伊藤博文から内大臣の三条実美あてに提出されている。これをうけて、佐々木高行・寺島宗則・副島種臣などの宮中顧問官による評議が七月下旬までおこなわれたものの、その成果は伊藤宮内大臣の反対で裁可にいたらず、この「帝室典則」制定の動きは、秋には表舞台から姿を消すことになる。

(2) 会計法案起草の特殊性

第二に、すでに述べたように、伊藤の示した憲法起草方針は、憲法附属法のうち会計法に関する指示を欠いているが、これは金子堅太郎の記憶の暗さのせいではない。若き日に井上毅の門下生であった稲田《いなだ》周之助《しゅうのすけ》の『日本憲法論』(大一四)も、すでに指摘していたように、実は、「憲法、会計法、会計規則起草当時、凡会計に関することは、財政当局者専ら之を担当」したのである(五八頁)。したがって、会計法に関する言及がないのは、憲法起草グループは会計法の調査立案に直接関与しなかった、という事実を示しているのである。

そもそも、財務制度はすでに明治憲法の制定前から何らかの規律をもって恒常的におこなわれており、国の収支にかかわる財政関係法令もかなり前から存在していた。すなわち、一八八一年(明一四)四月の太政官達「会計法」(全六一ヵ条)はその始まりで、翌年一月には、これを修正した全四十九ヵ条の改正会計法が制定されている。そして、会計年度の改定(一七年一〇月)や歳入出予算条規の制定(一八年三月)なども行われたが、こうした財政関係立法の基調をなした考え方は、大蔵省の財政的統制権の確立ということであって、大蔵卿の松方正義が「将来憲法政治準備の為め必要不可欠の条件」として示した会計法令改正意見(一六年七月頃)は、それを代表するものといえよう。

このように、会計法については、ある程度固められた法制を既定の枠として前提とせざるをえない。ここに、議院法・選挙法など憲法制定とともに初めて創立される議会制度関係法などとの立案作業とはかなり異なったやり方の採られた所以がある。最新の成果である小柳《こやなぎ》春一郎《しゅんいちろう》『会計法』は、この点を次のように要約している（三〜四頁）。

会計法は、同日に公布された議院法等と比較すると、立法担当者に大きな相違がある。即ち、議院法は伊藤博文、井上毅等の憲法起草担当者が直接に起草に関与したのに対し、会計法は大蔵省官僚が原案を作成し、法制局がこれに修正を加えるという過程をたどる。会計法は、憲法に極めて密接な法であると同時に、その前から存在する財政制度との関連が必要となる。議院法は、憲法前には存在しない制度を導入するのであり、比喩的に言えば白紙に絵を描く作業であるのに対し、会計法は、憲法前の財政制度との関連が重要である。ここに憲法関連法としての会計法の特色が存在する。

右にいう「大蔵省官僚」とは、井上毅による憲法典の立案が始まったちょうどその頃に、主計局調査課長に着任した阪谷芳郎《さかたによしお》を指している。阪谷は、翌一八八七年（明二〇）七月には、前年度予算施行制など、岩倉意見書以来の方針からみて、当然に憲法典の規律事項と考えるべきものをも含む膨大な「会計原法草案」（全八章一七七ヵ条）を作成している。これが会計法第一草案に相当するものであるが、大蔵省では、その後、会計法審査委員会において検討を進めることになる（その詳細については、小柳春一郎『会計法』参照）。

### (3) 枢密院と上奏・諮詢《しじゅん》案

第三に、基本法典の制定過程については、枢密院の存在が大きな意味をもっていることも、見逃すことはできない。枢密院は、一八八八年（明二一）四月に、「元勲及練達の人を撰《えら》み国務を諮詢し其啓沃《けいよく》の力に倚《よ》るの必要」から、天皇の「至高顧問の府」として設けられた機関である。その組織や権限については後に詳しくみるが（第六章Ⅰ1参照）、その第一の任務は、皇室典範・憲法典などの基本法典の草案を審議することにあった。その議長には伊藤博文が就任し、書記官長に井上毅、伊東巳代治・金子堅太郎はその書記官となって、枢密院の会議を終始リードしているが、いったん各草案が枢密院に付議されると、憲法起草グループの意向のみでその内容を変更することができないことは当然である。

そこで、基本法典の制定過程をみるとき、憲法起草グループがフリーハンドを与えられた枢密院諮詢以前の段階と、そうした自由がなくなる諮詢以後の時期とは、ひとまず区別して検討することが必要である。明治憲法制定史において、しばしば、確定上奏案、つまり枢密院諮詢案がいつ頃に成立したかが問題とされるのは、そのためである。

この確定上奏案・諮詢案の成立の時期は、各草案によってかなり異なっている。例えば、皇室典範草案は三月下旬、憲法草案はその約一ヵ月後、そして議院法と貴族院令の草案は、それぞれ九月の初めおよび中旬といったごとくである。しかも、この場合、議院法など憲法附属法となるべき草案は、枢密院における憲法典の草案の審議結果に応じて必要な修正を加えるという手順をふんで成立したということも、考慮に入れておく必要がある。ここに、議院法や貴族院令が憲法附属法であることの実際的な意味が端的にあらわれるからである。

したがって、こうした基本法典の制定過程全体としては、①憲法典諮詢案の成立までの時期、②その枢密院による審議・修正の時期、③憲法附属法諮詢原案の成立・審議の時期、という三つの時期に区分して検討することが適当であろう。

## II　基本法典原案の起草

先に述べたように（I 2 (2)参照）、一八八六年（明一九）秋から憲法典の上諭草案が起草されたが、これと同時に憲法典の条項本体（本則）そのものの立案検討も進められ、井上毅は、翌一八八七年（明二〇）早々、十一ヵ条からなる原初的な草案を、また、三月には「初稿」と題する憲法草案を、それぞれ作成している。

ここで注意すべきことは、この憲法典の立案と併行して――正確にはむしろそれに先行する形で――皇室典範の起草が進められていた点である。そこで、基本法典の起草については、まず、皇室関係法典の問題から始めよう（小林宏《こばやしひろし》＝島善高『明治皇室典範〈上・下〉』参照）。

## 1　皇室典範草案の起草経緯

### (1) 柳原前光の起草

そもそも、前述のように、制度取調局時代の「皇室制規」をもとに「帝室典則」が作られており、内大臣の三条実美は、宮中顧問官の評議を経た修正案を上奏するつもりでいた。しかし、宮内大臣の伊藤博文はこれに反対し、代わりに、元老院議官の柳原前光（賞勲局総裁兼任）に対して、改めて皇室法案を起草するよう依頼した。

ここで、柳原がとくに指名されたのは、尾崎三良・東久世通禧などとともに三条グループの有力メンバーであり、皇室制度にも造詣が深かったからであろう。これに応えるように、柳原は、井上毅が進める憲法草案の起草作業とほぼ同時進行するかたちで精力的に皇室法案の検討を進め、一足先の一八八七年（明二〇）一月中旬、「皇室法典初稿」を提出している。これは、皇室典範の第一草案というべきもので、「皇位尊号」「践祚即位」「皇位継承」から「皇族財産」「皇族歳俸」などにわたる、全二十一章百九十二ヵ条からなる尨大で詳細な内容をもつ草案であった（國學院大学『梧陰《ごいん》文庫影印　明治皇室典範制定本史』参照）。

### (2) 井上毅の柳原案批判

伊藤がこれを井上毅に示して検討を依頼すると、井上は柳原草案を批判しつつ、大幅な修正を加えている（一月下旬）。というのも、憲法典の起草にも着手していた井上としては、これとの関係を考えなくてはならなかった、また、皇室制度の基本法と皇族関係法とは区別して規定するのが妥当であるという立場からみると、柳原草案は皇室関係の基本法典としてはいかにも長大であり、思い切って整理する必要があったからである。この点をよく示すのは、例えば、柳原草案の次の三ヵ条に対する井上の反応であろう。

第一条　大日本国皇位ハ恭シク天祖ノ大詔ニ則リ其皇統之ニ当ルコト天壌ト與《とも》ニ窮リナシ

第七十五条　人民ヨリ宮内省ニ対シ行政上ノ処分ヲ請願スル時ハ請願規則ニ依ル

第九十二条　皇室費ハ総テ第八十四条第一類第二類ノ全額ヲ以テ支弁ス　但シ不足アル時ハ同条第三類ノ法ニ依リ左ノ科目ニ就キ元老院ニ諮詢シ国庫ヨリ徴収ス

これに対して、井上は、まず、第七十五条に対して、「皇室の家憲は政憲と相干渉せず。此の条は之を憲法に譲るべし」と註記し、同条を削除した。ここに、「宮務法」を「政務法」から峻別する立場をみることができるが（第八章Ⅲ2参照）、第九十二条に対する「此の条は憲法の処分に譲るべし」とする削除要求も、第一条に対する「此の条は憲法に譲るべし」との註記も、同じ考えに基づいている。つまり、井上にとって、とくに第一条のごときは憲政のあり方の根本にかかわる原則であって、みずからの原初的な憲法草案（一一ヵ条）でも、井上は、「日本帝国は万世一系の天皇の治《シラ》す所なり」（一条）とし、「皇統一系、寶祚《ほうそ》の隆は天地と與《とも》に窮なし」と説明していたのである。

こうした観点から徹底した修正を施した結果、井上のもとで、皇室関係法は、全六章三十八ヵ条からなる「皇室憲典」と全十章七十七ヵ条からなる「皇族条例」とに分割して取りまとめられた上で、柳原前光のもとに届けられた（二月初め）。これに柳原が納得しなかったのはもちろんで、柳原は、大給恒《おぎゅうゆずる》・尾崎三良などとも相談しつつ、井上の修正案をやや縮小した「皇室条例」と、これとは逆に全十一章百十九ヵ条という大幅に増修した「皇室典範再稿」とを、改めて伊藤博文と井上毅に提出すると同時に（三月中旬）、皇室制度法規の考え方について統一をはかるため、会議を開くよう要求している。

### (3) 高輪会議による修正

これに応じて開催されたのが、三月二十日のいわゆる高輪会議である。出席者は、伊藤・井上と柳原、それに筆記役の伊東巳代治を加えた四名であった。この会議は、まず、柳原が質問し伊藤が裁定するというかたちで進められ、次いで、柳原の提出した「皇室典範再稿」について逐条的に討議するという順序を踏んだが、これによって、天皇の尊号は「天皇」に統一され、譲位制が否定されたほか、皇室財産の細則事項なども削除された結果、柳原が再稿として提出した皇室典範案は、全七十ヵ条にまで縮小されている。

なお、この時の伊藤に対する柳原の質疑のなかに、皇位継承の第一順位者である「皇嗣」の精神・身体に不治の重患や重大な事故があって、継承の順位を変更する必要が生じたときに、その諮詢方法はどうするのか、という問題があった。柳原は、もともと「元老院に諮詢し之を決定す」（初稿三七条）と考えていたところ、それを井上が疑問視したため再考して、「天皇の専権に属すべきものか、将《はた》宮中顧問官のみに下問せらるべきか、皇族及元老院に諮詢せらるべきか」について、「特に審按《しんあん》を要すべし」と質したのである。

伊藤は、これに対して、政治的影響の強い元老院（上院）の決定に委ねるのは妥当でなく、皇族・貴族又は内閣に諮詢すべきものと答えたが、必ずしも自信があったわけではなかったようで、H・ロェスラーの意見を聞くこととした。これに対するロェスラーの答議は四月四日付で寄せられたが、それによれば、「王室の男子にして成年以上の者」「王家事務の最上監督権を有する……宮内大臣」「法律上の問題に関し最上顧問として司法大臣」などで組織する「皇族会議」というものを設置し、これに諮詢して皇位継承順序を変換するのが妥当である、とされていた。

結局のところ、この意見が採用され、成立した皇室典範の「皇族会議」制度（五五条・五六条）につながっていくことになる。こうした構想は、柳原案・井上修正案のいずれにもまったく見られなかったところで、ロェスラーの意見がいかに大きな意味を持っていたかが分かる一例である。実は、現在の皇室典範においても、皇位継承順位の変更について「皇室会議の議」が要求されており（三条参照）、その発想は今日にも生きているといえよう。

### (4) その後の作業

この高輪会議によって、皇室典範草案の大枠はほぼ固まっている。柳原は、その結果を踏まえて、さらに皇室法典の調査立案をつづけ、その第三稿にあたる全十二章七十九ヵ条の「皇室典範艸案」を伊藤と井上に差し出した（四月下旬）。そして井上は、これを多少修正して七十七ヵ条の皇室典範草案を作るとともに、条文ごとの解説文を起草する作業に移っている。すぐ後で紹介する井上の伊藤あて書簡（五月二三日）の中で、「王室法之説明に従事いたし候筈に柳原伯へ約束」したことを告げているのは、そのことを示すものである。

しかし、ちょうどこの頃を境に、どういうわけか、皇室典範をめぐる動きは、表舞台から姿を消してしまう。次にその動きが表面化するのは、憲法草案の上奏が近づいてきた翌一八八八年（明二一）春になってからのことで、井上を始めとする憲法起草者は、上奏案を最終的に確定するために、皇室典範についても再検討の作業に移っていた。

その結果、井上は、七十七ヵ条草案をさらに推敲した全十二章六十八ヵ条からなる皇室典範草案を作成し、これを基にして、夏島において伊藤との最終的な検討がおこなわれる。これによって、さらに二ヵ条分少ない皇室典範上奏案が確定するにいたったのである（三月下旬）。

## 2　憲法草案の起草過程

### (1) 井上の甲案・乙案

すでに述べた通り、一八八七年（明二〇）三月には、井上のもとで憲法草案「初稿」が作成された。ただ、この草案は、「皇室」「国土及国民」「内閣及参事院」「元老院及議院」という全四章三十九ヵ条からなる簡短なもので、司法・財政・改正手続などの諸規定をまったく欠いている。その意味で、憲法草案「初稿」は未完の草案であった。

その後の憲法草案の起草模様を具体的に示すのは、右にふれた五月二十三日付の伊藤あて井上書簡である。この書簡は、憲法草案だけでなく、第一の憲法附属法である議院法の立案作業にも言及しているので、見逃すことができない貴重な史料であるが、ここでは、さしあたり憲法典の立案について述べる部分のみを紹介しよう。

本日生亡母祭日に付、出勤仕兼候。別冊
一　甲案　附ロスレル・モスセ両氏答議
一　甲案正文
一　議院法
右奉差出候。一応御流覧を経候而、甲乙両案之間、台意を以而《もつて》略取捨之方嚮《ほうこう》被指示度、然る上に而更に固め而一案となし、猶又僚員会議研究いたし候而、終りに説明も起草可仕《つかまつるべく》候哉と心組仕候。何分重大之事に候へば、御多事中とは乍申概略之処、御自身御取捨御加筆被賜候はゞ、大幸之至奉存候。其上に而文字之辺は、再応練候而一之議事応案之体となし、印刷いたし、更に再三之御指揮を仰ぎ候事と相心得度奉存候。

この書簡にいう「甲案」は、少し先に提出された「乙案」とともに、井上がH・ロェスラーやA・モッセなどとの問答を重ねながらまとめた、最初の体系的な憲法草案を指しており、重要なものである。

まず、全八章七十九ヵ条からなる憲法乙案は、なるべく「私意」を交えず、「務めて許多の条章を列挙する」という方針の下に作成されたもので、甲案と比べると、第一章「主権」

において天皇の大権事項を列挙した点、第八章「総則」において憲法制定前の法令の効力や憲法改正手続について規定した点などにおいてかなり詳しく、特徴的である。

一方の「甲案」とは、正式な草案という意味であるが、「根本条則」「国民」「内閣及参事院」「元老院及代議院」「司法権」「租税及会計」「軍兵」という全七章七十二ヵ条からなっている。この章立てからいうと、乙案にあった「主権」部分を「根本条則」と改題していることに気づくが、これは、モッセの見解にしたがって、大権事項を列挙することを控えたことによる。他方、皇室典範との関係では、井上が柳原の「皇室法典初稿」に対して「憲法に譲るべし」と評した先の三点は（1参照）、いずれもここで明記されている。また、かつて井上自身が起草した岩倉憲法意見書（明一四）に盛られていた基本的な諸原則、つまり「帝位継承法」を分離し、大権内閣制をとり、前年度予算施行制を採用するといった点などは、すべて甲案・乙案の中で条文化されている。

(2) ロエスラーの憲法草案

しかし、憲法草案の起草に当たったのは、井上毅だけではなかった。実は、お雇い外国人のH・ロエスラーも、伊藤博文の命によって、憲法案の起草に従事しており、井上が乙案を提出した頃、全八章九十五ヵ条からなる「日本帝国憲法草案」――そのドイツ語原案も現存している（國學院大学蔵）――を脱稿している（前掲『梧陰文庫影印』参照）。

このロエスラー草案は、井上の両案と異なり、議会の予算議定権に対する多くの制限を設けた点において、著しい特色をもっている。そのため、井上毅は、ロエスラーに対し、とくに「日本帝国憲法草案」の財政部分を素材として、いろいろと疑義を質し、みずからの憲法草案の「租税及会計」部分を再検討する材料としている（六月上旬）。

(3) 夏島会議と夏島草案の作成

こうして、憲法起草の責任者である伊藤博文は、井上が提出した甲乙両案とロェスラーの手になる草案とを携え、秘書官の伊東巳代治と金子堅太郎を随行して、神奈川の夏島で集中的な検討をおこなった（六月一日以後）。折から、先に述べた条約改正問題が表面化し（第一章Ⅱ1参照）、伊藤は途中で上京するなど、あわただしい時期であったが、精力的な作業が進められた結果、八月中旬には、全七章八十九ヵ条からなる憲法草案が取りまとめられている。これが「夏島草案」と呼ばれるものであるが、いま、条章構成の面からみて同案の特徴を挙げてみると、以下のごとくである。

① 章立ては、「根本条則」「天皇」「帝国議会」「臣民一般の権利義務」「司法」「行政」「附則」となっており、国民の権利に関する条項を議会の後に置いた点、そして「軍兵」関係条規を削った点において、ロェスラーの草案に近い。

② 「貴族院」「衆議院」からなる「帝国議会」という名称および構成をとっており、後の構想がここで確定している。

③ 井上案・ロェスラー草案ではともに独立の章にしていた財政関係の諸規定を、「行政」の章の中に織り込んでいる。

④ 行政裁判所について、井上の甲案・乙案と同じく「司法権」の章に規定している。ロ

エスラーの草案は「行政」の章で定め、そこに力点を置いたが、夏島草案は、井上案と同様に、むしろ「裁判」に着目したことになる。

右の③の結果、第六章「行政」は大きく膨らむことになるが、この夏島草案で最も注目されるのは、財政関係の諸規定がロェスラー草案の影響を強く受けていることである。すなわち、井上案は、上に述べた通り、岩倉意見書の構想にしたがって、次年度予算が不成立となった場合の対処方法として、前年度予算施行制を定めていた。これに対して、夏島草案第八十五条は、次のように規定している。

帝国議会ノ一院ニ於テ予算ヲ議決セス又ハ予算ニ関シ政府ト帝国議会ノ一院トノ間ニ協議整ハサルトキハ、少クモ一院ノ承認ヲ得ルニ於テ勅裁ヲ経、之ヲ施行ス　若シ両院共ニ予算ヲ議決セス又ハ予算ニ関シ協議整ハサルトキハ、勅裁ヲ経、内閣ノ責任ヲ以テ之ヲ施行ス

この前段部分は、有名なプロイセン憲法争議（一八六二〜六六年）においてビスマルク政府がとった措置にならったものであるが、「若し」から始まる後段は、「予算確定に関し協議整はざるときは内閣の責任を以て天皇之を裁決す」としていたロェスラー草案の考え方を基礎としている。このような予算の勅裁施行制は、しかし、前年度予算施行制に比べて、議会の予算議定権を大きく損うことになるであろう。

(4) 井上毅の夏島草案批判——「逐条意見」第一～第三

そこで、憲法起草主任を自任する井上毅は、夏島草案に対する詳細な「逐条意見」を急いで仕上げ、八月下旬に、伊藤に提出している。この逐条意見は、井上の憲法観・憲法構想を集約的に表現したもので、条文化された草案ではなかなか知りえないその思考をうかがう素材として、きわめて重要な意味をもっている。全部で「第一」から「第三」まである井上の批判意見は、夏島草案のほぼ全条章に及んでいるが、要点を挙げれば、次のごとくである。

①天皇を「元首」とし、その身体を「神聖にして侵すべからず」（四条・五条）とする表現は、ともに削るべきである。これらは「学理上の語」「道徳上の成語」であって、「侵すべからず」という文言も、妥当でない。

②第四章「臣民一般の権利義務」は、第三章「帝国議会」の前に置くべきである。

③議会については、立憲的議会が有すべき議院自治権（議員資格審査権・議長等の選任権・内部規則設定権）および政府統制権（大臣弾劾権・行政審査権・政府質問権・請願権・建議奏上権）に、十分配慮すべきである。

④第六章「行政」のうち、租税以下の財政に属する部分は、各国憲法の例にならって、独立した一章とするのが妥当である。

⑤「行政権は帝国内閣に於て之を統一す」（七〇条）という文言は、天皇が「国権を総攬」（四条）することと矛盾するので、削るべきである。

ここで注目されるのは、井上がとくに③を力説している点であり、その中で、「既に憲法あり議院あるときは、少くとも相当の権利を以て議院に予《あた》へざるべからず」「此れをしも哀惜して予へずとならば、憲法は何の為にして設くることを知らず、議院は何の為にして開くことを知らず」と、切言している。そして、井上は、しばしばロェスラーの草案に言及し、これを批判しているが、それは、前述のように、夏島草案がロェスラーの考えに相当影響されているとみたからである。その論鋒は、右に掲げた予算の勅裁施行制を定める夏島草案第八十五条に向けられた時、ついに頂点に達している。

本条は一千八百六十三年に於ける「ビスマルク」侯の議院の演説を採用して正条となしたる者なり。本条の主義を略言するときは、政府と議院と予算の叶議整はざるときは、政府之を断行すと云に過ぎず。果して然らば、始めより予算を議に付せざるに若かず、又始めより議院を設けざるに若かず、又始めより憲法を定めざるに若かず……今わが国に於て又此の如き立憲の主義に背ける専制の旧態を愛惜せんとならば、何を苦んで立憲政体を設けらる乎、乃是れを以て憲法の正条となさんとするに至ては、憲法亦憲法に非ざるべきなり。何となれば、天下豈《あに》専制の憲法あらん乎……ロスレル氏が「ビスマルク」氏の政略主義を采て我国の憲法となさんとの意見は、畢竟、東洋の立憲は名義の立憲にして未だ真の立憲を行ふの度に達せずとの度外の推測に由るに過ぎざるのみ。

井上毅一流の筆法で、実に手厳しいが、これには理由がある。実は、すでに井上は、伊藤から、予算不成立の場合の措置についてロェスラー案と井上案とでは大きく違っている点に関して、説明を求められていた。これに対して、井上は、ロェスラーの案はビスマルク流の「専制主義」に立ったもので、みずからの前年度予算施行案は「索遜〔ザクセン〕の現に行ふ所」を掲記したものである旨、答えていた（八月一四日）。にもかかわらず、伊藤の決裁した夏島草案が、岩倉意見書以来の方針をあえて変更して「専制主義」に左袒したことを、井上は強く非難したかったわけであろう。

もっとも、井上毅の見方だけでロェスラーの憲法観を判断するのは、やや一面的かも知れない。というのは、この敬虔なカトリックには、もともと「社会的君主制」という基本的な考え方があって、「階級対立を捉する資本主義社会において、君主に対し、国民の全共同体の調和を維持するための特別な秩序と均衡の機能を与える」との構想があったからである（ヨハネス・ジーメス『日本国家の近代化とロェスラー』一二五頁）。この論理からすると、党派的な議会から独立した執行権は君主の掌中にあることが望ましく、予算不成立の場合に勅裁施行制をとるのは、その一つの表現にすぎないことになろう。そうだとすると、井上のいうように、ロェスラー案をビスマルク的「専制主義」とのみ断罪することには、躊躇いを覚えざるをえない。

(5)　ロェスラーの逐条意見書

そのロェスラーも、九月初めに、夏島草案に対する逐条意見書、つまり「日本帝国憲法修正案に関する意見書」を伊藤に提出している。これは、夏島草案について、みずからの原案に対する修正を施したものという感覚で書かれた詳細な意見書であるが、井上とちがって、「異議なし」とする部分が多い。しかし、それでも、夏島草案が選挙法・選挙の自由・代議員の手当に関する規定を削ったことは妥当でないとか、帝国議会の権限として法律起案権・上奏権・請願受理権・政府質問権などを考慮すべきである——この点は井上意見と共通する——とかいった、批判的意見を述べている。

とくに、夏島草案の第一条が「日本帝国は万世一系の天皇之を統治す」と定めている部分に関するロェスラーのコメントは、興味ぶかい。というのも、そこでロェスラーは、「今後幾百千年の後まで皇統の連綿たるべきやは何人も予知し能はざる所」であるから、「妄《みだ》りに前途百年を卜断《ぼくだん》して神人の怒を招くこと」は好ましくない、しかも、こうした「唯だ漠然たる文字を憲法の首条に置」くことは得策でなく、むしろ「開闢《かいびゃく》以来一系」と改めたほうが、歴史的事実をふまえた妥当な表現となるのではないか、などと批判しているからである（なお、戦前の秘書類纂『憲法資料』は、この部分をすべて意図的に削って刊行されていた）。

もっとも、ロェスラーには、夏島草案が、みずからの案だけでなく、井上毅や伊藤博文・伊東巳代治などの考えをも取り入れた新規の立案であるという自覚は、あまりなかったようである。それはともかく、これによって夏島草案に対する論評もそろい、ふたたび憲法草案の検討が開始されることになる。

### ⑹ 高輪会議と十月草案

十月半ば、高輪にある伊藤の私邸に憲法起草トリオが参集し、再検討をおこなった。俗に

「高輪会議」といわれるものである。もちろん、夏島草案を対象とし、井上の「逐条意見」とロェスラーの修正意見を主な議論の材料としたものであるが、この高輪会議の結果、夏島草案に大幅な変更を加えた、全六章八十二ヵ条からなる「十月草案」と呼ばれる修正憲法案がつくられた。ここでの主要な修正点は、次のごとくである。

①条章の構成面については、夏島草案にあった「根本条則」「天皇」の章を一括りにして「第一章　天皇」としたこと、それに「帝国議会」「臣民一般の権利義務」の章を入れ替えて、後者を第二章、前者を第三章としたことが注目される。

②内容の面では、まず、井上とロェスラーが一致して説いた両議院の上奏権・請願受理権・政府質問権を新たに明文化した点、そして、貴族院の構成を詳しく述べた諸規定について、「皇族華族及特旨に由り勅任せられたる者」で組織し、「其資格選任特権及其他の制規は特に勅令を以て之を定む」とする一ヵ条に集約した点が、大きな変更である。

③「第五章　行政」については、「行政権は帝国内閣に於て之を統一す」としていた規定を削るとともに、予算不成立の場合の勅裁施行制を前年度予算施行制に変更している。

これらの修正は、井上毅の意見を採用したもののようであるが、これ以後、ここでおこなわれた修正は、上奏案にいたるまで、ほぼずっと維持されることになる。もちろん、ロェスラーの意見が顧慮された部分もないではない。例えば、日本の領土や法律による国境の変更を定めていた箇条を削ったのは、ロェスラーの主張、すなわち、「立国の源流久きを積む日本帝国」では領土の範囲を憲法に記載する必要がなく、国境の変更も「宣戦講和」「列国の交渉」によるのであるから、わが国の議会の権限には属さないとする意見を汲んだからであろう。

しかしながら、十月草案を全体としてみれば、小嶋和司《こじまかずし》が観察したように、「ロエスレル草案にたいする批判的方向の方がつよく感取され、そのかぎりで井上の意見がふたたび大きく支配しはじめた」（同「明治憲法起草過程の資料的研究」日本学士院紀要一五巻三号二八六頁）とみることができよう。

この十月草案が作成された後の約三ヵ月間は、高輪会議のような合同検討会が憲法起草グループによって開かれた形跡はない。というのも、この間、政府は集会などの取締りを強化し、保安条例の制定とその即時施行によって反政府運動に対処していたが、憲法起草の中心人物である伊藤博文も、初冬には国防視察のため西海方面におもむく——伊東巳代治も随行している——など、多忙をきわめており、憲法の起草に専心する余裕などなかったからである。

(7) 浄写三月案と予算議定権の問題

もちろん、起草主任である井上のほうは、H・ロエスラーやA・モッセなどとの問答を重ね、鋭意、調査検討を進めていた。その間、すでに述べた保安条例の発布に反対して辞意を表明したこともあったが、伊藤などの慰留によって翻意し、引きつづき憲法草案の再検討に従事している。そして、翌一八八八年（明二一）の一月中旬から下旬にかけて、修正意見をまとめるとともに、主として十月草案を基に、憲法典の全般にわたる逐条説明も執筆した。

　こうして、二月上旬から三月初めにかけて、憲法起草グループのもとで再検討がおこなわれ、全七章七十八ヵ条の「二月草案」、次いで、一ヵ条分少ない「浄写三月案」(稲田正次『明治憲法成立史』下巻三九五頁)が取りまとめられた。その結果、憲法草案は次のような特徴をもつことになるが、国民の権利義務に関する条章のみは、十月草案以後、ほとんど変更を加えられていない。

①「行政」の章に規定していた財政関連の諸規定は、独立した「第六章　会計」中に一括してまとめられた。これと同時に、「行政」の条章はすべて削られ、新たに「司法」章の前に「第四章　国務大臣及枢密顧問」を設けて、その一部を移している。

②そのため、甲案・乙案以来存した合議制組織としての「内閣」はついに姿を消し、「国務各大臣」の責任が明示されるとともに、夏島草案以来あった「府県郡」による地方自治に関する規定も、削られてしまった。

③これと同様に、甲案・乙案以来存した通常裁判所と行政裁判所との間の権限争議の裁判に関する規定も、ついに削られた。

右のうち、①・②は二月草案で実現したもの、③は「浄写三月案」段階での修正の結果であるが、議会の予算議定権の範囲については、草案ごとにかなりの変更が見られる。すなわち、議会による毎年の議決を要しない歳出として、まず、十月草案は、「法律に依り政府の義務を履行するに必要なる」もののみを掲げていたが、次の二月草案では、より広く「憲法上の権利に基き又は法律の効果に由り又は帝国議会の議決に依り生じたる政府の義務を履行するに必要なる歳出」と定めている。後のいわゆる既定費・法律費・義務費という三つの費目の原型が、ここで登場したわけである。

しかし、そうすると、議会の予算議定権の範囲外とされる費目が著しく拡大してしまい、議会の存在理由すら疑われかねないことになる。そこで、浄写三月案は次のように改められ、それらの費目にも議会の議定権限がおよぶことを前提としつつ、議定権の内容に制限を加えるというかたちをとっている（六七条）。

天皇ノ憲法上ノ大権ニ基ケル歳出及法律ノ結果ニ由リ又ハ帝国議会ノ議決ニ由リ生シタル政府ノ義務ヲ履行スルニ必要ナル歳出ハ、之ヲ予算ニ掲クルモ、帝国議会ハ政府ノ承諾ヲ経スシテ既定ノ額ヲ廃除シ又ハ削減スルコトヲ得ス。

これが後に多少修正されて、明治憲法正文の第六十七条――これを井上は「日本憲法の名産」と自負している――となるわけであるが、ここに至るまでの予算議定権に関する案文の変化は、立憲制の要求と政府の危惧感との相剋をよく示している。

次の問題は、その三つの費目が具体的に何を指すかであるが、これは、後に述べるように、帝国憲法の制定後、議会開設が近づくにつれて、憲法運用上の大きな課題となってくる。それに対する回答こそ「会計法補則」（明治二三年八月法律五七号）の制定であったが、同法は、会計法を補充するという名称と形式にかかわらず、実は、憲法第六十七条施行法としての意味をもつ憲法附属法であったのである（第七章Ⅲ２参照）。

なお、二月草案は、「枢密顧問」「枢密院」の語を用いている。これは、その頃、天皇の諮問機関として枢密院を設置することが決定されていた事実を示すもので、憲法起草グループで確定し、上奏した皇室典範・憲法典などの草案をそこに諮詢し、その成果を裁可するという手順をふむことは、欽定憲法主義の趣旨に副うと考えられていたわけである。そして、憲法「浄写三月案」の作成とともに、いよいよ上奏すべき基本法典が確定したかにみえた。

## (8) クルメッツキ憲法意見書の衝撃

ところが、ちょうどこの時、確定草案に重要な修正を迫る一通の憲法制定意見書が、伊藤博文の許にもたらされた。それは、オーストリア帝国議会の下院副議長の職にあったＪ・クルメッツキの「日本憲法の施行に関する意見書」であるが、これをクルメッツキが書いたのは、当時ウィーンにあってシュタインの講義を聴いていた元老院議官の海江田信義《かえだのぶよし》の依頼に基づいている。その意見書の大部分は、議会の組織・権限に関するものであり、多くの有益な指摘をしているが、その中に——伊東の要約を借りると——次のような注目すべき諸点があった。

①「代議院の議長は、勅令を以て之に任じ、該院の選任を許さゞる事」
②「代議院の議長に、甚だ広大なる懲罰権を有せしむる事」
③「議事規則は貴重なるものなれば……皇帝の勅意に基き予め法律として制定し、憲法と同時に発布せられんこと」

このうち、とくに①と③は、大いに日本側を驚かせた。というのも、下院の議長選任権と議事規則の決定権は、井上の甲案・乙案以来、「議院自治」の表現として、必ず憲法草案の中で規定されており、議院法も一貫してその立場から立案されていたからである。もちろん、「議院法」案ということからわかるように、わが起草者も、主要な議事準則を「法律として制定」する方針をとってはいたが、それ以外の議事規則までも「勅意」を要する法律で定めることなど、まったく考えてはいなかったのである。

(9) 対応案の検討と上奏案の確定

このクルメツキ意見書に衝撃を受けた日本側は、まもなく、信頼すべき法律顧問H・ロェスラーにその原文を示して意見を求めたが、三月二十九日付で届けられた回答(英文)は、右に掲げたクルメツキの主張のすべてに賛意をあらわしていた。そこで、議院法の起草主任であった伊東巳代治を中心として対応策が練られ、次のように決定された。

① 議長の選任方法については、最初は勅任とするが、第二回の選挙以後は議員中から公選することとし、議院法に定める。

② 議長の懲罰権は、議院法で詳しく定める。

③ 議院法を法律とするとともに、議院の内部規則も、議院において制定した後に勅裁を経るようにする。

このような方針にしたがって、上奏すべき憲法・議院法の草案に対する再検討が直ちにおこなわれた。後に述べるように(3参照)、むしろ議院法草案の手直しの方が深刻であったが、憲法案についても、二点ほど重大な変更が加えられている。すなわち、まず、右の①に対応する措置として、浄写三月案の第三十六条「衆議院は議長副議長を議員中より選挙す」という規定がそっくり削られた。この結果、憲法案全体の条数は全七十六ヵ条となり、一ヵ条分少なくなっている。次に、③の趣旨にそって、三月案で「両議院は、此の憲法及議院法に掲ぐるもの丶外、其の会議及内部の整理に必要なる諸規則を制定す」としていた第五十二条の末尾は、「両議院は……諸規則を議定し勅裁を経て之を施行す」と改められた。

こうして、ようやく上奏すべき憲法草案の全七章七十六ヵ条が確定することになる。これと同じ頃、皇室典範上奏案も確定しているが、実際に上奏がおこなわれたのは、枢密院官制・枢密院事務規程の制定の数日前、つまり四月二十七日のことであった。

この時の伊藤博文の上奏文は、「憲法稿案のほか、更に憲法と緊切の関係を有し、而して同時に発布を要する者」として、貴族院組織令・選挙法・議院法の三つを挙げるとともに、「此れ皆既に成稿あり」と述べている。しかし、その後も慎重な検討が続けられ、実際にこれらの上奏案を得るまでには、さらに数ヵ月を要することになる。なお、その上奏文には会計法についての言及がないが、これはすでに述べたように、会計法案が憲法起草トリオとは別のルートで立案されていたという経緯によっている（本章Ⅰ2参照）。

## 3 議院法草案の立案過程

### (1) 議院法の構想

すでにみたように、憲法「甲案」が伊藤博文のもとに提出された時、同時に「議院法」草案も届けられた。この時に提出されたのは、議院法の第二次案というべきものであって、実は、これに先立って、憲法「乙案」とほぼ同じ頃、伊東巳代治を中心に、全十二章四十七ヵ条からなる「議院法試草」と題する第一次案が作られていた。先に紹介した憲法甲案を提出した時の井上の書簡（五月二三日伊藤あて）は、その点についてとくに触れてはいないが、それを前提として、「議院法は各国之参照を附し候事、中根重一へ托し置候……又議事法細目研究仕度《つかまつりたく》心得に有之候」ことが、伝えられている。

このように、議会両議院における議事手続準則を、各議院の自由な決定に委ねることなく、両議院の合意と君主の裁可とを必要とする「法律」によって規律するというやり方は、立憲諸国では必ずしも一般的ではない。というのも、そのようなやり方をとることは、両院制の意義を失うばかりか、他の議院のみならず、行政部の干渉をも招くおそれが強い。したがって、そもそも立憲理論の要素をなしている議院自律権という考え方とは、まったく相容れないからである（大石眞『議院自律権の構造』も参照）。

にもかかわらず、基本法典の起草者があえて議院法の構想を選んだのは、何ゆえであろうか。それは、一般に、両議院の内部組織・運営のありかたが憲法体制を左右する側面をもつことを知ったからであって、とくに大権内閣制を国政運用の原理とする以上、政府にとって大きな脅威となる民選議院（下院）の自治的な動きは、できるだけ封じ込めておく必要を感じたからである。また、かつての制度取調局時代の「国会会議規則」草案のように（第四章I3参照）、「上下両院通用」が望ましいといった制度感覚が働いたことも、十分考えられよう。

しかも、現に南ドイツのバイエルンのような議会法の例もあり、議院法案の起草者は、これにヒントを得ていた。このことは、第一次案に付された「此議院法は巴威璽《バウイエル》の方法に依り憲法の外に特に議院法を制定し、両議院に通じて其準行《じゅんこう》すべき規程を示す者なり」といった趣意書や、憲法乙案第四十三条の「各議院の事務及会議の方法は別に法律を以て之を定む」という規定に関する同じ趣旨の説明からも、知られよう。

### (2) 議院法の立案趣旨

もっとも、こうした制度設計は、立憲各国の通例とは大きく異なっている。そのため、議院法構想の妥当性については、慎重な検討が加えられたようであり、井上毅は、憲法甲案を作成するに際して、次のようにロェスラーに質している（五月九日）。

> 各国に於て、議院の組織及議事法の大要は之を憲法に掲げ、而して其細則は之を議院自治の権に任ずるを通例とせり。独り巴威児「バイエルン」及墺地利「オーストリア」に於ては、憲法の外に別に議院の事務に係る法律ありて、其法律には、佗《ほか》の国に於ては之を議院規則（即議院自治の権に依り自ら制作したる所の規則）に委ねたる内部の規定をも包含し

て記載したり。我国に於て新に議院を設立するに当ては、巴威児の例に倣ひ、憲法の外に別に議院法律を設くること尤《もっとも》適当にして、且将来に便利なりと信ずべきに似たり。右に付、貴下の意見を示されんことを乞ふ。

ポイントを押さえた的確な問いではあるが、ここでオーストリア（墺地利）を引証しているのは、牽強附会に近いものがある。というのも、オーストリアの議会法は、両院関係・開会式など両議院の合意を要する規定のみを内容とするものであって、条文もわずかに全十八ヵ条を数えるにすぎないからである。

ともあれ、ロエスラーの回答は、その二日後に示され、起草者の期待どおり、議院手続準則を法律で定めることが緊要であると説いていた。そこで、井上は、この答議を憲法「甲案」の参照附録としたのであるが、伊東巳代治も、議院法第二次案の趣意について、オーストリアやバイエルンなどの例による旨を述べ、「其詳細はロイスレル博士の答議に具《そな》はる」と記すことができたわけである。

しかしながら、このように議院法という構想をとった場合には、議院手続準則のあり方に関して、憲法典と議院法と議院規則とが、それぞれ、どういう事項を所管とし、どの程度定めるべきか、という独特の厄介な憲法問題が生ずることになる。というのも、一般に、立憲主義諸国の憲法典では、本会議の公開・議事の定足数・多数決制度など、ごく限られた会議準則を列挙するにすぎない。したがって、とくに法律（議院法）と議院規則との関係は、大いに問題となりうるのであって、そこには、議院法でとりあげる事項が多ければ多いほど、それだけ議院の自治権の範囲は狭まっていくという関係が見られるからである。

⑶ 議院法草案の肥大化

この点において、全十二章五十七ヵ条からなる議院法第二次案は、すでにオーストリア議会法の三倍ものボリュームをもち、その内容も、「議院組織」「議長職務、議院警察及経費」「議員年俸」「会議」「内閣大臣及委員」「両院関係」「政府質問」「議場紀律」というように、きわめて広い範囲にわたっている。そして、憲法十月草案の頃に立案された第三次議院法案は、新たに「議員資格の異議」「委員会及委員会長部局長」「歳入出予算案の議定」「請願」などの事項を加え、全十七章百十四ヵ条と大きく膨らんでいる。

いわば議院法構想の独り歩きが始まった感があるが、この動きに拍車をかけたのが、不幸なことに、先に述べたクルメツキ憲法意見書であった。この意見書は、議長を勅任制とし、懲罰権を強化することなどを主張し、その内容から伊東巳代治によって「墺国議長国会意見」とも名づけられているが、その主張内容がロェスラーの支持するところともなって、具体的な対応案を用意しなくてはならなかったためである。

⑷ 委員会議原案の作成

このため、起草者は、まず、①議長選任の問題については「最初は勅任とし、第二回の選挙以後公選とする」こととしている。また、②懲罰権の強化については、「退会・除名」を含めて「議院法に詳載すべし」という考えに立ち、すでに述べたように、最終段階の憲法草案から一ヵ条を削除するとともに、議院法第三次案をさらに増修した、きわめて詳細で包括的な議院法草案――私は全二十一章百二十八ヵ条からなるこの案を「委員会議原案」と呼んでいる――を作成している(二一年四月下旬)。

ここで、衆議院の「議長副議長は其の第一任期に於ては天皇之を勅任す。第二任期より以下は議員に於て互選し天皇の認可を経べし」(一四条)としたのは、右の①を条文化したものである。また、全体として四章十四ヵ条分も増えたのは、「議員の任期」「秘密会議」「懲罰」などの条章を加えたことによる。なかでも、「第二十章　懲罰」部分のふくらみ(九ヵ条増)が注目されるところで、「議院法に詳載すべし」とする対処方針をよく示している。その懲罰関係規定の由来をたずねてみると、かつてビスマルク政府がドイツ帝国議会に提出したものの、廃案になってしまった一八七九年の議員懲罰法案(全一二ヵ条)にたどり着くのであって、実は、これを参考として立案されたことも判明している(大石眞『議院法制定史の研究』一三二頁以下参照)。

こうして、先にみた皇室典範と憲法草案が上奏される前日頃に、議院法「委員会議原案」が完成することになる。この日、井上毅は、次のように伊藤に伝えたが(四月二六日)、それは右にみたクルメツキ意見書を契機とする全面的な再検討作業の一端をもうかがわせてくれる。

議院法仮浄写いたし奉請清覧候。議員懲罰処分之事に付而は、墺国議長之注意により独乙之未行法案に依拠し起草を試置候。御清閑を以而被賜《たまわり》閲視、更に御指教被下候へば大幸奉存候。其上にて幾回も改案仕度心得に有之候。

翌四月二十七日の憲法草案の上奏文は、すでに紹介したように(2(9)参照)、議院法の「成稿」について述べているが、正しく「委員会議原案」こそ、それに当たるものである。もちろん、井上の書簡が伝えるように、議院法の確定上奏案を得るには、なお「幾回も改案」する必要があった。しかし、八月末までつづくその再検討作業は、すべてこの委員会議原案を基礎としていたのであり、同案のもっている意義は実に大きなものがある。

## ■第五章　年表

| | | |
|---|---|---|
| 1886年（明19） | 5月 | 条約改正会議始まる、裁判所官制を制定<br>憲法起草方針を検討・確定 |
| | 6月 | 宮内省「帝室典則」案、宮中顧問官で評議、条約改正会議でイギリス・ドイツの裁判管轄条約案が提示される |
| | 7月 | 地方官官制の制定 |
| | 8月 | 外務省に法律取調委員を設置 |
| | 11月 | 井上毅、憲法上諭草案を伊藤に提出 |
| 1887年（〃20） | 1月 | 柳原前光「皇室法典初稿」を伊藤に提出 |
| | 3月 | 高輪会議（皇室典範） |
| | 4月 | 裁判管轄条約の確立<br>井上毅の憲法「乙案」、ロェスラー「日本帝国憲法草案」 |
| | 5月 | 井上毅、憲法「甲案」「議院法」草案を伊藤に提出 |
| | 6月 | ボアソナードの条約改正反対意見 |
| | 7月 | 井上馨外相、条約改正会議の無期延期を各国に通告、阪谷芳郎「会計原法草案」 |
| | 8月 | 夏島草案なる、井上毅「逐条意見」を提出 |
| | 10月 | 高輪会議（憲法） |
| | 12月 | 保安条例の公布 |
| 1888年（〃21） | 2月 | 憲法二月草案なる |
| | 4月 | クルメツキ意見書をうけて憲法・議院法を再検討 |

# 第六章　枢密院の基本法典制定会議

## Ⅰ　憲法的機関としての枢密院

### 1　枢密院の組織・権限と議事手続

⑴　至高顧問の府としての枢密院

一八八八年（明二一）四月三十日に公布された「枢密院官制」「枢密院事務規程」は、その組織・職掌や基本的な手続を定めているが、会議準則については、さらに「枢密院議事細則」も定められ、読会《どっかい》の制度や発言・表決の方法などを詳しく規律していた。

それらによれば、まず枢密院を組織するのは、議長・副議長・顧問官（一二名以上）と書記官長・書記官（数名）である。表決権をもつ枢密院会議の正式メンバーは前三者に限られるが、内閣各大臣も、その職権上「顧問官たるの地位を有し、議席に列し表決の権を有す」とされた。

その職掌としては、「天皇親臨して重要の国務を諮詢する所」として、次のような事項について「会議を開き意見を上奏し勅裁を請ふ」ことが定められている（枢密院官制六条）。

一　憲法及憲法ニ附属スル法律ノ解釈ニ関シ及予算其他会計上ノ疑義ニ関スル争議
二　憲法ノ改正又ハ憲法ニ附属スル法律ノ改正ニ関スル草案
三　重要ナル勅令
四　新法ノ草案又ハ現行法律ノ廃止改正ニ関スル草案、列国交渉ノ条約及行政組織ノ計画
五　前諸項ニ掲クルモノ、外、行政又ハ会計上重要ノ事項ニ付、特ニ勅令ヲ以テ諮詢セラレタルトキ又ハ法律命令ニ依テ特ニ枢密院ノ諮詢ヲ経ルヲ要スルトキ

ここに、皇室典範・憲法以下の基本法典の審議が挙げられていないのは、すでに述べたように、枢密院への最初の諮詢事項として当然にそれらが予定されていたからである（第五章Ⅰ3参照）。最初の二項は、枢密院にいわば憲法保障の機能が期待されていることを示しているが、その「憲法に附属する法律」、つまり憲法附属法の内容と範囲については、のちに述べることにしよう（第七章Ⅲ1参照）。

このように、枢密院は「至高顧問の府」という位置づけを与えられたが、立憲制下の憲法的機関として、直接に国政を左右する存在であってはならない。そこで、「枢密院は行政及立法の事に関し天皇の至高の顧問たりと雖も、施政に干与することなし」とも定められた。

(2) 議事細則の問題

一方、枢密院の議事細則がいつ議決されたかは必ずしも明らかでないが、それについて

は、以下のような興味ぶかい事実がある。

第一に、当初の議事細則によれば、会議は第一読会と第二読会とに分かれ、前者は質問をもっぱらとし、後者における逐条討議を経て表決するとされていた。ところが、皇室典範の審議に際し、第二読会で議了したのに、なお重要な問題を積み残すという事態が生じたため、典範審議の最終日になって（六月一五日）、第三読会を設ける旨の議事細則改正案が議長から示され、異議なく承認されている。次のような伊藤議長の発言は、その間の経緯を伝えるだけでなく、議事細則の性格をも示している。

枢密院の議事規則は、過日議場の申合はせを以て稍《やや》内則の如きものを制し、今日迄は即ち此規則に拠れり……此規則に拠るときは、議事は二読会を以て結了するものとし、三読会を置かず。然るに、第三読会を開くにあらされば不充分なりとの説を抱ける各位も少なからず……是に於て本官も亦、皇室典範の第三読会を開かれて然るべしと思考し、即ち議事規則に二ヶ所の修正を加へたり……議事規則をして議場に有力ならしむるには、或は公然たる規則体に制定するを要すべきも、既に官制に於て大体を示されある上は、其以下の細則は之を枢密院の自治に任かされたる者と認めて差支なかるべし。而して其枢密院が自治の権に依て制定する規則を議場に有効ならしむるには、之を各位の多数に問ふべきや又は議長に於て制定すべきやと云ふことに付ては、別段の制限なし。

要するに、枢密院の議事細則は同院の議事運営に関する自律権に基づいて定めたものであるから、その決定によって自由に変更することができるというわけである。この議長修正案が承認された結果、以後の枢密院会議では、第三読会をもって確定議とすることとなった。

第二に、委員会の制度が採用されたことを挙げることができよう。すなわち、いずれの読会中であっても、議案を委員に付託して審査させる旨の発議があったときは、院議により臨時委員を選定して付託することができるものとされた。この場合、委員長は、委員会における審査・表決の結果を議長に報告するものとし、これを枢密院の全体会議における審議対象にしようというわけである。こうした委員会審査の方式は、基本法典の審議中いくたびか用いられ、大きな役割をはたすことになる（Ⅲ1・Ⅳ1参照）。

## 2　枢密院の人員構成

枢密院の顔ぶれをみると、まず、枢密院官制・事務規程の公布当日、伊藤博文が内閣総理大臣の職を退いて枢密院議長に任ぜられると同時に、特旨によって内閣にも列席することとされた。代わって、農商務大臣であった黒田清隆が内閣総理大臣となるが、この結果、内閣各大臣としては、黒田首相のほか、山県有朋（内務相）・大隈重信（外務相）・西郷従道（海軍相）・山田顕義（司法相）・松方正義（大蔵相）・大山巌《おおやまいわお》（陸軍相）・森有礼《もりありのり》（文部相）・榎《えの》本武揚《もとたけあき》（逓信相、農商務相兼任）の九名が、職権上、枢密院会議のメンバーとなった。

同じ日、枢密顧問官の任命もおこなわれ、宮中顧問官である川村純義・福岡孝弟《ふくおかたかちか》・佐々木高行・寺島宗則・副島種臣・佐野常民・品川《しながわ》彌二郎《やじろう》、旧幕臣の勝安芳《かつやすよし》、土佐出身の河野敏鎌のほか、元老院議長・副議長の大木喬任・東久世通禧、宮内次官の吉井友実を加えた十二名が、そして、枢密院の開院式直後に、宮内大臣の土方久元《ひじかたひさもと》、元老院議官の吉田清成《よしだきよなり》、宮中顧問官の元田永孚の三名が、それぞれ任命された。これによって枢密顧問官は計十五名となったが、なお皇室典範の開議を前に、内大臣の三条実美と丁年以上の在京五親王（熾仁《たるひと》・彰仁《あきひと》・貞愛《さだなる》・能久《よしひさ》・威仁《たけひと》）が、枢密院会議に班列することも決まった。

これで議長の伊藤と合わせて計三十一名の顔ぶれがそろったが、後になって、元老院議官の鳥尾小弥太《とりおこやた》（六月一四日任）、宮中顧問官から農商務大臣に転じた井上馨（七月二五日任）と逓信次官の野村靖《のむらやすし》（一一月二〇日任）の三名も、枢密顧問官に任じられている。なお、枢密院書記官長は、二月に法制局長官に就任した井上毅が兼任するとともに、伊藤首相の秘書官であった伊東巳代治・金子堅太郎がともに同院書記官となり、伊藤議長の秘書官も兼ねている。こうして、伊藤博文の率いる憲法起草トリオが憲法制定の主導権を握りつづけることになるが、そのほか、津田道太郎《つだみちたろう》、のちに花房直三郎《はなぶさなおさぶろう》も、それぞれ同院書記官に任命されている。

### 3　開院式

五月八日、天皇臨席のもと、枢密院の開院式がおこなわれた。この時の正式なメンバーは、枢密院議長・内閣諸大臣と十二名の枢密顧問官であったが、未だ顧問官たる地位を与えられていなかった内大臣の三条実美と宮内大臣の土方久元も、侍従長の徳大寺実則とともに、「陪席」というかたちで参列している。

開院式では、まず、「前に閣臣に命じて起草せしむる所の皇室典範及憲法の案を以て枢密院に下し詢議に付す……其他重要の法律勅令にして憲法と関係を有する者、更に相続きて院議に下さんとす」との勅語があり、続いて「機密の漏洩」を慎むよう注意を促す伊藤議長のあいさつがあった。

その中で、伊藤は、「本院の議を開くに当ては、先づ皇室典範より始むべき順序なれども、事急にして謄本未だ整頓せざるを以て、姑《しば》らく憲法より開議せざるを得ず」と述べている。枢密院議長のこの発言は、この段階では皇室典範原案の用意が未だ整っていなかったことを示しているが、この後に、番号を付した蒟蒻摺《こんにゃくずり》の「議案」、つまり条章ごとに説明書きが付された憲法原案全七章七十六ヵ条が配布された。そして、審議にそなえるため、「此日より十日間を期して各員歴読を了るもの」とする決議がおこなわれているところからすると、五月二十日頃から「憲法制定会議」（清水伸『明治憲法制定史〈中〉』参照）が始まる予定であったようである。

なお、伊藤博文の憲法草案上奏文で言及されなかった会計法の確定草案は、ちょうどこの時期に完成している。先に述べたように、会計法草案の起草は、井上などの憲法起草グループの作業から切り離して大蔵省内で進められていたが、枢密顧問官たちが憲法諮詢案の攻究に余念がなかったその頃、蔵相の松方正義によって全九章五十五ヵ条からなる会計法草案が閣議に提出されている（五月一五日）。もっとも、大蔵省上奏案の前後の動きは、なお必ずしも明らかでない。

## II　皇室典範諮詢案の審議

### 1　皇室典範の審議と三条グループの動向

しかし、まもなく皇室典範原案の用意が整ったようで、枢密院は、五月二十五日午後、当初の予定どおり、まず、その検討から審議に入った。この会議の冒頭、伊藤議長は、「先般諮詢を蒙りたる皇室典範に付、唯今より第一読会を開くべし」と述べているが、実は、典範草案がいつ枢密院に諮詢されたのか、はっきりしないところがある。ただ、『明治天皇紀』によれば、特旨により枢密院会議に出席することを決定されたばかりの熾仁・貞愛・能久の三親王が、五月二十三日に、内大臣の三条実美と柳原前光とを招き、皇室典範について検討したと伝えられているので（第七、七三頁）、すでにこの時には典範草案が詢議に付されていたのであろう。

この頃、東久世通禧・土方久元・尾崎三良などのいわゆる三条グループは、しばしば柳原前光を中心として会合をもち、皇室典範の検討をおこなっている（島善高『近代皇室制度の形成』六六頁以下参照）。ここで柳原が中心的な役割を果たしたのは、満四十歳という年齢要件を充たさないため枢密顧問官の地位こそ得られなかったものの、すでに述べたように

（第五章Ⅱ参照）、井上毅とならぶ皇室制度研究の実力の持主であったからであろう。

もちろん、このように定期的な「皇室典範会」（『尾崎三良自叙略伝』中巻一七四頁）が開かれた趣旨は、典範に対する共同の修正意見を提出するとともに、柳原の意見を徴した上で三条・東久世・土方などが審議に臨むためであった。実際、皇室典範原案の審議中に、三条実美などはいろいろ発言しているが、その内容は、柳原が作成した「修正案及意見」に依拠したものである。

また、皇室典範附属法としての皇族令を起草するために、枢密院で典範を審議している五月三十一日に、臨時帝室制度取調局が宮内省に設けられたが、その委員長には柳原が、取調委員として尾崎三良ほか四名が任命されている。同局としては、皇族令を起草する都合上、本体である皇室典範の動きをつかんでおく必要があるわけで、柳原や尾崎は、三条・土方などを通して、枢密院における審議の模様をある程度把握していたにちがいない。したがって、逆に、その立場を利用して、柳原は、皇室典範草案に対する具体的な修正意見を提出することができたのである。

### 2　永世皇族主義の問題

枢密院における皇室典範の審議は、六月十一日までに第二読会を終了したが、先に述べたように、議事細則を改定して第三読会までおこなった上で、典範案を議了している（六月一五日）。この結果、当初、全十二章六十六ヵ条であった諮詢原案は、二ヵ条削られて全十二章六十四ヵ条となったが、最も議論のあったのは、いわゆる永世皇族主義の問題である。

この点について、原案第三十三条は、「皇子より皇玄孫に至るまでは、生れながら男は親王、女は内親王と称ふ。五世以下は生れながら王、女王と称ふ」としていたが、三条実美は、このような永世皇族という考え方に対し、次のような修正意見を述べている（六月四日午後）。

本条の文面……に拠れば、百世の後に至るも皇族は永世皇族なるが如し。皇統の御繁は固より願ふ所なりと雖とも、例令へば百世と云ふときは、皇統を距《へだ》る既に遠しと云ふべし。而《しか》して皇族の数も甚だ増加すべきに付、或は帝室よりの御支給充分に行届かずして、却《かえっ》て皇族の体面に関するが如きこと起らざるを保せず。故に或は但し書きを以てするも可なり……姓を賜ふて臣下に列するの余地を存し置たし。

この発言は、いわゆる賜姓列臣の制度を提案するものであるが、土方久元・山田顕義両顧問官のほか賛意をあらわす意見も多かった。原案起草者の井上書記官長は、しかし、「皇葉の御繁栄ましませば、是れ誠に喜ぶべき事にして……多少の支障はあらんとも、成るべく皇族の区域を拡張すること」が皇室の将来の利益につながる、と反論している。

果たして、採決の結果、原案支持者が多数を占めたため（同六日午前）、第三読会で原案中の「生れながら」を二ヵ所とも削ったものが、そのまま皇室典範第三十一条として成立することになった。しかし、後の皇室典範増補（明四〇）によって、皇族の賜姓列臣の制度が採用されるに至ったので、その限りで永世皇族主義は修正されることになる（第八章Ⅲ２参照）。

## Ⅲ　憲法制定会議

### 1　第一審会議の概要

(1) 憲法制定の基本精神

枢密院は、皇室典範の第二読会の終了（六月一一日）をうけて、二日後からすぐ憲法草案の検討を始める手はずであった。けれども、議事細則の改正により皇室典範の第三読会がおこなわれたため、憲法草案の審議は六月十八日午前から始まっている。これ以後、枢密院は、七月十三日までの計十日間、十九回の会議を重ねることになるが、その冒頭、伊藤議長は、憲法起草の精神について、次のように説いている。

欧洲に於ては当世紀に及んで憲法政治を行はざるものあらずと雖……我国に在ては事全く新面目に属す。故に今憲法を制定せらるゝに方《あたり》ては、先づ我国の機軸を求め、我国の機軸は何なりやと云ふことを確定せざるべからず……　抑《そもそも》欧洲に於ては憲法政治の萌芽せること千余年、独り人民の此制度に習熟せるのみならず、又た宗教なる者ありて之が機軸を為し、深く人心に浸潤して人心之に帰一せり。然るに我国に在ては宗教なる者其力微弱にして、一も国家の機軸たるべきものなし。仏教は……今日に至ては已に衰替に傾きたり、神道は……宗教として人心を帰向せしむるの力に乏し。我国に在て機軸とすべきは、独り皇室あるのみ。是を以て此憲法草案に於ては専ら意を此点に用ゐ、君権を尊重して成るべく之を束縛せざらんことを勉めたり……乃ち此草案に於ては、君権を機軸とし、偏に之を毀損せざらんことを期し、敢て彼の欧洲の主権分割の精神に拠らず。固より欧洲数国の制度に於て君権民権共同すると、其揆を異にせり。是れ起案の大綱とす。

ここで注目されるのは、政治的共同体の機軸を宗教に求めることをせず、いわば道徳的基礎としての皇室の「機軸」という考え方を、君主主義という統治原理に直結させている点である。つまり、君主主義的な立憲制を、あるべき正統な「憲法政治」とみていたわけであるが、すぐ後でみる議会「承認」権をめぐる論争や臣民「分際」論に対する伊藤議長の発言などは、その立憲主義的側面をもよく示している。

### (2) 審議手続の要点

次に、憲法草案の審議過程において注目すべき点をいくつかみておこう。まず、審議手続についていえば、開議の初日に、諮詢原案に対するH・ロェスラーの論評である「憲法草案概要」が配布されている。この意見書は、行政権の強化というロェスラーの持論を再言したものであるが、かなり大きな影響力をもったようである。会議の席上、大木顧問官が、「ロイスレル氏の……議論中最も参考に供すべきものあり。故に今姑らく此会議を中止し数名の委員を選定して、先づ此の意見書を参照し、憲法の全部を反復熟読し、然る後会議に附するを良策とす」と言い出したのは、そのあらわれである。

さすがに、この提議は斥けられたが、審議のなかで顧問官達はしばしばロェスラー意見書に言及しており、この意見書がかなり重視されていたことをうかがわせる。ただ、報告員として原案説明の任に当たった井上書記官長も伊東書記官も、このロェスラー意見に対しては批判的であった。

憲法草案の審議手続で注目されるいま一点は、先に述べた委員会付託の方式の活用である（I 1⑵参照）。この方法は、皇室典範審議の最終段階でも用いられたが、本格的に活用されたのは、憲法草案の審議に際して設けられた次の二回である。

① 裁判を受ける権利と裁判所の構成に関係する箇条（原案二三条～二五条、五八条・六一条）を対象としたもので、議長の職権で設けられ、司法大臣の山田顕義を委員長とする。

② 審議の最終段階である第三読会の前に、原案全体の精査のために設けられたもので、もともと全員で組織する総委員会のつもりで設けられ、副議長の寺島宗則を中心とする。

こうした委員会方式は、かなりの成果をあげている。まず、①の裁判関係委員会では、対象となった数箇条に修正を施すとともに、新たに「特別裁判所の管轄に属すべきものは、別に法律を以て之を定む」との一条を加えているが、これらはほぼそのまま明治憲法の正文となっている（六〇条）。そして、②の委員会によって、微細な字句修正まで含めると、原案の約三分の一に上る多くの箇条について修正が施されたことになるが、これらもすべて全体会議で承認されている。ただ、現存している『枢密院会議』の記録は、議院の上奏権・請願受理権に関する原案第四十九条・第五十条への言及を欠いている。

## 2　憲法制定会議における主要な論争

(1) 議会の「承認」と「協賛」との間

一方、内容に関する論議で注目すべき点をみると、まず何より、諮詢原案第五条「天皇は帝国議会の承認を経て立法権を施行す」に用いられた「承認」の文言をめぐって、大論争が起こったことが挙げられよう。

その要点は、「承認の文字は下より上に対して認可を求むるの意」（元田永孚）であるから、天皇と議会の位置づけが転倒してはいないか、というものである。同じ文言は他の幾つかの条文でも用いられているので、そのつど問題とされたが（八条・三七条など）、そうした議論の背景を察知した伊藤議長は、次のように述べて釘を刺している（六月一八日午後）。

抑《そもそも》立憲政体を創建して国政を施行せんと欲せば、立憲政体の本意を熟知すること必要なり。議会に承認の文字を嫌て議会に承認の権を与ゆることを厭忌するも、法律制定なり予算なり議会に於て承知する丈の一点は、到底此憲法の上に於て欠くこと能はざらんとす……又、立憲政体を創定して責任宰相を置くときには、宰相は一方に向ては君主に対し政治の責任を有し、他の一方に向ては議会に対して同じく責任を有す……是に由て之を観れば、立憲政体を創定するときには、天皇は行政部に於ては責任宰相を置て君主行政の権も幾分か制限され、立法部に於ては議会の承認を経されば法律を制定すること能はず。此二つの制限を設くること、是れ立憲政体の本意なり。此二点を欠くは、立憲政体にあらず。又此二点を憲法の上に於て巧に仮装するも亦、均しく立憲政体の本義にあらざるなり。

しかし、枢密院会議は、「議を経、翼賛、表決等種々の修正説議場に現出す」という有様であったため、伊藤は、「本条及関係の各条に適用すべき法語を選定」するために、井上に再調査を命じている。その結果、第五条の「承認」は「翼賛」に、他の条項の「承認」は「承諾」に、それぞれいったん修正されたものの、後にふたたび改められて、すべて「協賛」という文言に統一されている。こうして、明治憲法の第五条・第三十七条・第六十四条・第六十六条の正文が出来上がるのである。

このような論争は、一見、たんなる字句訂正の問題にすぎないように思われる。しかし、実は、立憲君主制下の天皇や議会の位置づけをめぐる基本的な考え方を反映したものであって、伊藤議長が説いたように、「其文字如何に依りては、実際の行為に関係を及ぼすこと最も重大なるべき」問題を含んでいたことを、よく認識しておく必要がある。

⑵「臣民権利」と「分際」との間

六月二十二日午後に開かれた原案第二章「臣民権利義務」の第二読会においては、有名な臣民「分際」論議がおこなわれている。それは、書記官長の井上が原案を朗読した直後に、文部大臣の森有礼が、次のような修正意見を述べたことに端を発している。

本章の臣民権利義務を改めて臣民の分際と修正せん。今其理由を略述すれば、権利義務なる字は法律に於ては記載すべきものなれども、憲法には之を記載すること頗る穏当ならざるが如し。何となれば、臣民とは英語にて「サブゼクト」と云ふものにして天皇に対するの語なり。臣民は天皇に対しては独り分限を有し責任を有するものにして、権利にあらざるなり。故に憲法の如き重大なる法典には、只人民の天皇に対する分際を書くのみにて足るものにして、其他の事を記載するの要用なし。

ここで提唱している「分際」の意味について、森文相は、井上毅書記官長の質問に答えるかたちで、英語でいうと「レスポンシビリテー」に当たることを明らかにしているが、これを聞いた議長の伊藤は、すぐさま、森の議論は「憲法学及国法学に退去を命じたるの説」「憲法に反対するの説」に等しいとして、次のように力説している。

抑憲法を創設するの精神は、第一君権を制限し、第二臣民の権利を保護するにあり。故に若し憲法に於て臣民の権利を列記せず、只責任のみを記載せば、憲法を設くるの必要なし……君主権を制限し、又臣民は如何なる義務を有し如何なる権利を有すと憲法に列記して始て憲法の骨子備はるものなり……憲法より権利義務を除くときには憲法は人民の保護者たること能はざるなり。

伊藤としては、立憲主義の精神や近代憲法の公式的理解を解説したつもりであろう。しかしながら、森の臣民「分際」論の真意は別のところにあったようで、森は、次のように反論している。

臣民の財産及言論の自由等は、人民の天然所持する所のものにして、法律の範囲内に於て之を保護し、又之を制限する所のものたり。故に憲法に於て此等の権利始て生じたるもの〻如く唱ふることは、不可なるが如し。依て権利義務の文字の代りに分際の字を用ゐんと欲す……内閣は臣民の権利を保護する為め働くべきものなれば、仮令《たと》ひ爰《ここ》に権利義務の字を除くとも、臣民は依然財産の権利及言論の自由は所持するものなり。

要するに、森文相はいわば権利の自然権的発想を出発点としているわけで、ここに、伊藤に対する森有礼の進歩性をみる論者もいる（大久保利謙『明治憲法の出来るまで』二一〇頁、犬塚孝明《いぬづかたかあき》『森有礼』二九五頁)。たしかに、両者の応酬は嚙み合ってはいないが、かといって、臣民は天皇に対する責任があるだけだとする森の議論に、立憲制への正当な理解があるとも思えない。

というのも、先にみた「承認」権をめぐる論争において、「下より上に向て用ゆる」というその文言の含意を嫌い、「古来の御制度を攷《かんが》へ、之に抵触するが如き承認の権力を付与するは不可なり」とか、「国会は憲法上天皇陛下と均等なる権力を有するを得ず」「諮問会なり」とか説いたのは、ほかならぬ森文相であった。そして、この論理によれば、「国会の可決したるものと雖、陛下の宸断にて見合す事」もありうる、ということになる。そうだとすると、「人民の天然所持する」ところの権利自由を保護すべき法律による留保も、実は、たしかな保障とはなりえないはずであろう。したがって、森文相の議論は「此憲法の精神を豹変するもの」(佐野常民)、と評されても仕方がないように思われる。

### 3　第一審会議の終了

ともあれ、七月十三日午後の第三読会の議決によって憲法典の審議は終了し、その結果、当初、全七章七十六ヵ条であった諮詢原案は、一ヵ条分増えて七十七ヵ条となっている。閉会に臨んで、伊藤は、「之より其議決の結果を陛下に上奏するの手順に取掛る」ことを告げ、枢密院は約二ヵ月の夏期休暇に入った。

同院は、九月から始まる議院法その他の憲法附属法案の審議を待つばかりになったが、井上毅を始めとする憲法起草者にとっては、その夏は、枢密院における憲法の修正議決をふまえ、基本法典の草案の全体を再検討しなくてはならない多忙な期間でもあった。すぐ後にみる議院法案の再検討の作業は、そのことをよく示している（Ⅳ1参照）。

なお、かつて急進的な憲法制定意見書を提出し（明一四）、すでに述べたように（第一章Ⅱ4参照）、外務大臣として入閣するに際しても、議会開設後しばらくして議院内閣制に移行すべきことを条件とした大隈重信が、重要な意味をもつ憲法制定会議にほとんど出席せず（三回のみ）、出席しても一言も発しなかったという事実は、早くから人々の注目を引き、いろいろな観測を呼んできたところである。

この点については、しかし、ちょうどこの頃、先に述べたように（第一章Ⅱ4(4)参照）、大隈は、前任者の井上馨の下で挫折した条約改正問題に取り組み、改正条約案の調査・検討に精力を注いでいたことを思い起こす必要がある。要するに、大隈の任務と主たる関心は、すでに別のところにあったわけであるが、憲法運用に期待したという面も大きいであろう（第七章Ⅰ1参照）。

さて、当初、以上の五月から七月まで開かれた枢密院会議によって、皇室典範・憲法典の条章はすべて確定するはずであった。ところが、これまでの議論とその後の再検討の結果、基本法典の全体にわたって相当の修正が必要なことが判明し、その結果、翌一八八九年（明二二）一月中旬と下旬に、枢密院は重ねて会議を開くことになる。そこで、今日、これまで紹介した五月から七月までの枢密院会議を「第一審会議」といい、翌年のものを「再審会議」「第三審会議」と呼んで区別する慣わしになっている。

## Ⅳ　憲法附属法案の確定と審議

### 1　議院法案の場合

(1) 委員会議原案の全面的な見直し

枢密院の憲法制定会議と併行するかたちで、すでに述べた全二十一章百二十八ヵ条という大部の「委員会議原案」をもとに(第五章Ⅱ3⑷参照)、議院法草案の検討が進められていたが、それは憲法第一審会議の終了前後から本格化している。というのも、憲法第三章「帝国議会」の諸条項は、両議院の組織・権限および手続を定めているので、議院法の内容と密接にかかわっており、枢密院会議で憲法原案に加えられた修正は、議院法案にも大きな影響をおよぼすことになるからである。

この「委員会議原案」の見直し作業は、七月中旬から八月下旬という短い期間にほぼ三段階でおこなわれ、その結果、全十八章百五ヵ条の確定上奏案が成立することになるが、以下にその経緯をみておこう。

まず、井上毅・伊東巳代治・金子堅太郎による委員会議は「原案」に対して大鉈をふるい、全十八章百七ヵ条からなる第一次修正案を作成した(七月下旬)。このように条章数とも大きく縮減されたのは、枢密院における憲法の修正結果にあわせて、原案第二十一章第百二十八条にあった議院規則の勅裁施行制を削除するとともに、「議院日誌議事録及新聞紙」(原案第一〇章)を規則事項と考えて削ったうえ、他の数多くの条項についても整理統合をはかったからである。

もちろん、字句修正の類は多く、原案にあった「内閣大臣」「内閣委員」の文言を、それぞれ「国務大臣」「政府の委員」にしたのは憲法修正の結果によるが、原案起草者は、さらに検討を重ね、八月上旬には、多少加削を施した全十八章百十一ヵ条からなる第二次修正案を取りまとめている。ここでは、しかし、内容上の大きな変化はなく、第一次修正案でいったん削った条項(休会に関する規定など)を復活したにとどまる。

井上や伊東の考えでは、この第二次修正案が確定上奏案となるはずであった。ところが、伊藤は、同案に接するや、「右法案之箇条中少々愚見有之候」「議院法上奏之事は暫時見合可申」と伝え(八月二三日書簡)、第二次案全般にわたる修正意見をメモにして、伊東に届けた。枢密院議長である伊藤の意見は、いわば決裁的な意味をもつが、これによって憲法起草トリオはふたたび修正を余儀なくされ、さらなる検討の結果、第二次修正案から六ヵ条を削るとともに、字句修正を施した全十八章百五ヵ条の第三次案を得ている(八月末)。この最終段階においても、いくつかの重要な修正がおこなわれ、とくに議会の予算増額修正権の問題をめぐる動きは、成立した明治憲法の解釈論とも関連して注目される。

## (2) 議院法諮詢案の成立

すなわち、まず予算の減額修正権については、憲法十月草案以来かならず制約規定が設けられ、枢密院会議でかなり論議を呼んだが、諮詢原案はそのまま維持された（第一審議決案第六八条）。他方、増額修正権の問題は議院法草案の中で取り扱われ、その「委員会議原案」以来、増額修正権を否定する明文が設けられており、第二次修正案でも、「両議院は政府の要求せざる税額又は経費の決議及要求の額に超過するの決議を為すことを得ず」（四五条）としていた。

ところが、これについて、伊藤が、「此条何の要あるか」と指摘したため、上奏案では削られてしまった。伊藤が修正を指示した真意は果たしてどこにあったのか、実は、よくわからないところがあるが、枢密院会議においてその問題が論議されることはなかった。そのため、憲法が制定された後の第一回帝国議会の開会を控えて、伊藤や井上は、議会の予算増額修正権の有無という重要問題に直面する羽目におちいるのである（第七章Ⅳ１参照）。

この予算議定権の問題を考えるときは、会計法草案の動きも見逃すことができない。すでに述べたように（Ⅰ３参照）、五月には、全九章五十五ヵ条からなるいわゆる大蔵省上奏案が閣議に提出されていたが、注目すべきことに、この大蔵省上奏案は、二月の会計法草案にあった議会（立法院）による予算の増額修正と「項」の増減を禁止する旨の規定とを、すべて削っている。いずれも議会の権限に関するもので、議院法「委員会原案」の定めるところに譲ったためであろう。次いで、会計法大蔵省案は法制局による検討に付され、その結果、枢密院諮詢原案となる全十一章四十四ヵ条の会計法案がまとまり、閣議に提出された（九月二四日）。

ともあれ、全十八章百五ヵ条からなる議院法草案が上奏されたのは、九月初めのことであった。この頃、伊藤は秘書官の伊東に対して、「議院法上奏の後は、上院組織法選挙法再校正に取掛り、成案の上は上奏の用意相成置度候」という指示を与えているが、このことは、井上・伊東などの憲法起草グループが基本法典草案の最終的な詰めに入っていたことをうかがわせる。

(3) 議院法第一審会議

上奏の後、蒟蒻摺に付された議院法原案は、皇室典範・憲法典につづく第三議案として、枢密院に諮詢された。枢密院は、九月十七日から十月末日までの十三日間、計二十五回の会議をもったが、これも——憲法の場合と同様に——議院法「第一審会議」と呼ばれる。

その審議について、何より注意すべきことは、皇室典範・憲法典の場合とは異なって、逐条説明がまったく付されていなかった、という点である。実は、開議当日、元田永孚にこの点を質されたらしく、井上書記官長は、直ちに、「議院法に付而之説明書無之事は劣生に於ても遺憾存候、畢竟多事に逐はれ、余力無之より不得已《やむをえぬ》事情に有之候」と弁解しながらも、「聖上之叡慮《えいりよ》により説明書必要との事にも候はゞ、夜を日に継候而簡単之物拵可申」旨を、永田あてに返答している（同日付書簡）。これまでの慣行からすれば、枢密院会議は二、三日ごとに開かれる例であるにもかかわらず、九月二十一日午前の会議の後は二十六日午前、また、二十八日午前の後は十月十二日と大きく飛んでいるが、それは、この間に、議院法起草主任の伊東巳代治を中心として、文字どおり「夜を日に継」いで、各条説明文の起案に従事していたからであろう。

幸か不幸か、審議はなかなか捗らなかった。一回目の中断の直前（九月二一日）で第二条の第二読会が終了したにとどまり、二度目の中断の時（九月二八日）でも第三条を審議している最中で、しかも議事手続問題をめぐって紛糾していたが、こうした事態は、実は、伊藤と井上の不在に起因している。

というのも、まず、主任報告員たるべき書記官長の井上は、「所労」のため欠席し、その草案の報告・説明は、終始、伊東が担当することになった。が、居並ぶ顧問官と渡り合うだけの力量を若い伊東に期待することはできない。さらに、伊藤議長は、日本海防備視察のため日本を離れていたので（九月上旬）、会議は、初めに寺島宗則、次いで土方久元が首席となって進められた。しかし、議案の内容を熟知していない両者の不慣れは誰の目にも明らかで、元田などは、「随分亦論も出、議場不整頓に相見へ、残念に御座候。議長と貴兄の御欠席に而、はがゆき所不少」と嘆いている（九月二一日井上あて書簡）。それは、おそらく枢密院メンバーの大方の実感でもあったであろう。したがって、議院法に関する枢密院の実質的な審議は、伊藤が帰国し議長席に復帰した十月十二日午前から始まった、とみてよい。

(4)　衆議院議長・副議長の選任問題

その中で、最も激しい論議を呼んだのは、「衆議院の議長副議長は、其の第一任期に於ては議員より之を勅任し、第二任期以下に於ては議員之を互選し勅許を請ふべし」と定める第三条であった。先に述べたように、これは、衝撃的なクルメツキ意見書を契機として立案されたものであったが（第五章Ⅱ3参照）、同条については、議員互選説、これと正反対の勅選説、さらには複数候補者を互選してこの中から勅任すべしとする議論まで主張され、その揚句、諮詢原案はもとより、各修正説もすべて否定されるという異常な事態に陥ってしまった。ここにおいて、「此の如き変通の例は已に憲法会議の時に於てもありたるかと思ふ」として、委員付託を主張する者もいたが（佐野常民）、伊藤議長は、その提案をしりぞけつつ、むしろ次のように提案している。

委員付託説……ありたれども、本条を委員に付託するの必要あるや否を考へざるべからず、若し、修正説に付、調和せざるの点ありて錯雑を生ずるものなれば、之を委員に付託するも可なりと雖も、元来、此表決の結果を生ぜしものは各官の論議区区に分れ、何れも少数に陥りたるものにして、別段条項に付、不明不備の点あるにあらず。故に如何なる委員に付託するも、此分裂したる論議を統一する能はざるべし。依て、本会を以て全院委員となして本条を協議しては如何。

会議主宰者としての伊藤の力量と見識を示す発言といえよう。そこでその趣旨にそって全院委員会による協議の場が設けられた結果、佐野顧問官の提出にかかる修正案が多数を占め、十月十二日午後、ようやく議長・副議長選出方法の問題は決着した。そして後日、佐野から「衆議院の議長副議長は、其の院に於て五名を互選せしめ、其中より之を勅任す」という確定修正案が示され（一〇月一八日午前）、これにより第三条を議了している。のちに多少の字句修正を受けるものの、翌年公布された議院法第三条の正文は、ここで確定したといってよい。

なお、第二読会中、「原案取調掛」や議長の側から修正案が提示され、これが異議なく諒承された条項も多い。それは、井上・伊東などが上奏後もたえず検討を重ねていたことをうかがわせるもので、「休会」に関する規定を削った点（原案三三条）などは、その代表的な例である。

第三読会に入る前に「法律の完備の為」、修正議決した全十八章百四ヵ条を対象とする委員会が設けられた。この委員会は、顧問官の鳥尾小弥太以下の五名からなり、字句修正を含む全般的な検討をおこなった結果、十月二十九日、二ヵ条分少ない全百二ヵ条の第三読会原案を作成している。これが本会議でもほぼそのまま認められ、十月三十一日午後、枢密院は議院法を議了することになる。

## 2　その他の基本法典草案

その後、枢密院は、伊藤が指示した「上院組織法」「選挙法」という順序ではなく、まず、会計法原案の諮詢を受けてその審議をおこない（一一月五日〜二六日）、次いで衆議院議員選挙法（同月二六日から）、そして貴族院組織令（一二月一三日から）という順で、審議に取り組んでいる。そして十二月十七日の午後、枢密院は、選挙法の第三読会につづいて貴族院組織令の第三読会をおこない、すべての基本法典を議定することになる。
しかし、この時すでに、伊藤・井上などの原案起草者は、それらのすべてについて再検討の必要をみとめ、見直しの作業を進めていた。したがって、いずれ枢密院は用意された修正案を審議するために「再審会議」を開かざるをえないことになるが、その前に、ここでは会計法原案に関する審議を中心にみていこう。

(1) 会計法草案の上奏

まず、議院法に次ぐ第四議題となる会計法草案は、上に述べたとおり（1(2)参照）、法制局による検討を経て閣議に提出され（九月二四日）、これを基礎として、全十章四十三ヵ条からなる上奏案がつくられた。この点について、公式記録である『枢密院会議議事録』は、「此草案は先に内閣より陛下に上奏になり、更に当院の議に下付せられたるものなり」とする伊藤議長の発言を伝えるのみで、いつ枢密院に上奏・諮詢されたかを明らかにしていない。

しかし、おそらく、すぐ後で述べる原案調査委員となる三名が、そろって議院法草案の審議を欠席した十月二十二日に諮詢されたのではないかと考えられる。そして、この時点から、会計法諮詢原案に対する枢密院の審議が開始されたが、こうしたやり方はまったく異例であった。そのため、第一読会の冒頭において、伊藤議長は、次のように釈明している。

通例の順序に依れば、報告員をして先づ原案を調査せしめ、其調査したる所を各位に報告して第一読会を開き、而て後之を修正すべき筈なれども、此順序を踏まば従て議事渋滞するの虞《おそれ》あるを以て、本院に於て三名の調査員を命じ、大蔵大臣の派出員と共に協議の上、予め之が修正を為さしめたり。仍《すなわ》ち此の修正案を以て議案と做し、逐条朗読せしむ可し。

ここにいう「三名の調査員」とは、副議長の寺島宗則と佐野常民・吉田清成両顧問官を指し、「大蔵大臣の派出員」とは、主計局長の渡辺国武《わたなべくにたけ》を示している。この渡辺が、「番外」の説明員として枢密院会議にずっと列席するのも異例のことであり、この事実は、会計法原案が憲法起草グループとは別に、主として大蔵省内で調整されてきたというこれまでの経緯をよくあらわしている。

この点については、さらに、枢密院本会議において、諮詢原案そのものを審議することなく、いきなり全十一章四十二ヵ条の委員修正案を審議対象としたことも、注目されよう。こうした委員修正方式は後にも用いられているが（一一月九日・同月二六日）、枢密院本会議では、その成果を「第二委員修正案」「第三委員修正案」と呼んで、当初の「第一委員修正案」から区別している。

この第三修正案の段階で、公布された会計法に大きく近づいているが、ここで最も注目されるのは、全十一章三十四ヵ条からなる第二修正案を作成する過程における検討である。すなわち、まず、十月二十九日に提出された第一委員修正案は、予算議定のありかたについて、以下のような規定を設けていた。

第七条　総予算書ハ之ヲ款項ニ分ツ
　帝国議会ニ於テハ政府ノ定ムル所ノ款項ヲ分合スルコトヲ得ス
第十一条　帝国議会ニ於テ予算ヲ議定セス又ハ予算成立ニ至ラスシテ前年度ノ予算ニ依リ施行スルニ当リ予算総額内ニ於テ歳出予算各款項ノ更正ヲ必要トスルモノアルトキハ、勅令ヲ以テ之ヲ定ムヘシ

後者は、いわゆる前年度予算施行制にかかわるもので、すでに議決した憲法第七十二条の施行法という性格を与えられている。これに対して、前者は、総予算書の科目を政府に一任していた法制局案をしりぞけ、伊藤による決裁前の議院法草案と趣旨を同じくするもので、とくにその第二項は、「予算の款項は之を分合することを得ず」としていた議院法の旧案――第二次修正案では第四十四条二項にあたる――を復活させるという意味をもっている。

しかし、両条について、枢密院で直接論議されることはなかった。右に述べたように、第七条以下の逐条審議に入る前にふたたび委員に付託されることになり、改めて配布された第二委員修正案では、両条とも削除され、款・項の区分のことも他の条規に吸収されていたからである。

そこで、両条を削除した点について疑義が起こり、まず、司法大臣の山田顕義が、第一修正案の第七条二項を削った理由を質している（一一月九日午後）。これに対し、伊藤は、「款

項を分合云々は議会の権利に付て云ふべきことにして、会計法に掲ぐべきことにあらず。故に之を議院法に譲れり」と答弁したが、山田法相は納得せず、「第一委員修正案の第七条の予算の款項に係る明文は、必ず会計法に記載すること」を強く主張した。その理由は、「此の明文なきときは、政府の定むる所の款項を議会に於て自由に変更するの惧《おそれ》あり」という点にある。ここにおいて、伊藤は、次のような注目すべき答弁をおこない、議論に終止符を打っている。

第一委員修正案第七条の款項に係る明文は、之を議院法に追加するの見込なり。議院法は既に議決したるものなれども、未だ上奏にならざるものなれば、之を上奏する前同法第四十一条の次に於て左の二項を加ふるの考案なり。

予算の表決を取るは款項に依るべし。

議院に於ては款項を分合することを得ず。

この発言は、すでに議了した議院法について再検討をおこなっている事実を初めて示唆したものとして重要である。むろん、こうした見直しは、当然、憲法典にもおよぶことになる。

(2) 他の基本法典との関係

すなわち、まず、すでに議了した憲法第六十二条は、「新に租税を課し及税率を変更するは法律を以て之を定むべし」（一項）として、いわゆる租税法律主義を定めていた。しかし、会計法第一委員修正案第四条も、「名義の如何を問はず法律を以て定められざる租税賦役を課するを得ず。但手数料の類は命令を以て之を課することを得」としている。もちろん、ここには明らかな重複がある。

そのため、会計法第二修正案では第四条全体を削除したのであるが、今度は、但書きのような規定がなければ、「政府は何に拠て手数料を課することを得るや分明ならず」（佐野常民）といった異論や、「必ずしも会計法に記載するを要せず、他の法律又は命令を以て之を指定するも可なり」（森有礼）という意見まで飛び出してきた。これに対して、伊藤議長は、「手数料を課するの権力は憲法に依て定めざるべからず」と応じ、憲法第六十二条の修正を示唆している。

また、寺島副議長が先の第十一条を削除する理由について質した時（一一月一二日午前）、番外の説明員である渡辺国武主計局長は、「会計法に於て予算総額内に於て各款項を更正することを許すときには……憲法と矛盾するの恐れあり」と答えている。伊藤も、また、旧案「第十一条に依れば……前年度の予算総額内にさへあれば、其便宜次第各款項を更正して金額を支出することを許したり。是れ決して憲法の趣旨にあらざるなり」「憲法にある前年度の予算に依るとは、其款項に依り之を支出し、只国家の存続を計る為めの有限的の支出を許すの意」であり、決して「予算総額内に於て政府は自由に支出することを得るが如き無限的の支出を許すの意」ではないことを説いた。しかし、この時、寺島は、次のように主張している。

憲法に記載したる会計上の事は、其綱領のみに止り、其細目に至ては会計法に譲るの意を以て憲法を議決したり。然るに今第十一条を刪去《さんきょ》せば、会計法を実施するに付困難を生ぜん。故に証券発行の如きは、憲法に掲げられんことを乞ふ。又、憲法は議決の後上奏はしたれども、未だ発布なき以上は今日之を改正するも妨げなきが如し。故に憲法の中に此会計法の綱領を掲載あらんことを希望す。

すでに述べた議院法の審議に際しては、いったん議決し、上奏した憲法典を「改正」するといった議論は、まったく聞かれなかった。その意味で、寺島副議長のこの発言は、きわめて注目される。というのは、数日前に、租税法律主義に関して手数料が問題になった時も、やはり、「事体より推究するときは憲法に於て掲ぐべき明文なるも、憲法は既に議決したるものなれば今更如何ともする能はず」（山田顕義）と考えられていたからである。

右に見たように、伊藤議長は、議院法への「追加」に言及しているが、こうした再検討が他の基本法典にも及ぶことは、きわめて自然である。そして、貴族院組織令の第三読会を終了する頃には、議院法は上奏済みであったにもかかわらず、伊藤みずから、「内閣とも協議の上……議長以下の俸給手当の事を合せて議院法に記載せんとす。其法案成りし上は、更に本院の議決を取て上奏せんと欲するなり」（一二月一七日午後）と公言するまでになったのである。

## V　基本法案の再検討

### 1　帝室制度取調局における皇室典範の検討

以上のように、枢密院における基本法典の審議が進むにつれて、明治典憲体制の全体像がかなりはっきりした輪郭をあらわしてくるとともに、さまざまな問題も浮かび上がってきた。そこで、憲法起草グループは、その全般的な見直しをおこなうことになるが、そのうち皇室典範の再検討は、すでに別のかたちで、早くから始まっていた。

すなわち、枢密院での皇室典範の審議が始まってまもなく、柳原前光を委員長とする臨時帝室制度取調局が宮内省に設けられ、内大臣の三条実美などを通して、ある程度その意見を反映させていたことは、すでに述べた通りである（Ⅱ1参照）。そして、帝室制度取調局は、枢密院における皇室典範の議了後も、皇族令案の取調べのほか、典範そのものに対する検討を継続しておこない、十月中旬には、柳原前光と尾崎三良との間で、「皇室典範修正案建議」に関する「協議」もおこなったようである（伊藤隆《いとうたかし》＝尾崎春盛《おざきはるもり》編『尾崎三良日記』中巻二三一頁）。

この時の「修正案」の内容は、必ずしも明らかでないが、翌一八八九年（明二二）一月早々に完成したごとくであり、後に述べるように（2(3)参照）、柳原が伊藤に提出した帝室制度取調局名の改正案が、これであろう。この改正案は、枢密院の議決分に対して加削を施し、全六十八ヵ条とする修正提案であるが、皇位継承・摂政就任順位の変更などに関する皇族会議の関与をしりぞけ、「皇族会議は皇族懲戒等の時に止め、重事の諮詢は枢密院のみに定む」（一月一二日井上あて柳原書簡）といった修正をおこなうよう要求しているところに特色がある。

## 2　憲法起草グループによる見直し

### (1) 財政関係条項の問題

もちろん、憲法起草グループも、これとは別に枢密院でいったん議決した基本法典の検討を進めていたが、とくに憲法の財政条項を中心とした再調査は際立っている。

例えば、枢密院による憲法議了後まもなく、「天皇の憲法上の大権に基ける歳出」などについて、「政府の承諾」がない限り、「既定の額を廃除し又は削減することを得ず」（諮詢原案六七条）としていた点に関して、伊藤博文は、一時、「既定の額」を削除すべきだとする山田法相の主張に傾いていたようである。しかし、井上毅は、「憲法上の大権」は国政のすべてに及ぶのであるから、その文言がなければ、およそ「予算は議会之を拒むを得ずと云へるに同じ」ことに帰着すると反論している（七月二四日伊藤あて書簡）。明治憲法第六十七条の正文が、「憲法上の大権に基づける既定の歳出」云々となったのは、そういう考慮からであることをうかがわせる。

また、井上毅は、議院法原案を審議していた十月十二日、H・ロェスラーとA・モッセに対して、「君主の軍隊編制権と国会の予算権との関係」について、とくに意見を求めている。これに対するロェスラーの答議はその三日後に、モッセの回答はおくれて二十三日付で、それぞれ届けられたが、この事実は、原案起草者の再検討の重心がどこにあったかをうかがわせるに十分である。

さらに、十一月初めに始まった会計法案の審議においても、憲法との関係はしばしば問題にされた。逆に、それが憲法典の財政関係条項に対する反省材料にもなったことは、すでに述べた通りであるが（Ⅳ2参照）、議院法の見直しを必要とするという点についても、同様であった。事実、会計法案が審議されていた十一月十三日に、伊藤は、井上にあてて次のように連絡している。

> 憲法発布之時限内々叡慮相伺候処、明春二月十一日、即神武紀元節に執行可然《しかるべき》との思食《おぼしめし》有之候に付、如聖慮相運び可申合に候。右に付、過日も御内談申候憲法案修正之箇条及プレアンブル文章、尚細考之上多少改正儀も可有之《これあるべし》と被察候に付、篤と御鑒考《かんこう》相成度候。右文章中には憲法有効之期限をも明示し置くこと必要ならんと存候に付、是亦御注意可被下候。

右の「憲法案修正之箇条」の中に、後の第六十二条二項「但し報償に属する行政上の手数料及其の他の収納金は、前項の限に在らず」との規定が含まれていることは、ほぼ間違いあるまい。なお、憲法発布期日に具体的に言及したのは、これが初めてのことであって、憲法修正の検討が相当進んだことを示唆している。そして、右の書簡の末尾部分は、後の明治憲法の上諭における「議会開会の時を以て此の憲法して有効ならしむるの期とすへし」という一文の起源をも指示していることも、合わせて注目されよう。

⑵ 総合的な再検討と新たな修正案の作成

こうして原案起草者は、貴族院組織令の議了（一二月一七日午後）によって枢密院の会議が終わったのをうけて、さっそく基本法典の修正案の総合的な調査・検討をおこない、この作業は、二十五、六日頃に終了したごとくである。というのは、この時の憲法草案や議院法草案の原本をみると、「明治二十一年十二月廿五日　於永田町官舎確定」とか、「明治二十一年十二月廿六日於永田町官舎確定」などと書き込まれていることにより、ほぼ推察することができるからである。

この基本法典全体の総合的な再検討は、これまで述べた原案起草者側の見直し作業の集大成という意味をもっているが、憲法・議院法に対する新たな修正には、きわめて注目すべきものがあるので、以下、これについて説明しよう。

まず、憲法については、各議院の法案提出権（法律起案権）はみとめるが、諮詢原案第四十九条所定の議院の上奏権は削る、という重要な変更がおこなわれた。その理由は、後の枢密院再審会議における伊藤議長の発言で明らかになるが、実は、第一審会議の時に、両者の要否についてはいろいろと論議があり、なかでも鳥尾顧問官の法案提出権が必要だとする説は目立っていた。右の変更はこれらの論議をふまえたわけであろうが、この修正は、むしろ議院に上奏権はあるが、法案提出権はないという正反対の命題を前提としていた議院法案にも、当然、波及することになる。

次に、議院法案については、これ以外にも、「議院特権侵害罪」という従来まったく見られなかった規定が新設されたことは、大きな修正点である。この追加修正は、しかし、さすがに、翌一八八九年（明二二）早々の検討で見送られることになるが、それは、後の単行法「議会並議員保護の件」（明治二二年法律二八号）の源流をなすという意味で、注目すべき内容といえよう。

そうした事情から、井上・伊東・金子の三人は、年末から年始にかけて、これらの総合的な再検討の成果を整理し、浄写する作業のために多忙をきわめたようである。そして、年が明けるとすぐ、井上は基本法典の修正浄書分を伊藤に届けるとともに、次の数点について修訂のポイントを伝えている（一月二日）。

一、憲法末尾の条に、
歳出上政府の義務に関する現在の契約及命令は、総て第六十八条の例によるとある末句、総て、第六十八条の規定に依る
と修正相成度候。「例による」と云へる語は、凡例を付す所には適当すと云へども此の処

には適当せず。
典範並憲法とも猶精しく検閲候処、右の外には更に気付無之候。
一、議員法（ママ）には仍《なお》数多の改正を要すべき処有之哉に存じ候。即ち補修意見書相認候て差出奉仰取捨候。来七日迄に御一見を経候はゞ、大幸に奉存候。
一、選挙法も定て右同様と奉存候。猶金子と打合せ候上にて、更に可奉伺候。
右等、来る七日可得面命候へども、最早一月中間もなきことに付、心悶き候まゝ奉啓申し候。

この最後の部分は、憲法発布期日の二月十一日を控えての焦りを率直に表しているように思われるが、このことは、基本法典の総合的な見直しが、実に容易ならぬ作業であったことをうかがわせる。なお、ここに会計法修正案の件が見えないのは、例によって、憲法起草グループとは別に検討されていたからである。

### (3) 一月七日原案起草者会議から上奏へ

右に紹介した井上毅の書簡は、「来る七日」に憲法起草グループが集い、基本法典の修正原案を確定する段取りであることを示している。実際、伊藤・井上などは、その日、枢密院の再審会議に「原案取調掛」として提出すべき修正原案を検討するための会議を開いている。そこではとくに議院法について、年末にいったん付加した前述の「議院特権侵害罪」規定を外すとともに、第十一章「両議院関係」規定と次の第十二章「建議」関連規定——「上奏」部分の削除されたもの——とを、そっくり入れ替えている。そして、この日の原案起草者会議では、もちろん、皇室典範・憲法典・貴族院令・選挙法の修正原案も検討され、すべての上奏案が確定することになる。

実際、これらの修正原案は、一月十二日午前に開かれた閣議に提出された後、上奏されている。ところが、皇室「典範丈《だ》けは跡廻し」（前日の井上あて伊藤書簡）にされたため、この日の閣議には提出されていない。というのは、その二日前の十日に、先に言及したように（1参照）帝室制度取調局による皇室典範修正意見が、同局委員長の柳原前光から伊藤議長のもとに届けられ、これへの対応を迫られていたからである。

要するに、柳原や尾崎なども年末から年始にかけて皇室典範の修正を検討していたので、井上・伊東を中心とした総合的再検討に歩調を合わせるかたちで、その成果をぶつけたわけであるが、柳原は閣議当日にも伊藤と井上に書簡を送り、持論を展開している（島善高『近代皇室制度の形成』九一頁）。そのため、枢密院の再審会議に付すべき皇室典範修正案のみは、井上の手元で——帝室制度取調局の修正案をかなり採り入れつつ（ただし、皇族会議の権限縮小案を除く）——最終的にまとめられ、閣議決定を経て直ちに上奏されることになった。

## 3　枢密院の再審会議

### (1) 審議期間と審議方法

第一審会議と異なって、枢密院の再審会議が開催された期間は、きわめて短い。すなわち、その全日程と議案は、以下のごとくであった。

一月十六日午前午後　憲法典
一月十七日午前　議院法・選挙法
同　午後　議院法・選挙法附録・貴族院令
一月十八日午後　皇室典範

第一審会議の例からすれば、当然、皇室典範の修正議案が第一議案となるべきであったが、これが後回しになったのは、先に述べた帝室制度取調局の動きとこれへの対応による（1参照）。事実、憲法修正議案の第三読会を終了した時、伊藤議長は、「明日より皇室典範を議すべき筈なりしも、該典範は目下帝室制度取調局と協議中に係り、未だ決定せざるを以て、明日は議院法再審の議を開く」べきことを告げている。また、ここに会計法が見当たらないのは、これまでたびたび述べたような同法立案をめぐる特殊な事情によるが、これを審議するための再審会議はずっと遅れ、二月五日に開かれるいわゆる最終調整会議まで待たなくてはならない。

さて、再審会議では、あらかじめ諮詢された修正原案について「協議会」を開き、修正条項のみを議題としている。この憲法修正条項の審議を始めるにあたって、伊藤議長は次のように述べ、再審に至った経緯と審議方法とを明らかにしている。

此憲法草案は、既に一たび本院の議決を経て上奏を了りたる者なるに付、固より已《や》むを得ざるもの丶外は再び修正すべからず。然れども、憲法は国家の原則大本各般の秩序を規定する至大至重のものにして、一旦之を発布したる上は再たび更正す可らず頗る鄭重を要するものなるを以て、更らに之を内閣の再調に付せらる。内閣は勅令を奉じ其の已《やむ》を得ざるの修正をなし、之を上奏したり。今即ち之を本院の議に付せらる丶ものなり。就ては、議事の際、文字等に関する小修正は速に議決せられ、事の重要なるものに至ては充分に審議を尽されんことを希望す。将又《はたまた》、此草案は一旦議決を経たる者にして其重ねて審議に付せらる丶は修正の条項に限れり。依て此会議に於ては、第一読会を省き且つ修正の条項のみを本官朗読すべし。其意見ある各位は、朗読の後に於て直ちに之を提出せらるべし。其意見なき箇条は可決と認め、次条に移る。

(2) 憲法案の修正条項

再審会議に付議された憲法修正条項は、「文字等に関する小修正」まで含めると、計二十三ヵ条を数える。結果的にはこれがすべて可決され、憲法典は一ヵ条分少なくなって全七章七十六ヵ条となったが、「起案権は議会の熱望する所……之を以て上奏権に代へたり」（伊藤議長）として、議院の法律起案権を容認し、上奏権を削除した点などをめぐって、かなり議論が紛糾した。

まず、議院の法律起案権をみとめる第三十八条修正に対する反対（土方久元）が唱えられたのを契機として、原案とは逆に、法律起案権を削除し、上奏権を復活させるという意見が有力に主張された（副島種臣・佐野常民ほか）。そして、いったん修正原案どおり可決されたものの、議院の建議権をみとめる第四十条の修正が議題となった時、ふたたび建議権を削って上奏権を復活すべきだとする意見が出されている（佐野）。

しかも、この意見に同調する顧問官は多く、採決の結果は可否同数であったため、伊藤議長が決裁権を行使することによって、辛うじて修正原案が維持されるというありさまであった。いうまでもなく、原案作成者としては、議院の上奏権を削除するという前提のもとに議院法修正案を用意していたわけであるから、ここで譲るわけにはいかなかったのである。ただ、上奏権を復活する要求が多数のメンバーから出されたことは、原案起草者の再考を促す契機となり、のちにそれは第三審会議で実現することになる（4(2)参照）。

なかには、原案起草者がまったく予想していなかった修正意見が可決されたため、あわてて議院法の手直しをおこなう羽目に陥った場面もある。第五十四条に対する修正案がそれである。すなわち、同条は、もともと、「国務大臣次官及政府委員」が何時でも各議院に出席し討論しうることを定めていたが、野村靖顧問官から「次官の二字を削除すべし」とする意見が出され、これが賛成多数で可決されてしまったのである。きわめて異例のことであるが、それは、次のような野村の憲法論に顧問官達が説得されたからであろう（因みに、野村はそれまで逓信次官の地位にあった）。

第四章に於ては国務大臣を載せて、次官を記せず。現行官制亦、責任は大臣に在りて次官に在るなし。将来と雖も、次官に責任なきは当然なり。然るに、唯議院に出席する条に於てのみ次官を掲ぐるは穏当ならず。若し次官の出席を要するあらば、政府委員と為し然るべく、現時元老院に於けるも亦然り。其之を政府委員と為すの手続の如きは、容易の処置にして、実際上決して煩雑なるものにあらず。抑《そもそも》、憲法上責任を明にするに就いては、責任を有する大臣のみを記して次官を載せざるは相当なり。

このような大臣責任制の論法からすると、「政府委員」の議院出席やその発言権も問題になりそうであるが、枢密院の議事録はそれ以上の記録を残していない。

いずれにせよ、削除された「次官」の文言は、第九章の表題「国務大臣次官及政府委員」を始めとして、議院法の中にしばしば登場している。そのため、伊藤議長は、野村顧問官が提出した修正案の可決を告げると同時に、「本条に於て次官の字を削りし上は、随て議院法に在る所の次官の字も亦削除すべき旨」を述べざるをえなかった。

これに対し、原案起草者が最も多くの修正を施した財政関係の条項については、ほとんど議論がなかった。具体的な修正説としては、修正案第六十五条二項の「貴族院は予算に付、全体を議決するに止まり修正することを得ず」という制約を削除すべきだとする佐野顧問官の主張が、とくに目立つくらいであるが、これも賛成者少数により否決されている。

もともと、原案起草者が第一審会議でいったん議決した条項を変更したのは、同項ではなく、第一項であった。したがって、先に紹介した当初の修正議案の審議方針からすると、佐野常民の提案を表決の対象としたのは、明らかにおかしい。しかし、貴族院の予算議決権に対する制約を外すべきだとする佐野の二項削除論は、すでに第一審会議でも唱えられており、「上下両院は車の両輪」なりとする両院同権論を基礎とした持論でもあった。ただ、佐野はふたたび破れたものの、一月末に開かれる第三審会議において、ついに勝利を収めることになる（後述4⑵参照）。

⑶　議院法案の修正条項

翌一月十七日、枢密院は、議院法の修正条項（午前）と選挙法・貴族院令の各修正案（午後）とを審議しているが、ここでは議院法についてのみ述べることにしよう。その再審会議は、前日の憲法修正案の例にならって、第一読会を省略して直ちに第二読会に入り、上奏手続に関する規定と「次官」の文言を削除するなど、付議された修正箇条をすべて原案通り可決するとともに、多少の字句修正も加えている。その結果、第一審会議で決定した議院法は、三ヵ条削られて全十八章九十九ヵ条となったが、そこにはある重大な落度があった。

というのは、憲法の修正によって議院の法案提出権（法律起案権）が認められたのであるから、本来、議院法としても、それに対応する修正を必要としていたが、準備された修正案には、それに対応する議案発議の要件を示す部分が欠けていたからである。起草者はすぐにこれに気づいたごとくで、伊藤議長は、選挙法・貴族院令の再審にあてられた同日午後の会議に先立って、「議院法は已に議決したりと雖も、憲法に於て両議院は各々法律案を提出することを得る事になりし上は、随て議院法に於て其の議案を提出するの順序を示さゞる可らず」と弁明し、その場で次の案文（二十九条）を示して、総員の同意を得ている。

凡テ議案ヲ発議シ及議院ノ会議ニ於テ議案ニ対シ修正ノ動議ヲ発スルモノハ二十人以上ノ賛成アルニ非サレハ議題ト為スコトヲ得ス

まったく異例というべき処理であったが、あわせて旧案にあった賛成者「十人以上」を「二十人以上」と改めて要件を加重したのは、議案発議の重みを考慮したためであろう。そして、これとのバランスからであろうか、予算案の修正動機（四一条）や政府に対する質問の発議（四八条）などの要件も、すべて「三十人」と改められている。

しかし、なお公布すべき議院法の正文を得るまでには至らなかった。というのも、すでに議定したはずの憲法についてさらに修正がおこなわれ、これもまた、議院法に直接影響を与える内容であったからであるが、この点については後で述べることにしよう（4⑵参照）。

⑷ 皇室典範案への修正

なお、皇室典範修正は、上に記したような事情から、再審会議の最終日の午後になって付議されている。ここでも第一読会を省略して第二読会が開かれたが、憲法・議院法の場合とは異なり、「二読会の決議を以て充分なり」とする議長の提案が異議なく承認されたため、第二読会の決議をもって終了している。ここで原案起草者によって示された修正箇条は、合計十四ヵ条あるが、旧第十九条と第二十条とを一つにするなど、ほとんど原案どおりに可決されている。その結果、第一審会議における既決分の全十二章六十四ヵ条は、まず、一ヵ条分少なくなった。

しかし、伊藤はさらに、旧第十一条「即位の令は京都に於て之を行ふ」という規定と旧第十二条「即位の後大嘗祭を行ふ」とする規定とを一つにまとめることを提案し、会議の了承を得ている。こうして、皇室典範は、第十一条の正文が完成するとともに、全体で十二章六十二ヵ条となったが、それでもまだ確定したわけではなかった。この点は、しかし、他の法典も同じである。

## 4　基本法案の再修正と第三審会議

### (1) 原案起草者の再検討

以上の三日間の再審会議を終えた後も、上奏を控えたまま、原案起草者などによる検討が続けられた。枢密院会議での顧問官達の発言がその材料になったのはもちろんであるが、ほかにもいくつかの情報が原案起草者のもとに届いたからである。

まず、H・ロエスラーは、「皇室典範第二十一条意見」を伊藤議長および井上書記官長に提出している。この第二十一条というのは、摂政設置の原因を定めている規定であるが、ロエスラーは、そこに出てくる「精神若くは身体の不治の重患に由り」という文言を不当とし、「其の他の故障に由り」と改めるように説いたのである（日付不明）。これをふまえて、再審会議で議決した同条に相当する第十九条に対する修正が施されたが、皇室典範については、さらに、一月二十三日から二十八日にかけて、柳原前光・尾崎三良といった帝室制度取調局のメンバーからも、批判や修正意見が届けられている。

また、起草者は、再審会議で議決した憲法の条項の英訳をロエスラーに示して、その意見を求めたようである。すぐ後でみる憲法第三審会議の冒頭（一月二九日）における伊藤議長の発言は、そのことを示唆しているが、ロエスラーの意見がどういう内容をもち、いつ届けられたかは必ずしも明らかでない。

ともあれ、こうして伊藤・井上などの原案起草者は、憲法について合計十六ヵ条、皇室典範について計七ヵ条の再修正点を、それぞれ見出しているが、憲法に対する再修正の結果が議院法に対する再修正へと連動することは、いうまでもない。

⑵ 憲法第三審会議

一八八九年（明二二）一月二十九日午後、三十日午前、そして三十一日午後の三日間、とりあえず憲法に対する再修正のみを対象とする「第三審会議」が開かれた。その冒頭で、伊藤議長は次のように述べ、ここに至った経緯を明らかにしている。

既に再応の審議を経て決定したる案を取て之を洋文に翻訳し、又内見を許されたる法律専門の学者にも示して、更に研究を尽したるに、尚不備の点あることを発見したり。今若し単に会議の式に拘泥して之を不問に置かば、後日に向て勅定の憲法に瑕瑾《かきん》を貽《のこ》すものなり。依て此に重て修正の案を提出す。……本日は聖上の出御なしと雖も、既に発布の時日も迫まれるが故に、強て開会す。

これは、右に述べたロェスラー意見を暗示する発言でもあるが、これに続いて、伊藤議長は、この会議においても、とくに異論がないようであれば「別に表決に問はずして可決と認む」とか、「三読会の順序を省略し一回の読会を以て議事を結了す」とかいった議事準則を宣言したうえで、憲法再修正原案の審議に入り、これがほぼ原案どおり可決された。

その中には、先の再審会議において（3(2)参照）、議長が決裁権を行使して削除することに決定した議院の上奏権を復活した部分もある（四九条）。これが再審会議で出された議論に配慮した措置であることは、伊藤議長の「議院に上奏権なきは憲法上の欠点なりとするの説多し。故に再び之を提出す」という説明から明らかであろう。

枢密院は、しかし、再審会議の時と同じように、原案には存しなかった修正も議決している。次の二点がそれであるが、ともに原案にあった条項の削除にかかわるものである。

①「両議院に於ては……政府に対し文書を以て質問を為すことを得」と改めた旧第五十条を削除する。

②貴族院の予算修正権を制約していた第六十五条二項を削除する。

前者については、議院法にも明文があり、憲法典に記載する必要はないとする野村顧問官の議論が受け入れられたためであるが、後者については、つとに「車の両輪」を強調していた佐野常民の両院同権論が勝ったことを意味している。もちろん、これに対しては、河野敏鎌顧問官のように、「若し上下両院共に修正権あるときは、互に自説を主張し相争ふて止まらざるべく……仮令双方より協議員を出して之を調停せしめんとするも亦得べからずして、遂に予算の成立を見る能はざるに至るべし」と説く、もっともな反対意見がないではなかった。けれども、採決の結果は、佐野顧問官の持論を支持するものが多数であった。

いずれにしても、右の二つの内容は、原案起草者がまったく予想していなかった修正である。そこで、伊藤議長は、その及ぼす影響にふれつつ、次のように述べて、憲法第三審会議を締め括らざるをえなかった。

憲法の条項は先づ完全したり。文字の訂正、仮字の用方等は、更に整頓すべし。前日来憲法中二、三の条項を修正したるに因り、議院法にも亦幾分の更正を加ふる所あるべく、是亦修正の上、更に各位の集会を仰ぎ、検閲を請ひ而して復上奏すべし。

いわば議院法第三審会議を予告する発言である。しかしながら、予定された憲法発布の日（二月一一日）まで、残された日時はもうわずかしかない。それまでに皇室典範の最終的な再検討結果を確認することも必要で、会計法については未だ再審すらおこなわれていなかった。さらに憲法典についても、右の議長発言が示すように、「文字の訂正、仮字の用方等」を整理した正文を確認する必要があろう。これらの課題を一挙に処理しようというのが、次に述べる枢密院の最終調整会議であったわけである。

## VI　基本法典の成立

### 1　最終調整会議の意味

原案起草者による最終的なチェック作業は、憲法典の再修正結果を踏まえながら、二月一日から二日にかけておこなわれ、これをうけて、「各顧問官へは五日即ち水曜に出頭相成様」(二日伊藤あて井上書簡)、会議開催通知が出されている。

ここで注意を要するのは、二月五日の枢密院会議には、午前の総委員会と午後の本会議の二つがあって、両者のもつ意味は大きく異なっているということである。というのは、午前の総委員会では、会計法を除く基本法典について再修正の可否が問われ、とくに皇室典範と議院法に関しては、それぞれの「第三審会議」と称しうるほど、実質的な修正を含む議決がおこなわれている。これに対し、午後に開かれた本会議は、午前の総委員会の議決結果を確認するものであり、とくに会計法については、簡略ではあるが、再審会議の実質をそなえていたといえよう。

## 2　議院法第三審としての総委員会

まず、午前の総委員会については、公式の記録を欠いているが、皇室典範については、少なくとも六ヵ条にわたる文言修正が承認されたものと考えられる。このうち最大のものは、摂政設置の原因を定めた第十九条に対する修正であって、同条を二つの項に分け、とくに「精神若くは身体の不治の重患に由り」という文言は、「久きに亘るの故障に由り」と改められている。おそらく、先にみたロェスラー修正意見に動かされたのであろう。

この総委員会では、憲法・議院法についても、大きな変更が加えられている。まず、憲法については、第三審会議で議決した一事不再議の原則に関する第四十条の規定を、字句修正を施したうえで、議院の建議権に関する第三十九条と入れ替えたことが特徴的である。これに対して、議院法に対する修正はずっと大幅なものであって、主要なものだけでも、次の四点にわたっている。

①議院が上奏権を行使する手続を定めた第一審会議決定分の第五十一条を復活したこと
②第十章「質問」に関する条規（四八条～五〇条）を修訂したこと
③議会開会に際しておこなわれる勅語奉答に関する規定（七条）を削除したこと
④衆議院予算委員の予算審査期間を三十日から十五日に短縮したこと（四〇条）

右のうち、①と②は、一週間前におこなわれた憲法第三審会議の結果を踏まえた修正であるが、③の削除の理由はよくわからない。もともと、伊藤議長は、勅語奉答に関する規定が必要かどうかについて、早くから「是を法律の明文にまで掲ぐるの必要ありや否やに至ては少しく疑なき能はず」（一〇月一八日、第一審会議）という立場であったから、あるいはここに至ってその削除を決断したのかも知れない。

それはともかく、こうして整理してみると、総委員会における基本法典の審査はかなり重要な意味をもち、とくに議院法の成立にとっては、特筆すべき位置を占めていることがわかる。それを議院法「第三審会議」と称することのできる所以であるが、同じことは皇室典範についても当てはまる。そして、こういう見方が許されるなら、憲法の場合については、総委員会はいわば「第四審会議」に相当するということになろう。

### 3　枢密院本会議による最終決定

さて、午後に開かれた本会議は、先の伊藤議長の言によれば、まず、午前の総委員会の「検閲」を確認し、上奏手続をとるための「対校」をおこなうことを、第一の任務としている。それは、議長による皇室典範および憲法典の朗読、次いで書記官長等による議院法、衆議院議員選挙法（附録含む）、そして貴族院令の朗読というかたちで進められ、会計法を除く憲法起草グループが立案した基本法典は、ここにようやく確定することになる。

枢密院本会議の第二の議案は、この会計法の修正であった。この会議も、「前例に依り三読会の順序を省略して一読会を以て結了せん」という方針のもとに進められ、一条分の削除をふくむ合計十ヵ条余りの修正原案がそのまま可決されている。これによって基本法典はすべて確定し、公文式所定の手続にしたがって、上奏ののち、裁可を得て成立している。

このように、二月五日に開かれた枢密院の会議は、皇室典範・議院法などの「第三審会議」を済ませて（午前）、その結果を確認するとともに、会計法の再審会議をおこなう（午後）という、実にあわただしい、だが、多くの基本法典を統一するのに欠くことのできない作業をおこなったことになる。そこで、この日の会議については、全体として「最終調整会議」と呼ぶのが最もふさわしい、と考えられる。

## ■第六章　年表

| | | |
|---|---|---|
| 1888年（明21） | 2月 | 大隈重信、外務大臣に就任 |
| | 4月 | 枢密院官制・枢密院事務規程の公布 |
| | | 議院法「委員会議原案」なる |
| | | 帝国憲法・皇室典範草案を上奏、市制町村制の公布 |
| | 5月 | 会計法草案なる |
| | | 枢密院の開院、皇室典範草案の審議 |
| | | 臨時帝室制度取調局の設置 |
| | 6月 | 枢密院、憲法草案を審議 |
| | 7月 | 憲法起草グループ、議院法草案を再検討 |
| | 8月 | 議院法上奏案なる |
| | 9月 | 枢密院、議院法草案を審議（～10月） |
| | 10月 | 大隈外相、新通商航海条約案をドイツ代理公使に手交 |
| | 11月 | 枢密院、会計法草案・選挙法案を審議 |
| | 12月 | 枢密院、貴族院令案を審議 |
| | | 憲法起草グループによる総合的な再検討 |
| 1889年（〃22） | 1月 | 枢密院の再審会議 |
| | | 同第三審会議（憲法のみ） |
| | 2月 | 枢密院の最終調整会議 |
| | | 皇室典範の勅定、帝国憲法・議院法・選挙法などの公布 |

# 第七章　明治典憲体制の成立

## Ⅰ　基本法典の成立と公布問題

### 1　憲法発布と憲法演説

(1) 憲法発布式典

一八八九年（明二二）二月十一日午前、皇室典範と憲法典の制定を上申する告文《こうもん》が宮中賢所《かしこどころ》で読み上げられた後、正殿において、憲法発布式典が挙行された。この時、式典に遅れていた森有礼文相が自宅で刺客の難に遭ったという急報が届いたり、天皇が読み上げた告文中の明治十四年の立憲政体詔書の日付の誤りが発見されたりして（参照、大石眞『日本憲法史の周辺』二四四頁）、伊藤議長を始めとする憲法起草者の胸中は、決して穏やかではなかったようであるが、式典そのものは何事もなかったかのように進行した。

この憲法発布式典は、天皇が「祖宗に承くるの大権に依り、現在及将来の臣民に対し、此の不磨の大典を宣布す」（発布勅語）というかたちでおこなわれ、「大日本帝国憲法」なる文書が、天皇から内閣総理大臣の黒田清隆に授与された。その上諭（前文）も次のように述べ、欽定憲法という原則が名実ともに貫かれている（二月一四日付官報による訂正後のもの）。

……明治十四年十月十二日の詔命を履践《りせん》し、茲《ここ》に大憲を制定し朕が率由《そつゆう》する所を示し、朕が後嗣及臣民及臣民の子孫たる者をして永遠に循行する所を知らしむ……在廷の大臣は朕が為に此の憲法を施行するの責に任ずべく、朕が現在及将来の臣民は此の憲法に対し永遠に従順の義務を負ふべし。

同日付の特大阪官報によって、憲法典およびこれと同時に制定された議院法（法律二号）、衆議院議員選挙法（同三号）、会計法（同四号）、貴族院令（勅令一一号）の各憲法附属法が公布されている。これと同時に、憲法発布の盛典を祝い、広く人民に恵沢を施すために、大赦令（勅令一二号）が発布され、保安条例・集会条例などの治安立法に対する違反の罪を問われていた人々は、すべて赦免された（陸軍省訓令甲二〇号・海軍省訓令一号・法務省訓令三号の各「大赦施行手続」による）。その恵沢を受けた者は、総勢五百四十名に上るといわれている。

⑵ 政府の憲法演説

翌十二日、黒田首相は、欧化政策の象徴である鹿鳴館に地方長官達を招き、政府が「超然として政党の外に立ち、至公至正の道」を歩むことを訓示した。これを皮切りに、以後数日間、府県知事・在京府県会議長・各裁判所長に対し、松方正義内務大臣・伊藤枢密院議長・山田顕義司法大臣などによる憲法演説がそれぞれおこなわれたが、この時、条約改正のために邁進していた外務大臣の大隈重信も、立憲改進党の首領として在京府県会議長を招待し、次のような談話をしたという（二月二一日）。

我憲法の事に就き世間にては種々の説を為す者あつて、演説に新聞に不服を訴ふるが如き有様なれど、一体憲法の妙は運用如何に在ることなれば、法文の規定が不充分なりとてさのみ不服を唱ふるに当らず。特に夫《そ》の政党内閣の制の如きは憲法中に規定すべき筈のものにあらざれば固より明記しあらざれども、若し政党員にして皇帝陛下の御信任を得、併せて興望の皈《き》する所となりたらんには、政党内閣の実を見ること難きにあらざるべし。現に英国の如きも歴史上の発達に依て今日の状態を致せしものなれば、我国とても政党の発達次第にて英国と同一の状態を見ること能はざるの理あることなし。

ここで、憲法の運用によって「政党内閣の実を見ること」に言及したところに、大隈の政治姿勢と黒田の「超然主義」宣言や伊藤の君主「不偏不党」論などとの違いが、はっきり出ている。それは、同時に、枢密院の憲法制定会議に大隈がほとんど出席しなかった理由の一つを暗示する談説でもあった（第六章Ⅲ3参照）。

## 2　皇室典範の公布問題

憲法発布式の日、皇室典範も、「宜く遺訓を明徴にし、皇家の成典を制立し……朕が後嗣及子孫をして遵守する所あらしむ」（上諭）ものとして制定された。ところが、この場合、他の基本法典とは異なって、右のような公文式所定の公布手続はとられず、ただ勅定するという形式がとられている。というのは、皇室典範の基本的性格について、起草者が次のような把握をしていたからである。

皇室典範は皇室自ら其の家法を条定する者なり。故に公式に依り之を臣民に公布する者に非ず……皇室の家法は祖宗に承け子孫に伝ふ。既に君主の任意に制作する所に非ず。又臣民の敢て干渉する所に非ざるなり。

これは、伊藤博文の名で公刊された半官的な註釈書『帝国憲法・皇室典範義解』の説くところであるが、同じ趣旨は、すでに同書の原型でもあった井上毅の起草した「説明」、つまり逐条註解の中で説かれていた。

このように「公布する者に非ず」とするかどうかについては、実は、枢密院の審議過程においてかなり激しいやりとりがあり、何らかのかたちで「世に公にすること」は決定されていたようである（第一審会議、五月二五日）。しかし、その意味するところは、公文式所定の法律勅令と同一の形式的公布制度――官報への登載を公式とする方法――によらずに、

「人民をして之を知らしむる」というものであった。

その後、皇室典範も官報に登載するという方向で検討されたごとくであるが、直前になって、「典範は愈《いよいよ》発布不相成事として官報局之配布手続を止むる方指図」されたという（伊藤あて井上書簡）。それにしても、官報登載まで予定されていたということは、基本法典の起草者にとっては、「皇室の家法」という考え方と公布不要論とは必ずしも表裏一体のものではなかったことを示している。そこに、後年、「皇室典範の改正は上諭を附して之を公布す」（明治四〇年公式令四条）とされる素地があったともいえる（第八章Ⅲ2参照）。

### 3 「説明」の公表問題と憲法・典範義解

この点については、なお、右の『憲法・典範義解』を発表すべき方法の問題もあった。当初、これをも官報で公表するという提案もあったようであるが、主として憲法・典範の説明文の起草に当たった井上毅は、そうした考えに反対し、伊藤に対して、むしろ一刻も早く「私一己の私著の体」で公にしたいという希望を、次のように伝えている（二月二日）。

説明の事、官報として公布候は、此の上錬磨評議候とても、到底危険を免れざるべく奉存候。然《しかるところ》処世間の様子報告によれば、政党又は著述家或は新聞家已《すで》に説明の準備致し、正条に書込む丈に致し待構居候もの数十等も有之、十一日遅しと待ち居り候由、憲法駁撃《ばくげき》よりもむしろ憲法便船利用の目的と見え候。一度横道に説きなされ候て先入為主ときは、後日に正解出候とも馬耳風に有之べく、又一の弁解の形に過ぎず候て、却って受身の居地に立つべし。時機こそ必要に候へば、今度積年辛苦の説明は願はしく、至急に世に公にするの道を執候事冀望に存候。

もちろん、現実には「説明」を官報に登載することなどなかったが、井上の希望も叶えられなかった。というのは、もともと「説明」は天皇への上奏用に起草されたものであるから、伊藤は、これを「私著として公にする、憚る所なきにあらず」と考えていた。さらに、井上に次いで基本法典の立案にあずかって力のあった伊東巳代治は、具体的な憲法解釈について異見を抱くところがあったし、議院法の「説明」の起案者という立場からも、その公刊に強く反対していたからである。

そのため、憲法発布の式典が終了してまもなく、とくに『義解』稿本を検討するために、病に伏した金子堅太郎を除く原案起草者三名、それに穂積陳重《ほづみのぶしげ》・末岡精一《すえおかせいいち》ほかの帝国大学法科大学教授や、大蔵省参事官で会計法の立案に大きく貢献した阪谷芳郎などを加えて、「共同審査会」が設けられた（二月半ば～三月初め）。後に、「枢密院議長伊藤伯」という著者名で『帝国憲法・皇室典範義解』として国家学会から刊行されたものは（明治二二年四月二四日印刷、六月一日出版）、その成果にほかならない。

この頃、合わせて、伊東巳代治を中心にその英文も用意されたことは、憲法発布前後の伊東の遺文書や書簡からも知られる。そして、これが、付録となる憲法附属法令の英訳とともに“Commentaries on the Consitution of the Empire of Japan”としてまとめられ、後の金子堅太郎の欧米議院制度調査などに際して、大いに利用されることになるのである（Ⅳ1参照）。

なお、この『帝国憲法・皇室典範義解』の刊行が遅れたのは、柳原前光を委員長とする帝室制度取調局でも皇室典範の説明に検討を加えており、とくに皇位継承法の解釈について、異議を唱えるという一幕が加わったという事情による（四月上旬）。この帝室制度取調局は、本務である皇族令の立案にもいたったが、翌一八九〇年（明二三）秋、帝国議会の召集によって使命を終えた元老院とともに、廃止される運命にあった。

## Ⅱ　憲法制定にともなう諸問題

### 1　現行法令の改正

(1) 憲法施行と既存法令の憲法適合性

成立した帝国憲法は、皇室典範とともに国の法令の中で最高の形式的効力をもっている。このことは、帝国議会の審議における「通常過半数の議事法に依らしめずして、必三分の二の出席と及多数を望む」（憲法義解）とされた第七十三条の憲法改正規定に示されている。

したがって、憲法典の施行とともに、「此の憲法に矛盾せざる現行の法令」のみが「遵由の効力を有す」（七六条）、つまり、憲法制定前の法令のうち、帝国憲法の条項に違反するものは無効とされることとなるから、憲法施行の後もなお必要とされる法令には所要の改正をほどこし、その憲法適合性を確保して効力の存続をはからなくてはならない。そして、憲法上諭によって、その期限は一八九〇年（明二三）の「議会開会の時」とされている。

けれども、いったい既存の法令がどの点で問題であり、かつ、それをどこで審査し、どう処理すればいいのであろうか。先に、天皇の「至高顧問の府」として設けられた枢密院には、一種の憲法保障の機能が期待されていることを述べたが（第六章Ⅰ1参照）、その問題も、実は、すでに憲法発布以前から憲法起草者などの間で強く意識され、検討されていたのである。

この点について、例えば、元老院議官の尾崎三良は、憲法発布後まもなく松方蔵相に対して、新聞紙条例・集会条例などの問題性を指摘し、「此条例は憲法と矛盾するなり、人民より彼是論ぜざる内に早く改正あらん事を勧告」したことを記しているが（『尾崎三良日記』中巻二六三頁）、憲法起草者のもとには、再審会議を前にして、すでに、「憲法発布に付、他の法律規則に矛盾を生ずる件々」について問題点を列記した文書が作られていた。ここには、例えば、次のような指摘がある（秘書類纂『憲法資料〈下巻〉』一五八〜一六一頁）。

一、十九年の官制通則第七条に拠れば、各省大臣は省令を以て二十五円以内の罰金又は二十五日以内の禁錮に処するの罰則を設くることを得、然るに憲法には法律に依らざれば糾治及処罰することを得ざるの正文を定められたり。（中略）

一、保安条例に依り退去を命ぜられたる者は東京に入ることを得ず。然るに選挙法は被選人たるを失ふ所の項目中に警察処分に依り東京退去を命ぜられたる者と云へる一項なし。故に退去者にして地方の当選人となる者亦これなしと謂ひがたし。此の時は如何の処分をなすべき乎。（中略）

一、現行の公文式及内閣の慣例に依れば、総理大臣は一切の法律勅令総て之に副署せざるはなく、而して各省大臣と倶に連署の式に依れり。……此の内閣組織法は独逸［ドイツ］連邦の大宰相の制に似たり。而して彼の普国［プロイセン］の各部の事務を各大臣に分任し、独大事に至てのみ（戒厳令至急命令法律施行停止の類）内閣の連帯責任とする者と同じからず。

我が憲法は現に普国の分任法に依れる者の如し。果して然らば現行の公文式は之を改められ、総理大臣は大事にのみ副署せられ、小事は各省大臣のみ副署せらるべきか。

（後略）

この文書には作成者の名前が記されていないが、おそらく枢密院書記官長の井上毅のものであろう。というのも、この時、井上の本務は法制局長官であり、すでに述べたように（第四章Ⅱ2参照）、法制局は「法律命令の起草審査を掌る」機関であったから、「きたるべき憲法施行にそなえて既存の法令との関係を検討することも彼の職務であった」（小嶋和司「明治二三年法律第八四号の制定をめぐって」同『明治典憲体制の成立』四〇八頁）と考えられるからである。

(2) 法制局による法令審査

実際、憲法発布とともに、法制局による法令審査の作業はきわめて精力的に進められたようで、その跡を示す史料も多数現存している。ちょうどこの頃、先に述べたように、憲法起草者を中心として「共同審査会」による憲法・典範義解の検討もおこなわれていたが、井上の率いる法制局では、これと並行するかたちで、「明治元年より二十二年三月に至る法律規則中切要なるものを採択して纂輯」(法制局編『法規提要』の凡例)する作業とともに検討を進め、逐一、憲法の文言・原則との調整をはかっていたわけである。

この検討の過程において、井上は、例えば、保安条例・新聞紙条例・集会条例といった各種の治安立法をとりあげ、「法律と決す」などと記して、改正を指示している。いうまでもなく、帝国憲法は、「法律の範囲内」において居住・移転の自由(二二条)や言論・集会・結社の自由(二九条)を保障しているからである。

こうして、めでたく基本法典は成立したものの、なすべき仕事は山ほど出てきた。そのため、法制局は、春から夏にかけて、問題のある多くの法令の改正案づくりに忙しく、まとまった成案を得たものもあった(公文式・各省官制通則など)。しかし、その作業が現実に実を結んだのは、その年の冬以降のことで、改正案というかたちで具体的な成果を得るまでには、かなりの日時を経過している。このうち、内閣制度の発足とともに定められた内閣職権(明一八)など、国家行政組織法に関する問題は、後にやや詳しく述べることとし(Ⅲ1参照)、ここでは、とくに「臣民権利義務」に関する法令に限ってみると、次に掲げるような各種の改正案が用意されている。

各省官制通則第七条の削除(明治二三年三月、同通則の全面改正による)

集会条例の廃止(同年七月「集会及政社法」の制定による)

命令違反に対する罰則の設定を委任する立法(同年九月「命令ノ条項違犯ニ関スル罰則ノ件」という法律による)

このように、翌一八九〇年(明二三)になって実現したものが多いが、その背景には、改正すべき法令があまりにも多数に上り、その内容も、「臣民権利義務」に関する事項から国家行政組織法にいたるまで広範囲にわたっていたうえ、改正すべき法令の間の相互調整も必要であるから、その取扱いには慎重を要するという事情があった。

ただ、違憲の疑いが濃い法令の改廃ですら、この時期までずれ込んでしまったことについては、そうした事情のほかに、以下に述べるような条約改正問題をめぐる紛糾によって、大幅な法令改正や制度改革にじっくり取り組むだけの物理的・精神的な余裕が政府関係者に与えられなかったという事情も、あわせて考慮する必要があるように思われる。

なお、この間、大隈重信の率いる立憲改進党や、後に「立憲自由党」として合流する再興自由党・愛国公党・大同《だいどう》倶楽部などの政党を中心に、保安条例の廃止および新聞紙条例の改正を望む声が民間でかなり強かったことは、改めて述べるまでもあるまい。

## 2　大隈外相の条約改正案の問題

### (1) 統一的な条約改正案の取りまとめ

すでに述べたとおり、外務大臣に就任した大隈重信は、枢密院における憲法制定会議と並行するかたちで、ひそかに、条約改正案の取りまとめに従事していた（第一章Ⅱ4(4)、第六章Ⅲ3参照）。その作業は、秘書官の加藤高明《かとうたかあき》や法律顧問H・デニソン、A・モッセなどの助力のもとに進められ、枢密院において会計法の第一審会議がおこなわれた前後に（二一年一一月）、全二十四ヵ条からなる「和親通商航海条約案」の成案を得ている。

この条約案は、前年の条約改正会議案とは異なり、通商条約案と裁判管轄案とを一本化し、井上馨外相案に対して相当の改良を加えたものであった。とくに、その時に大きな問題となった外国人判事の任用や西欧的な法典編纂の事前通知制などは、当然に削除するとともに、焦点の領事裁判制度についても、外国人居留地その他特殊地域に限って、五年間それを存続させることとし（一五条）、その廃止と同時に、従来の永代借地権に代えて完全な外国人土地所有権をみとめる（二二条）、というものである。したがって、統合的な条約案を締結することは、なお完全とはいえないものの、明治初年以来の国民的な悲願であった「法権」回復をもたらすはずであった。

実際、大隈外相は、前任者の轍を踏まぬよう、関係諸国による合同会議方式を避けるとともに、原則としてみずから交渉にあたるとの方針のもとに、十一月下旬以後、各国公使に改正案を手渡して国別の談判に入っていた。その交渉は精力的に進められ、その結果、翌一八八九年（明二二）の憲法制定後まもなく、まず、アメリカ合衆国と合意する運びになった（二月二〇日）。次いで、ドイツおよびロシアとも合意し（六月・八月）、イギリスやフランスとの交渉も大きく進展することになる。

さて、大隈外相が強く推進した条約改正案は、同時に、二つの外務大臣「宣言」をともなっており、各国との談判も、これを確認しつつおこなわれている。この「宣言」は、しかし、次のような内容を含んでいた。

①外国人を判事として雇い入れ、大審院で職務を執らせること。

②改正編纂中の刑法・民法・商法・訴訟法などの法典を本年中に完成し、英文に反訳すること。

後者の作業は、前年秋に外務省から司法省に移管された法律取調事務を指しているが、このような外交上の確約をともなう以上、大隈の条約改正案も対等な改正条約案とはいいがたい面がある。ただ、当時の状況では、完全に対等な条約を締結することなど、「殆んど痴人の夢に類する」（深谷博治『初期議会・条約改正』一二五頁）といわざるをえない状態であった。したがって、これでも、外国人判事の任用を大審院に限定している反面、西欧的な法典の編纂とその「通知」を明示していないという点において、井上外相時代の旧裁判管轄案と比べると、格段の前進と考えなくてはならない。

(2)反対運動の展開

ところが、内閣諸大臣と外務省の上層部以外は内密にされていたはずの改正条約案の要旨が、イギリスの新聞「タイムズ」で報道され（四月一九日）、その記事が翻訳されて、五月三十一日付東京日日新聞を初めとして、各紙に掲載された。この一連の動きは、偶発的な露見というより、むしろ外務省による条約案の宣伝活動という色彩の濃いものであったが、ちょうどドイツおよびロシアとの締結の署名が重なったこともあって、官民を問わず、条約改正中止を唱える反対派と条約改正断行を主張する賛成派とに分かれて激しい対立が起こり、国論は数ヵ月にわたって紛糾しつづけることになる。

もちろん、立憲改進党とその系列の新聞のように、大隈の改正条約案を支持する運動がなかったわけではない。しかし、メディアの大半はそれを非難するもので、元老院には条約改正の中止・断行を求める建白書が相次いで届き、条約改正反対を唱えて発行停止を命じられた新聞も多数ある、という情勢であった。この頃の様相について、『明治政史』は、「官民の情状は中止七分断行三分」と判定しているが、「以て互に論争説戦し、其局の終ふるを知らず」という（下篇九八頁）。

(3) 改正条約案の憲法問題

そこで、政府は、法制局長官の井上毅が案出した「帰化法」制定という構想をとりいれ、この難局を乗り切ろうとした。すなわち、改正条約案に附属する外務大臣「宣言」が述べている外国人判事とは、同法に基づいて帰化した外国人法官を意味するという閣議決定までおこなって、かの十四年の政変にも比すべきこの由々しい事態を収拾しようとしたのである（八月二日）。

その契機となった井上毅の意見は、約一ヵ月前に黒田首相と大隈外相あてに提出されたものであるが、ここでは、まず、憲法問題の要点が次のように整理されている。

憲法発布せられて……政府は進で従前法律規則の憲法の正条又は精神に矛盾する者を排除し、憲法の効力をして十分完全ならしむることを務めざるべからず。

憲法第十九条に曰く、日本臣民は法律規則の定むる所の資格に応じ均く文武官に任ぜられ及其他の公務に就くことを得と。蓋《けだし》本条の主義は日本臣民の為に公権の専有と及其の専有の平均なることを示す者なり……立憲各国の例を案ずるに、人民の権利を分ちて公権及私権とし、其の私権は之を外国人に普及し内国臣民と共に享有する……以て近時の創例とすと雖《いえども》、公権に至ては明に内外の区別をなし……決して之を外国人に普及することなし。

……憲法已《すで》に発するときは、仮令《たとい》正条の明文なしと雖も、国民の公権を以て之を外国人民に及ぼさゞるを主義たることを認知すべきなり。

憲法已に日本臣民の公権を以て之を外国人に分有せしめず。而して政府は条約又は条約外の公文に依りて外国人を任命し、之を主権を施行する枢要の位地の一部に置くことあらしめば、是れ政府自ら憲法を破壊するものにして、此の条約と憲法とは決して両立すること能はざるの結果を現出すべきは必然なり。

ここで注目すべきことは、大隈の改正条約案を違憲とする議論は、形の上では憲法第十九条に対する違反をいうものの、むしろ憲法典の「正条」の有無にかかわりなく、「主権」の問題に焦点を定めているという点である。つまり、憲法制定後であるからこそ臣民の権利にかかわる違憲論の体裁をとってはいるが、その実質は、従来の国権「独立」侵害論と変わらないのである。なお、条約改正反対論の中には、外国人に土地所有権をみとめることに反発する者もあったが、右の井上毅の意見はこれをまったく問題視していないことも、注目されてよい。

その上で、井上は、いま執るべき「唯一の方法」は、「法律を設け外国人の帰化を認め及外国人にして日本の官職に就かしむるの要用あるときは先づ特別に帰化証を付与し、帰化の民たらしめ、日本臣民と同じく一般の権利及義務を有せしむること」であると主張する。つまり、帰化した者はすでに外国人でなく国民そのものであるから、これを任用しても憲法違反の問題はまったく生じさせない、というわけである。先に述べた閣議決定によって大隈外相の「宣言」を限定して解釈しようとする考え方も、この帰化法制定を前提としている。しかし、外交交渉において、こうした一方的な決定がどういう意味をもつかは明らかであろう。

### (4) 条約改正の頓挫とその後

「中止七分断行三分」という状況のなか、すでに閣僚の多くは条約改正中止論に傾き、改正断行派は黒田首相と大隈外相を残すのみとなっていたが、政府としては、なお最終的な態度を決めかねていた。しかし、世論は秋を迎えても一向に収束せず、ついに伊藤が枢密院議長の辞表を提出し（一〇月一一日）、外務省正門前において退庁前の大隈重信が遭難する（同月一八日）といった事件などを契機に、黒田内閣は総辞職せざるをえなかった。

これは、またしても条約改正が頓挫してしまったことを意味する。やむなく内大臣の三条実美を首班とする暫定内閣ができたものの、三条内閣は、すでに署名を済ませていた改正条約の実施期限——憲法発布一周年当日とされていた——を前にアメリカ・ドイツ・ロシアの三国に対して無期延期を求めた後に辞職している（一二月二四日）。

これ以後、上に述べた民間各政党は、対等主義に基づく条約改正を一致して旗印にすることになった。そうした状況のなか、つづく山県・松方内閣の青木周蔵（二四年五月二八日まで）、松方内閣の榎本武揚（二五年八月八日まで）などの外務大臣を中心に、条約改正の交渉が進められることになる。もちろん、この場合、西欧なみの法典を整備していくことが必要なことに変わりはない。そこで、便宜上、次に、その後の法典整備と条約改正問題の関係を手短にまとめておこう。

(5) 法典編纂作業と不平等条約の解消

憲法・議院法などを始めとする基本法典はすでに制定され、俗に「法典伯」といわれた司法大臣の山田顕義——内閣制度創設の時から松方内閣の途中（二四年五月末）まで法相の地位にあった——のもとで、民事訴訟法・刑事訴訟法その他の法典も整いつつあった。

しかし、一八九〇年（明二三）四月に公布された民法典と商法典は、穂積八束《ほづみやつか》の「民法出テ、忠孝亡フ」（『穂積八束博士論文集』所収）といった論説に代表されるいわゆる法典論争のために、その施行が延期される事態になった（二五年一一月二四日）。そこで、一八九三年（明二六）三月下旬には、外相に陸奥宗光を起用した第二次伊藤内閣のもと、伊藤首相を総裁とし、穂積陳重・梅謙次《うめけんじ》郎《ろう》などを中心とする「法典調査会」が内閣に設けられ、改めて両法典の編纂作業に乗り出すことになる。

この調査会の検討が進められていた翌一八九四年（明二七）の七月、イギリスとの間に、初めて領事裁判権の廃止――「法権」の回復――を盛り込んだ新しい「通商航海条約」が署名され、これ以後三年の間に、アメリカ・イタリア・ロシア・ドイツ・フランスなどとの間でも、同じような内容をもつ改正条約が締結された。すでにこの時、わが国は日清戦争で老大国を破り、国民の意識も国際的地位も、不平等条約に甘んじることを許す状況にはなかったといえよう。

こうして締結された改正通商航海条約が実施されるのは、法典調査会の成果である民法典の第一編ないし第三編（二九年四月）および第四編と第五編（三一年六月）に続いて、修正商法が制定されて三ヵ月経った一八九九年（明三二）七月のことであった。これらをさらに改正して、関税自主権（税権）まで回復するには、それからなお十年以上を要し、明治期も終りを迎えた一九一一年（明四四）のことであり、その最初のものは、日米通商航海条約であった（同年二月）。

# Ⅲ　議会開設に向けた体制整備

## 1　憲法附属法令の制定と改廃

### (1) 憲法附属法の制定

さて、帝国憲法と同時に、主要な憲法附属法も制定された。しかし、これは憲法典みずから特定の題号を指定した狭義のそれ、つまり貴族院令（三四条）、選挙法（三五条）および議院法（五一条）の三つにすぎない。このほかにも明治憲法は、数ヵ所で「法律を以て之を定む」と明記しており、憲法はこれをも前提として運用されるわけであるから、これらに関する立法も、ぜひ憲法施行の時までにおこなわなくてはならない。裁判所の構成（五七条）、行政裁判所の裁判事項（六一条）、会計検査院の組織・構成（七二条）などはその代表例であるが、「別に定むる所の規程に従ひ請願を為すことを得」（三〇条）というのも、それに類する。

実際、翌一八九〇年（明二三）の秋までに、次のような諸法律が、法制局・枢密院の所定手続を経て制定、公布されている。

会計規則（明治二二年四月、勅令六〇号）

会計検査院法（同年五月、法律一五号）

裁判所構成法（二三年二月、法律六号）

府県制・郡制（同年五月、法律三五号・三六号）
行政裁判法（同年六月、法律四八号）
訴願法（同年一〇月、法律一〇五号）
行政庁ノ違法処分ニ関スル行政裁判ノ件（同月、法律一〇六号）

なお、皇室典範は「皇族の財産歳費及諸規則は別に之を定むべし」（六一条）として、「皇族令」の制定を予定している。その起草のために、すでに述べたとおり、柳原前光を委員長とする臨時帝室制度取調局が設けられたが、その成果は結実しなかった（第六章Ⅱ1、V1・3参照）。

(2)　憲法制定前の法令の改正

一方、明治憲法制定以前に制定された内閣職権・公文式や各省官制通則などが憲法の趣旨に合わないため、改正を必要とするということも、早くから起草者の意識していたところである。この動きの方は、官制大権の規定（憲法一〇条）からいって、政府限りで定めることのできる勅令というかたちをとることになるが、まず、その結果のみを掲げると、次のとおりである。

内閣官制（全一〇ヵ条、明治二二年一二月、勅令一三五号）
公文式第三条改正（同年一二月、勅令一三九号）
改正各省官制通則（全四〇ヵ条、二三年三月、勅令五〇号）

これらのうち、一番のポイントとなるのは「内閣官制」であって、公文式と各省官制通則の改正は、それに合わせたものである。従来の「内閣職権」を彩っていた、いわゆる大宰相主義が、「国務各大臣」の権限・責任に重点をおいた憲法の精神（とくに五五条）と合わないことは、先に紹介した井上の指摘にもあった（Ⅱ1参照）。

その点については、内閣の組織・運営の改革に関して、暫定内閣であった三条実美首相と各大臣が提出した上表が、以下のように明言している（一二月二四日）。

惟《おも》ふに憲法の主義に拠るに万機を主宰するは元首の大権にして、国務大臣は各々其職務の責に任ずべし。今総理大臣は各大臣を統督し、法律勅令一切の文書必ず主任大臣と倶に副署し、其権力広大に過るの嫌なきこと能はず。宜く内閣の官制を改め、各省大臣をして各々其主任事務に就ては専ら副署の任に当らしめ、以て愈々《いよいよ》憲法の主義を通ずべきなり。

こうした考えは、たしかに内閣官制に反映している。とくに、それは、「内閣総理大臣は、各大臣の首班として機務を奏宣し、旨を承けて行政各部の統一を保持す」（二条）と定めて、旧内閣職権にあった「大政の方向を指示し」という文言を削った点、そして、「凡そ法律及一般の行政に係る勅令は、内閣総理大臣及主任大臣之に副署すべし。勅令の各省専任の行政事務に属する者は、主任の各省大臣之に副署すべし」（四条）と改めた点に結実しているが、列記主義によって閣議決定事項を画定したことも（五条）、そうした考えのあらわれとみていい。

## 2　憲法第六十七条施行法の問題

### (1) 憲法第六十七条施行法の必要性

このような憲法附属法のなかで特異な位置を占めるものに、「会計法補則」(明治二三年八月法律五七号)がある。会計法そのものは、すでにみたように、基本法典の一つとして制定されていたが、この会計法補則は、もともと議会の予算議定権に制限を加えている憲法第六十七条を実施するための恒久法として考案されたものである。結果的には、いわば財政整理のための経過措置法として修正議決され、その憲法附属法としての意味も大きく失われてしまうが、議会開設を前にした政府の動きを示すものとして、その取扱いには注目すべきものがある。

すなわち、憲法第六十七条は、いわゆる既定費・法律費・義務費の三費目をかかげ、これに該当する歳出予算は、「政府の同意」がない限り廃除・削減することができない、と定めていた(第五章Ⅱ2(7)参照)。そこで問題となるのは各費目の具体的内容であるが、起草者は当初から「其種類の実物に至ては憲法制定の後当局者に於て之を定むるならん」(井上、第一審会議)との立場をとっていた。そして実際、先にみた大限の条約改正案の問題が起こる頃、法制局を中心に検討が始まり、翌年(明二三)一月末には「憲法第六十七条に規定したる歳出区別に係る法律」案がつくられた。同条施行法をこのように「法律」としたのは、その費目の決定を法律と区別された「予算」(憲法六四条)に対して効力をもたせるための工夫であったが、同案は枢密院で拒否され、結局、各省大臣に対する総理大臣訓令というかたちで処理されている。

この時、「元来六十七条は日本憲法の名産」と自負していた法制局局長官の井上毅は、「若此条に附属法律明確ならざる時は、此条は一敗地に塗るべきのみならず、却而《かえつて》此条之結果として不祥なる憲法歴史を見るに至るべし」(二月二六日伊藤あて書簡)と慷慨している。

## (2) 憲法附属法としての会計法補則の制定

そこで法制局では、改めて法律制定に向けて努力を重ね、その結果、「憲法第六十七条を施行する為に条則を制定し其節目を定むるの件」と題する法案が閣議決定され(六月六日)、ふたたび枢密院に付議された。

ところが、枢密院は、同案を「会計法補則」と位置づけ、内容にも大幅な修正を加えたうえで議了した(七月一七日)。公布された会計法補則はこれであるが、枢密院における大修正の趣旨は、次のような同院書記官長、伊東巳代治の審査報告書によって知ることができる(柴田紳一《しばたしんいち》「帝国憲法第六十七条施行法(会計法補則)制定問題と井上毅」梧陰文庫研究会編『明治国家形成と井上毅』所収)。

> 内閣下付の本案を丁寧反覆するに……永遠有効なる法律を設け予め其の事項を列挙して以て其の限域を画定せんとするに在りと雖、是れ乃千歳不磨の法典として恵賜せられたる憲法を未だ実施せざるの前に於て早く既に之に代はるべきの法律を設くるに庶《ちか》し。尚之を切言すれば、中外に称揚せられたる我が完璧無瑕の憲法は未だ実施せざるの時に於て其の一

条を空虚にし、更に代ふるに他の法律を以てするものなり。内閣の本意憲法を施行するに在りと雖、其の条項を改正すると同一なる法律を随時発布する如きの俑《よう》を作らば、憲法第七十三条の金玉の文字は何辺に紛更を容さゞるの力ある乎。惟ふに本案の趣旨唯廿三年度より廿四年度に跨り憲法の施行を円滑ならしめんとするに外ならざるべきを以て本案を一変し、更に会計補則として廿三年度廿四年度に跨り財政整理の為の法律として別冊案を起草したり。本案を逐条査覈《さかく》するに憲法その他の法律に矛盾するもの鮮少にあらざるを以て今称を改めて会計法補則とすると共に、悉く刪正《さんせい》修補したり。

かなり強い語調であるが、前年五月から現職に就いた伊東の前任者、井上に対する激しい対抗心のあらわれかも知れない。ひとしく憲法起草に携わった井上と伊東ではあるが、ものの考え方は同じでなかった。すでに述べたように、枢密院の審議に用いた典範・憲法の説明(義解)を公刊する問題では立場を異にしていたし（I３参照）、つい一ヵ月前の行政裁判法案の修正でも意見の対立が目立っていた。この対立は、また直後の「命令の条項違犯に関する罰則の件」(明治二三年九月法律八四号）についても繰り返されることになる。

### ３　帝国議会をめぐる情勢

この憲法第六十七条施行法の取扱いをめぐる問題は、議会並議員保護法の制定（二二年一一月)、選挙法罰則補則の公布（二三年五月)、そして第一回衆議院議員総選挙・両院事務局官制の公布（二三年七月）といった過程を経て、憲法施行期限である「議会開会の時」（憲法発布勅語）に近づきつつある情勢のなかで争われた。

しかも、七月一日に実施された総選挙は、大同倶楽部五十五人、改進党四十六人、愛国公党三十五人、保守党二十二人、九州同志会二十一人、自由党十七人、自治党十七人のほか、中立派が六十九人といった結果に終わり、旧自由党の流れをくむ大同倶楽部・愛国公党・自由党の三派に改進党・九州同志会を加えた民党の勢力は、すでに定数三百人中過半数を超える百七十人を数えていた。

その後、政党の再編・大同団結がおこなわれ、議会開会時には、立憲自由党百三十人、立憲改進党は四十一人、いわゆる吏党《りとう》に属する大成会は七十九人などとなり、民党側はそれぞれ弥生《やよい》倶楽部・議員集会所などの会派を結成することになる。いずれにしても、藩閥政府側に与する吏党に対する民党の優位は明白であったから、政府にとって、議会対策をどうするかは深刻な問題になっていたのである。

## Ⅳ　帝国議会の開設と帝国憲法の施行

これまでみてきた法令審査や憲法附属法の検討などとともに、きたるべき帝国議会の開会に向けて具体的な問題点の調査・検討も進められた。むろん、その中心は両議院の組織・運営に関するものであるが、その検討は主として二つの方向から進められたようで、一方の主役となった金子堅太郎は、その点をこう回顧している（金子『憲法制定と欧米人の評論』一九七頁）。

或る日余は……一の意見書を伊藤議長に提出した。其の趣旨は憲法実施の期日迄は猶《な》ほ一ヶ年半もある事なれば、此の際政府は臨時帝国議会事務局を設け、第一議会開会の準備をなさしめ、又他の一方に於ては官吏を欧米諸国に派遣して、彼国議院内部の組織を始め、議事規則、議院建物の管轄、院内の警察権、議事の速記並に憲法政治の実況を調査せしめ、而して内外に於ける調査に基き議会開会の準備をなして第一議会を開くの必要を陳述した。

憲法発布から三ヵ月経った頃のことである。この提議をうけて、金子みずから率いる欧米議院制度調査団が組織される（七月出発、翌二三年六月帰国）とともに、秋には法制局長官の井上毅を総裁とする臨時帝国議会事務局が設けられた（一〇月、翌年八月まで）。

### 1　金子堅太郎の欧米議会制度調査

前者の成果については、のち「欧米議院制度取調巡回記」としてまとめられたが（大淵《おおぶち》和憲《かずのり》校注『欧米議院制度取調巡回記』参照）、その一端は、金子堅太郎『憲法制定と欧米人の評論』における評論篇の中に見ることもできる。

すなわち、金子は渡航に際して、『憲法・典範義解』と先にふれた基本法典の英訳本（主として伊東巳代治による）を携え、ヨーロッパではR・イェーリング、J・クルメッキ、L・シュタイン、A・ダイシー、W・アンソン、J・ブライスなど、アメリカではO・ホームズ、J・セイヤーといった錚々たる人々を訪ねて、憲法・議会制度について意見を求めている。

その収穫は多く、金子はとくに議会の予算議定権の問題について一つの確信をもったようで、山県首相と松方蔵相あてに書簡を送り、次のように説いた（二三年三月ロンドン発）。

日本の憲法に由れば、政府より下付せる財政案に関し、議院に於ては、其の大体に就てなりとも或は款項《かんこう》に就てなりとも、其の意に従ひ之れを増加しうるの権力を有し、嘗て其の権力制限せられず。是れ実に一大欠点なりとす。又議院に於て国庫の負担となるべき財政案を提出するの権力を有せり。之れを禁ぜざりしこと、是れ亦実に一大欠点なりとす。此の二大欠点を此の謹厳慎密なる好憲法に於て見るは、余実に其の奇なるに驚かざるを得ず……

帰朝親しく言上すと雖も、事頗《すこぶ》る重要緊急にして帰朝を俟《ま》つべからず。庶幾《こいねがわ》くは……速に単項法律を発して右の欠点を補ひ給はんことを希望の至りに堪えず。

すでに述べたように、議会の予算増額修正権の問題については、会計法・議院法の立案の過程でかなり検討され、それを否定する明文もあったが、議院法の上奏直前に削除されたという経緯がある（第六章Ⅳ１参照）。金子の右の提案は、いわばその復活を目論むものであった。しかし、これは、憲法「第六十七条に廃除又は削減することを得ずと言へるも増加することを得ずとは言は」ない以上、議会の増額修正権を否定することは「憲法正条に矛盾する」（七月末日、井上毅の松方あて書簡）という強力な反対意見にさえぎられ、実現しなかった。

そのため、のちに開かれた帝国議会（とくに初期議会）で、予算案の款・項の新設や転換、金額の増加が実際におこなわれている。しかし、次章で述べる「提携」時代あたりから（第八章Ⅰ１参照）、「衆議院は、予算増額修正の必要をみとめたとき、みずから修正することをせず、政府に修正案を提出させてこれを可決するという形式」（小嶋和司『憲法と財政制度』八〇頁）をふむようになった。これは、まもなく、「議院は予算金額増加の修正を為すことを得ず」衆議院先例彙纂〈昭一七〉四五一号とする議会先例になり、あたかも憲法上の制約があるかのような外観を生じさせることになる（第八章Ⅳ３参照）。なお、帰国直前、金子は貴族院書記官長に任命されている。

## ２　臨時帝国議会事務局による議院諸規則の立案

### (1)　調査立案の内容

議会の開会までの動きとして、より重要なのは、内閣に設けられた臨時帝国議会事務局における作業である。同局は、総裁の井上毅をはじめ、曾禰荒助・山脇玄・中根重一・穂積八束・林田亀太郎《はやしだかめたろう》など、主として法制局のメンバーが兼任するかたちで組織され、やがて召集される両議院のために各種の議院規則案を用意することを任務としていた。たしかに、両議院は、「憲法及議院法に掲ぐるものゝ外、内部の整理に必要なる諸規則を定むること」(憲法五一条)ができるものの、天皇の開会命令のあるまでは議事を開くことはできず、また開会ののち最初の原案づくりから始めるのでは、時間がかかりすぎるからである。

臨時帝国議会事務局での調査立案は、法律顧問H・ロエスラー、A・パテルノストロ、F・ピゴットなどの意見をふまえながら、金子の議会制度調査団の帰国後も続けられた。そして、各種の規則案が、井上総裁の報告書とともに山県首相に提出されたのは、衆議院議員総選挙(七月一日)の後、先の大同倶楽部・愛国公党・自由党などの合同によって、立憲自由党が旗揚げをする直前のことである。

この時に提出された規則案は膨大なもので、並み大抵の作業ではなかったことがわかるが、次のような諸案を含んでいる。

貴族院成立及開会規則(全一四ヵ条)
衆議院成立及開会規則(全二五ヵ条)
貴族院議員資格及選挙争訟判決規則(全一九ヵ条)
貴族院規則(全一二章一九七ヵ条)
衆議院規則(全一二章一九七ヵ条)

両議院関係規則（全一四ヵ条）

いずれもやがて多少修正のうえ成立することになるが、前二者は、最後まで残っていた勅選議員の指名によって貴族院議員が確定し、「十一月二十五日を以て帝国議会を東京に召集す」という議会召集令が出されたのをうけて、両議院「成立規則」という勅令のかたちで制定公布された（一〇月一一日）。

⑵ 議院自治権との関係

立案者によれば、このやり方は、「議院は成立するまで其の意思を有すること能はず、議院は其の成立の前に自ら其の規則を作らんとするも得べからず」（総裁報告書）という点を考慮したうえでの結論である。もちろん、これが自治的な議院の手続準則決定権を侵害するかたちになっていることは否定できないが、実は、ある反省にたった選択ではあった。

というのは、もともと憲法諮詢案および議院法「委員会議原案」の段階まであった規則の勅裁施行制の構想は、すでにみたように、のちに削られた経緯がある（第六章Ⅳ1参照）。にもかかわらず、ふたたび議院規則諸案を勅令で発布するという案が浮上してきたため、林田亀太郎から、これを「議院特権の侵害」であり、「憲法に違反するもの」と強く批判する意見書が井上総裁に提出され、ロェスラーなどの支持も得た。このことが再考をうながす契機になり、議院規則諸案の全部でなく、両議院「成立規則」のみを勅令で発することにしたわけである。

また最後者（両議院関係規則）は、議院法に「両議院交渉事務の規程は其の協議に依り之を定むべし」（六一条）とあるように、本来、各議院が自主的に決定しうる事項ではなく、両院の協議によって初めて確定できるものである。そのため、議会開会後の翌年（明二四）一月、「両院協議会規程」に内容をしぼったうえで成立している。

もちろん、議院手続準則の本体をなすのは「衆議院規則」と「貴族院規則」であり、これらについては、両議院「成立規則」の場合のような特殊事情はない。したがって、議会の成立後、正しく議院の自主的な決定にゆだねるべきものであった。しかし、臨時帝国議会事務局はこれについても詳細な規則案を準備し、「議院開会の際之を各院の議長に付し、其の取捨を議院に諮ひ以て之を決すること」にしたのであって、井上総裁の報告書は、その点をこう弁明している。

是れ、一は議院をして第一期会に於て日子を費さずして其の事務を整理するに必要なる方法を得せしめ、二は体面上其の自治の特権を傷害するの嫌なく政府は命令を以て議院の内部に干渉するの責任を免るべきなり。

一応もっともな立論ではある。しかし、このように両議院規則案が、同じ政府機関によって同じ時期に、しかもまったく同じ構成で作られたということは、すでに議院法による統一的な議院手続準則の枠を前提とするだけに、わが国における議院の運営自律権の内実のみならず、両院制というものの考え方にも大きな影を落とすことになる。

## 3 帝国議会の開院式と第一回議会

### (1) 議会召集前後の動き

議会召集令が発布された後、両議院議員はさまざまなかたちで懇親会を開き、各政党に所属する議員もそれぞれ会合をもって政務調査をおこない、帝国議会の開会にそなえていた。この動きは十一月に入っていっそう活発になるが、右の議院規則案もそのころ提示されたようで、各院・各派ごとにその検討がすすんでいた。例えば、衆議院にあっては、すでに述べたように（Ⅲ3参照）、院内会派となる弥生倶楽部（立憲自由党）、議員集会所（立憲改進党）および大成会の三派がそれぞれ委員を選出し、中旬から下旬にかけて規則案の合同検討会をもっている。

召集日の二十五日、両議院議員は初めてそれぞれの議場に参集した。貴族院議長はすでに伊藤博文が勅任され（一〇月二四日）、衆議院で議長候補者の選挙がおこなわれたが、その翌日、当選者三名の中から、上位の中島信行と津田真道が、それぞれ議長・副議長に勅任されている。またその時、衆議院では、各派の長老議員が集まって議院規則案の検討をおこなったが、これは、のちに議院運営の要をなす「各派交渉会なるものの濫觴《らんしょう》」（林田亀太郎『明治大正政界側面史』二二四頁）と考えられている。

こうして、一八九〇年（明二三）十一月二十九日、「明治二十四年度の予算各法律案は朕之を国務大臣に命じて議会の議に付せしむ」との勅語とともに、帝国議会の開院式がおこなわれ、憲法典もこの時から施行された。その二日後、貴族院は全十二章百七十七ヵ条の規則を、衆議院は全十四章二百十三ヵ条からなる規則を、それぞれ一括していわば法典の形式で議決し、確定している。この時、先の「成立規則」もそこに吸収されたが、こうした敏速な動きの背景には、右に述べたような周到な事前準備があったのである。

なお、議会開会時までに、帝国憲法第三十四条および貴族院令の諸規定（三条〜六条）により、貴族院議員がそれぞれ互選または勅選という手順をふんで選出されている。その構成は、皇族・公爵各十人、侯爵二十一人、伯爵十四人、子爵七十人、男爵二十人、勅選六十一人、多額納税者四十五人で、合計二百五十一人を数えていた（会派別所属議員数は公表されていない）。勅選議員の大半は旧元老院議官で占められ、これに行政官・大学教授などが加わっていたが、そこには伊東巳代治・金子堅太郎の名もあった。

⑵第一回帝国議会

この第一回通常議会は、いわゆる吏党に対する民党の優位という状況のもと、山県首相の施政方針演説および松方蔵相の財政演説（一二月六日）に対する質疑（質問）を手始めとして本格的な審議に入り、会期延長を経て翌年（明二四）三月上旬まで九十九日間つづいた。

そこでは、これまで言及してきた諸問題、つまり条約改正問題に関する問答、新聞紙条例改正案・保安条例廃止案や商法典の施行延期問題などの審議がおこなわれたが、とくに明治二十四年度予算案は、「第一期議会衆議院に於ける官民対抗の一大題目」（工《く》藤《どう》武重《たけしげ》『帝国議会史』七四頁）であった。

それは、衆議院予算委員会による約八百万円——総予算の約一割に当たる——におよぶ政費の廃除・減額査定に端を発しているが、本来の問題は、憲法第六十七条所定の費目について、「政府の同意」を求める場合の手続はどうあるべきか、というものであった。そこから、しかし、官制の変更をきたすような政費の廃除・減額は許されるか、といった問題にまで広がり、ついに政府・議会間の大論争に発展したものである。その処理のために九日間の会期延長もおこなわれ、結局、この問題は約六百三十万円の削減ということで折合いがついて、「政府の同意」を得られたかたちになった。

その過程におけるいわゆる自由党土佐派の「寝返り」については、いろいろな評価がありうるが、条約改正の問題を考えれば、政府および民党指導部において、第一回議会が解散という結果になるのは、「欧米諸国に対しても面目がない」（深谷博治『初期議会・条約改正』二一二頁）という考えに立ち至ったとしても、不自然ではあるまい。議員集会所（改進党）に所属する島田三郎《しまださぶろう》は、九十日余りの議院の経過をふりかえって、「七分の力を財政の上に用ゐ、三分の力を立法の上に用ゐたり」（議員集会所編『第一期国会始末』一頁）と総括したが、これは政費節減・民力休養という民党の主張にそった活動であることを示している。

なお、この間における政府の議会対策のなかで重要な役割をはたした二人、つまり法制局長官の井上毅と大蔵次官の渡辺国武とは、ともに「原則論的に法理を究めず現実の積み重ねの中で円滑な慣習の形成を見いだそうとする」（佐々木隆《ささきたかし》『藩閥政府と立憲政治』一三三頁）という姿勢を示した点において、注目される。それは、「超然主義」を探るだけでは済まされない、始まったばかりの政府・議会関係の一つの方向を示唆するものといえよう。

## ■第七章　年表

| | | |
|---|---|---|
| 1889年（明22） | 2月 | 憲法発布式、議院法・衆議院議員選挙法・会計法などの公布、アメリカと改正通商航海条約に署名 |
| | | 帝国憲法・皇室典範義解の共同審査会 |
| | 4月 | 会計規則の制定 |
| | 5月 | 会計検査院法の公布 |
| | 6月 | 条約改正中止論争 |
| | | ドイツと改正通商航海条約に署名 |
| | 7月 | 金子堅太郎、欧米議院制度調査に出発 |
| | 8月 | ロシアとの条約に署名 |
| | 10月 | 臨時帝国議会事務局を設置 |
| | | 伊藤枢密院議長の辞任、大隈外相の遭難、黒田内閣の総辞職（大隈の辞表提出は12月中旬） |
| | 12月 | 条約改正交渉の打ち切り、改正条約実施の無期延期決定 |
| | | 内閣官制の公布 |
| 1890年（〃23） | 2月 | 裁判所構成法の公布 |
| | 3月 | 各省官制通則を全面改正 |
| | 4月 | 民法中財産編・民事訴訟法・商法の公布、法典論争 |
| | 5月 | 府県制・郡制の制定 |
| | 6月 | 行政裁判法の公布 |
| | 7月 | 第一回衆議院議員総選挙、両院事務局官制の公布、集会及政社法の制定 |
| | 8月 | 会計法補則の制定 |
| | 9月 | 立憲自由党の結成（自由党・愛国公党・大同倶楽部など合同） |
| | 10月 | 民法中人事編・訴願法・刑事訴訟法の公布、教育勅語の発布 |
| | 11月 | 第一回(通常)議会の召集・開会、帝国憲法施行 |
| 1892年（〃25） | 11月 | 民法典・商法典の施行延期を決定 |
| 1893年（〃26） | 3月 | 法典調査会の設置 |
| 1894年（〃27） | 7月 | イギリスと改正通商航海条約に署名 |

# 第八章　明治立憲制の特質と運用

## Ⅰ　明治典憲体制と憲法運用史

### 1　明治典憲体制の特質と変容

明治典憲体制とは、憲法典と皇室典範がともに最高法規としての効力をもっていた明治立憲制に特有の憲法体制・憲法秩序を言い表すものであるが、それは、いろいろな要素によって特色づけることができる。例えば、帝国憲法の制定後まもなく説かれた有賀長雄『帝国憲法講義』（明二二）は、とくに上諭《じょうゆ》（前文、二項〜四項）に着目して、「憲法の骨髄は天皇と臣民権利義務と帝国議会とに在る」と述べたが（九頁）、同じ趣旨から、美濃部達吉『憲法撮要《さつよう》』（訂正五版、昭七）は、君主主義と立憲主義をあげ、これに統一主義（中央集権主義）を加えて「日本の政体」の基本原理としていた（一一九頁）。

また、半世紀を超える明治憲法の歩みもさまざまな角度から整理することができるが、一般に、明治憲法の運用については、政府と議会・政党の関係に着目した憲政史の区分によって示される。

例えば、政府と政党の関係を問題とした宮澤俊義は、おそらくH・トリーペルの図式を念頭におきつつ、一九三二年（昭七）までの動きについて、「対立」時代（明二三〜明二七）の第一期、「提携」時代（明二八〜大一三）の第二期、および「融合」時代（大一三〜昭七）の第三期に分けて考察しているが（同『日本憲政史の研究』五七頁以下）、これにその後の明治立憲制の末期を加えると、以下のように整理することができよう。

第一期——「対立」時代（明二三〜明二七）　一八九〇年（明二三）の憲政実施とともに「超然主義」を標榜した山県内閣（第一次）から、第六回議会の解散（明治二七年六月）までの約五年間。自由党・改進党を軸とする民党と藩閥政府とが、すでに述べた議会の予算議定権などの問題をめぐって事あるごとに対立していた時期であり、「藩閥改革派」の伊藤内閣のもと「事実上の憲法停止」という事態すら懸念された時もあった（伊藤之雄《いとうゆきお》『立憲国家の確立と伊藤博文』一四七頁）。そこで、これをドイツ風に「憲法争議の時代」（稲田正次『憲法提要（新版）』一〇〇頁）と呼ぶこともできよう。

第二期——「提携」時代（明二八〜大一三）　一八九四年（明二七）の日清戦争を機に、自由党が伊藤内閲（第二次）と提携した時から、第四十八回議会の開会直後に成立した「貴族院内閣」に対して、憲政会・革新倶楽部・政友会のいわゆる護憲三派がおこなった憲政擁護運動が功を奏し、清浦《きようら》内閣の辞職（大正一三年六月）にいたるまでの二十八年間。この間に、自由党と進歩党の合同によって初の政党（憲政党）内閣が出現したこともある（明三一、いわゆる隈板《わいはん》内閣）。

第三期――「融合」時代（大一三～昭七）　清浦内閣の辞職後の憲政会総裁の加藤高明による組閣から、一九三二年（昭七）の五・一五事件によって、犬養毅を首班とした政友会内閣が瓦解するまでの八年間。この時期には、イギリス的な議院内閣制が「憲政の常道」と考えられ、政友会・民政党の二大政党制を前提として、原則として、①組閣の大命を拝する者は、衆議院における第一党の党首である、②第一党の内閣が倒れた場合には、第二党の党首が組閣の大命を拝する、③閣僚は首相の所属する政党（会派）から選出される、といった政治上の慣行がほぼ定着していた。

第四期――「危機」時代（昭七～昭二〇）　海軍将校達が首相官邸などを襲撃し、犬養首相を射殺した五・一五事件の後、議院内閣制的な慣行が崩れてから軍部の高圧的態度が目立つようになるとともに、近衛内閣による「新体制運動」の中で議会が政府に対する効果的な統制権を失い、明治立憲制それ自体が機能停止に陥ってしまい、一九四五年（昭二〇）八月の敗戦と同時に明治憲法体制が崩壊するまでの十三年間。この間に、日本は、国際連盟による日本軍の満州撤退勧告案が可決されたことを機に国際連盟から脱退し（昭和八年三月）、国際社会の中で孤立することになるが、天皇機関説事件（昭一〇）などを境に日本憲政を支えるべき憲法思想の水脈が絶たれたことも、見逃すことができない。

こうした明治立憲制の運用については、憲法規範・憲法秩序の形成と変更に焦点を当てる本書の立場からは、まず、その法的構造を探ったうえで、その変容の過程を検討しなくてはならない。そこで、ここでは、その構造的な特質を、①二元的な憲法秩序と②「君主主義」的な立憲主義の二点に求め、それぞれの内実を示すとともに、その流れを追うことにしたい。前者は、明治典憲体制をかたちづくる憲法規範の形式に着目したときの憲法構造を意味し、後者は、その内容に焦点を合わせた場合の特徴を示すものであるが、その前に、明治立憲制の運用において注目すべきポイントを述べておこう。

## 2 憲法運用上の主要ポイント

まず、右に示した第三期に、憲政史上大きな意味をもつ選挙制度の改革がおこなわれたことを挙げなくてはならない。すなわち、一九二五年の衆議院議員選挙法の改正（大正一四年法律四七号）により、従来の制限選挙制に代わって男子普通選挙制が導入されている。普選法案が初めて議会に提出されてから（明三五）、約四半世紀を経てようやく実現したものであるが、これによって二十五歳以上の男子臣民はすべて選挙権を得ることとなり、有権者は一挙に四倍に増えている。そして、この普通選挙制による最初の総選挙は、三年後の一九二八年（昭三）早春に実施され、右に述べた政友会・民政党の二大政党による政局運営が形づくられることになったのである。

ところが、一九三二年（昭七）に起こった五・一五事件は、議院内閣制的な慣行に「死刑の宣告を与えた」（宮澤俊義）。そこでは、まず、非常事態を収拾するために「挙国一致内閣」が提案され、いわゆる最後の元老、西園寺公望の奏薦によって、斎藤内閣、ついで岡田内閣（昭九）が成立している。もともと、この「挙国一致内閣」の構想は、第三期を特徴づける「憲政の常道」への復帰をめざすものであったが、時代は大きく変わっていた。すなわち、その四年後の軍部大臣現役武官専任制の復活（昭一一）は、後に詳しくみるように、「統帥権の独立」という原則の拡大解釈と結びついて、内閣の存立自体が軍部に依存するという事態をもたらし、軍国主義の制度的支柱となった（V2参照）。しかも、一九四〇年（昭一五）には、政友会・民政党・社会大衆党などの政党はすべて解党し、大政翼賛会《たいせいよくさんかい》が発足したことによって、議会は政府への効果的な統制権を失うことになり、明治立憲制そのものに対する「死刑の執行」という事態が生じることになる（V3参照）。

次に、そうした憲法運用の背景にあって、あるいはそれを支持し、あるいはそれを批判するかたちで影響を与えた憲法学説の動向について略述することにしよう。

## II　憲法学説の形成と展開

明治期憲法書の比類なき蒐集家によれば、「明治憲法制定直後の明治二二・二三年には、きわめて多くの数の憲法解釈書が出版され、その数は約二〇〇にも達すると伝えられたが、その多くは通俗的な憲法解説書の域を出なかった」という（宮田《みやた》豊《ゆたか》『日本国法学』二〇八頁）。その多くが、簡単な逐条解説の体裁をとっていた啓蒙的な注釈的憲法書であったことによる診断である。この状況は、一九〇〇年頃（明治三〇年代前半）まで続いたが、その前後から体系的な憲法書が出版されるようになって、ようやく憲法学説の成立をみるに至る。

この意味における憲法学説は、明治立憲制の運用にも大きな影響を及ぼすことになるが、そのあり方は一様でなかった。それは、大別すると、いわゆる正統学派（神権学派）と立憲学派（民権学派）に分けられるが、それぞれの内容は、以下の通りである（鈴木安蔵『日本憲法学史研究』、長谷川正安《はせがわまさやす》『日本憲法学の系譜』など参照）。

## 1　正統学派の憲法法理

ここに正統学派とは、憲法起草者の一人で、かつ半官的な注釈書『憲法義解』説明文を起草した井上毅の学統を受け継ぐとみなされる憲法学の流れを指す。ここに「正統」というのは、井上毅などの「制定者たちの意図、構想、憲法論理を……もっとも忠実に、正統的に継承し発展させた」理論傾向をもつという意味であって（鈴木安蔵『日本憲法学史研究』八七頁）支持者の多寡を意味するわけではない。

この学派によれば、憲法というものは「国体」観念を基にしてとらえるべきもので、憲法解釈もそれに則したものでなくてはならない。したがって、正統学派の特徴は、天皇を統治権の主体、国民・領土を統治権の客体として把握する点にあり、その帰結として、明治憲法のもつ「君主主義」的側面が強調されることになる。

この学派は、東京大学の初代憲法講座教授である穂積八束、その後継者である上杉慎吉《うえすぎしんきち》に代表される。とくに穂積八束は、すでに一八九六年（明二九）九月に『憲法大意』を著していたが、それは元々文部大臣であった井上毅の委嘱を受け、かつその校閲を経て出版されたものであった。その主著となる後の『憲法提要』上下二巻（明四三）は、その「要旨」を敷衍したものということができよう。

穂積によれば、そもそも、憲法は「君主治国ノ大法」であり、具体的な憲法解釈は、「総て皆な此の前提に従ふ」べきものとされる。この立場は、国会と君主との対立抗争とみる「欧州一派の憲政……の観念」、すなわち国会と君主との「妥協ノ規約」とする憲法観と、それに基づく解釈を否定する。そして「国体」の観念を、わが国固有の「主権ノ所在」を指示する概念として用い、憲法改正の対象となりえず、その「変動は之を革命と謂ふ」と主張するのである（穂積『憲法提要』上巻五二頁・七一頁・一六七頁）。

これと区別されるべき観念として「政体」がある。この次元では、わが国が「議院制君主国に非ずして立憲制君主国」であること、大権政治（大権内閣制）をおこなうこと、したがって「議会の限定権力は我が憲法の要件なり」（同『憲政大意』一二頁）とする「君主主義」原理が強調される。その帰結として「天皇は統御の主体なり、統御の主体は国家なり、故に天皇は国家なり」「天皇の大権は憲法を以て制限せず」といった考え方が展開されることになる。

しかし、こうした議論に対しては、当初から強い異論があった。すなわち、穂積は、憲法発布直後から、その持論を「帝国憲法ノ法理」と題して展開していたが、反対論が起こったため「弁解」をおこなっている（『穂積八束博士論文集』九三～九六頁）。最初にその批判の矢を放った代表者は、おそらく有賀長雄で、有賀は、ドイツ国家学の深い造詣を武器として、右のような穂積の「天皇即国家」論や大権無制限説を強く批判した。

もちろん、ドイツに留学した穂積がP・ラーバントその他のドイツ国法学を知らなかったわけではない。穂積自身、「余は……ラバンドの研究法等を採用して我憲法法理を講述せり、ラバンド氏は有名なる碩学にしてその研究法等は最も採る可き者」なり、というのである（前掲『穂積八束博士論文集』九六頁）。しかし、「稍々僻説あり」と付け加えたように、その国家法人説や立憲的な二重法律概念などに従うことはなかった。

正統学派は、上記のように、上杉慎吉に引き継がれた（上杉『新稿帝国憲法』〈大一一〉、『新稿憲法述義〈第五版〉』〈大一五〉など）。しかし、その姿勢は、むしろ国士的態度であり、信念的なものを中核にしており、それが後の天皇機関説批判において顕著にあらわれることになる。

## 2 立憲学派の憲法理論

### (1) 正統学派との対決

立憲学派の基本的立場は、わが国が憲法発布により立憲制国家となった以上、憲法解釈は、西洋各国の立憲主義憲法の解釈と同じ原理によっておこなうべきである、というものである。したがって、「国体」を前提とした解釈は妥当でなく、比較法的な理解を通した各国の立憲理論の成果を積極的に摂取するという方法を採るのである。

この学派は、いわゆる国家主権説に立って君主機関説を唱えた一木喜徳郎《いちききとくろう》――後に枢密院議長となる――に始まるが、立憲学派としての装いを整えるのは、美濃部達吉から後のことであろう。穂積の日本憲法や一木の「国法学」の講義も学んだ美濃部であるが、方法的には、ドイツの後期立憲主義国法学に立脚し、とくにその流れを集大成したG・イェリネクやO・マイヤーなどの実証主義国法学に強い影響を受けている。

これを支えとして、美濃部は、穂積八束に代表される正統学派の考え方を根本から厳しく批判するのであるが、その基本的な立場は、当時のドイツの通説的な立憲理論であった国家法人説に拠ったまでのことである。したがって、君主は国家の機関と構成され、当然に天皇機関説となるが、正統学派の説く「国体」概念についても、美濃部は、次のように批判している（『日本憲法』三四五―三四六頁）。

多くの論者の所謂《いわゆる》国体の区別と政体区別とは共に国家の組織に付いての区別であって、決して性質を異にする区別ではない。所謂国体の区別は即ち政体の区別である……所謂国体論は往々、立憲政の下においても尚国家統合の全権が無制限に君主に属することを主張する論拠として用ゐられ、憲法の大義を蹂躙して専制政治の思想を鼓吹するの傾向を帯びて居るもので、此の如き観念は強く之れを排斥することを要する。

こうした正統学派との対立は、具体的な憲法解釈の場面でもあらわれている。例えば、憲法改正問題（七三条）を取り上げると、憲法改正の発議権（提出権）は、制度上、天皇に独占されている。しかしながら、提出原案に対する議会の権限について、上杉慎吉は、「議会は自ら之を発案することを得ざるが故に、憲法改正案に対し、如何なる修正をも加へて之れを議決することを得ず、全体として可否を決するのみ、何となれば修正は新なる発議を包含すればなり」として、修正権をまったく否定した（上杉『憲法述義』二五〇頁）。これに対し、美濃部は、修正権は当然あるという前提から、発案権がないことを論拠として「原案に含まれない条項」の修正については否定するものの、提出原案に対する修正はできると解した（美濃部『逐条憲法精義』七二五頁）。

立憲学派は、京都の市村光恵《いちむらみつえ》や佐々木惣一なども加わって、憲法学説の主流を形成することになる。それがドイツの後期立憲主義国法学を摂取したものであったことはすでに述べた通りで、その結果、国家法人説（君主機関説）は、学説・実務の中に広く定着することになる。実際、すでに一九〇七年（明四〇）頃には、正統学派の祖である穂積八束自身、君主機関説を「我が学者の通説」と認めざるをえない状況となり、自らの国体論について「孤城落日の歎あるなり」（穂積『憲法提要』上巻二一四頁）と嘆息しているのである。

⑵ 立憲学派の二大潮流

もっとも、一口に立憲学派といっても、その思考方法や具体的解釈まで同じであったわけではない。その所説はかなり多様なもので、むしろ画一的でないことが立憲学派の一つの特徴でもあって、その代表的な存在が、東京帝大の美濃部達吉と京都帝大の佐々木惣一であった。

まず、美濃部は、憲法のような固定的で、しかも簡約な法規の解釈には、その文言とともに、その背後にある歴史的・理論的基礎が大きな価値をもち、したがって、西欧立憲主義の原理が基礎となるという立場を示す。そこで、美濃部は、不文憲法をも加味して妥当な結果を得ようとする目的論的な解釈を展開し、「東京学派」といわれる学風を築くことになる。これに対し、佐々木は、法規の解釈は「平静なる態度」で望むべきだとして、憲法典の文言を重視した、概念構成的できわめて厳密な客観的・体系的または論理的解釈方法に徹し、「京都学派」と呼ばれる学風を形成した。実際、こうした基本的な立場の違いは、美濃部が否定した「国体」観念について、佐々木は「主権の所在」に着目した国家組織の分類論として否定しないところにもあらわれているが、両者は具体的な憲法解釈についても異なる結論を導いている。

例えば、「統帥権の独立」に対する態度（美濃部＝合憲、佐々木＝違憲。Ｖ１参照）、独立命令（警察命令、憲法第九条）の所管をめぐる考え方――佐々木・市村は法律事項に及びえないとする――と、国庫余剰金支出問題（ともにⅣ３参照）、いわゆる憲法変遷の考え方――美濃部はイェリネク流の「事実の規範力」の観点からみとめ、佐々木は単なる「憲法改正の幻相」が生ずるにすぎないという――などの点で、大きな違いが生じている。

(3)　一般憲法学の成立

明治憲法制定後に形成された正統学派・立憲学派の対立や東京学派・京都学派の対抗など

は、たしかに、それぞれの憲法思想を示すものとして注目に値する。しかし、そうした対立や違いも、基本的に、主としてドイツ国法学や一般国法学の摂取・吸収という同じ潮流の中で形づくられた点において共通している。ということは、ドイツ的な国法学・一般国家学が、それ自体のあり方に対する方法的な反省、比較法学的な検討、その特殊性の認識などが十分おこなわれないまま、日本憲法学に移入されたという意味をもつ。

このようなドイツ公法学一辺倒の中にあって、西洋古典憲法の立憲理論を広く摂取し、比較憲法学的な視野から、明治憲法の客観的な認識をめざしたのが、美濃部達吉の後継者である宮澤俊義であった。その立憲学説は、比較憲法学・一般国法学をふまえて樹立されたもので、とくにフランス第三共和制下の多彩な公法学から、憲法の一般理論や立憲制の共通原理を取り入れ、ドイツ国法学を批判的に摂取した点において、群を抜いていた。そのため、明治憲法から現行憲法へと憲法体制が大きく変わったにもかかわらず、いわゆる宮澤憲法学の成果は、そのまま生かされることになる（ジュリスト六三四号『宮澤憲法学の全体像』、高《たか》見勝利《みかつとし》『宮澤俊義の憲法学史的研究』参照）。

京都帝大の森口繁治《もりぐちしげはる》も、宮澤俊義と同様に、一般憲法学の構築をめざし、美濃部の国家法人説を「自然法的国家法人説」（『憲政の原理と其運用』一〇八頁、『憲法学原理』六五頁）として批判するなどしていたが、もう一つの注目すべき流れとして、マルクス主義憲法学があった。そもそも、マルクス主義は、とくに経済学・歴史学に大きな影響を与えているが、法律学の分野でも例外ではなく、すでに述べたように（序章Ⅰ2参照）、とくに鈴木安蔵の憲法史的研究は大きな成果を挙げている。

## 3　国家法人説（天皇機関説）論争

(1)　数次の天皇機関説論争

ドイツの後期立憲主義国法学にとって、国家法人説は、国家という政治的共同体を法学的に認識するための出発点であるが、こうした見方に立つ限り、国政を担当するすべての人間や組織は、国家の機関とみなされ、君主といえども例外ではない（君主機関説）。すでにお雇い外国人K・ラートゲンもそうした前提で講義しており（同講述『政治学　中巻・憲法編』五頁）、必然的に天皇機関説ということになるが、この考え方をめぐって激しい争いのあったことは、周知のとおりである。

しかし、一口に天皇機関説論争といっても、時代や論者によって、その内容はかなり異なっている。具体的には、よく知られた天皇機関説事件以前にも、すでに、帝国憲法の発布直後に穂積八束と有賀長雄との間で交わされた前記の第一次論争（明二二、穂積八束「有賀学士ノ批評ニ対シ聊《いささ》カ主権ノ本体ヲ明カニス」同『論文集』所収）、明治三十年頃の対立で、天皇機関説の創始者と目される一木喜徳郎と穂積との間にあった第二次論争（川沢清太郎編『君主主権説・国家主権説　憲法法理対照』〈明三四〉によって知られる）、そして後の天皇機関説事件（昭一〇）の「前史的地位」を占める上杉慎吉と美濃部達吉との間の第三次論争（明四五）があった。

この第三次論争の全容は、星島《ほしじま》二郎《ろう》編『上杉慎吉対美濃部達吉最近憲法論』（大二）に収められているが、当事者二人のほか、井上密《いのうえみつ》・織田萬《おだよろず》・市村光恵、さらに浮田和民といった当時の学界の有力者が顔をそろえている。もっとも、この第三次論争の当時、すでに、君主「機関説は益々公法学界の勢力となりて、今日にありては官学私学の論なく、殆ど学者の通論たるの観を呈するに至っている」（宮澤『天皇機関説事件』上六一頁）と言われたようであるが、現に、植原悦二郎《うえはらえつじろう》などは、上杉は「立憲政治」の意味をまったく理解していない、などと批判していた（「上杉博士の憲法論を評す」『植原悦二郎と日本国憲法』一〇〇頁）。

そうすると、この第三次論争、とくに上杉の批判は、第一次・第二次論争の場合とは異なり、憲法の理解をめぐる学理（学術）論争というより、「実は、道徳論争であり……政治論争であった」（宮澤『天皇機関説事件』上六四頁）と評することができよう。この側面が一層顕著になったのがいわゆる天皇機関説事件であり、これがいわば第四次論争に相当することになる。

(2) 天皇機関説事件

この事件は、直接には、美濃部達吉が東京帝国大学を定年退職して一年経った一九三五年（昭一〇）二月十八日、菊池貴族院議員などによるその天皇機関説に対する激しい非難・攻撃から始まった。その後、美濃部の「一身上の弁明」（二月二五日）、貴衆両議院における「国体明徴ノ決議」（三月二〇日・二三日）、政府の「国体明徴の声明」（第一次八月三日、第二次一〇月一五日）などを経て、翌一九三六年（昭一一）にはついに美濃部が狙撃される事態にいたる（二月一日）。しかも、二・二六事件後、天皇機関説の創始者と目された一木喜徳郎が枢密院議長を辞任する（三月一三日）という余波までともなっていた。

その間の十月一日、海軍大将の岡田《おかだ》啓介《けいすけ》が前年夏に組織していた内閣によって、美濃部達吉の主要著書について「発売頒布禁止改訂」を命じ、佐々木惣一その他の「二十数種の憲法書」などを「絶版」に処するとともに、「機関説に関する新たなる出版物は出版法により取締る方針」を明らかにした、以下のような「憲法講義に関する処置」を含む処置概要が発表され、憲法学説の「公定」が進められることになった。

㈠担当教授、講座講義内容に対する処置

イ　文部省においては、担当教授の学説を、その著書、講義案、論文等により詳細に調査すると共にその推移に注意し、右の調査に基き必要と認むるものについては、当該教授の思想内容等を聴取すると共に必要なる処置を講じつゝあり。

ロ　帝国大学及び公私立大学においては、文部省の訓令其他文部省の方針に従ひ、法制科教授、特に憲法の担当教授、講師の専任担当講座の変更、講義内容の改善に適当なる処置を講じたり。東京、京都、九州各帝国大学何れも機関説の講義をなさず、東京商科大学講師美濃部達吉は本年四月辞職し目下休講中なり。神戸商科大学講師佐々木惣一は本年五月辞職し目下休講中なり。其の他公私立大学とも機関説の講義を排除せり。

㈡教科書に対する処置

教科書中、国体明徴に関し不適当と思料せらるゝものに対しては、之を使用せしめざるものとす。

これ以後、西欧型の立憲理論に基礎を置いた憲法学説は姿を消すことになり、明治立憲制を支えるべき知的水脈は途絶えることとなる。そして翌一九三七年（昭一二）三月三十日には、文部省によって、「国民がよく西洋思想の本質を徹見すると共に、真に我が国体の本義を体得すること」によってのみ、「今日我が国民の思想の相克、生活の動揺、文化の混乱」を解決できる、とする『国体の本義』が発行されている。

## Ⅲ　二元的な憲法秩序

### 1　基本法典起草者の構想

すでにみたように、帝国憲法および議院法以下の基本法典は官報で一般に公布されたが、皇室典範は「皇室自ら其の家法を条定する者」であり、公布になじまないとされた（第七章Ⅰ1・2参照）。ここには、二元的な憲法体制の意味が素朴なかたちで表明されているが、もう少し立ち入って検討してみると、その内実は以下のようになる。

まず、憲法第七十四条は、「皇室典範の改正は帝国議会の議を経るを要せず」とする一方で、「皇室典範を以て此の憲法の条規を変更することを得ず」とも定めた。これは、「皇室の家法」を「臣民の敢えて干渉する所に非ざる」ものとしつつ、憲法が、国家の政治組織一般について規定したところはもちろんのこと、とくに皇室制度について定めたところについても、皇室典範の改正手続によってそれを変更することを明示的に禁止する、という意味をもつであろう。その限りで、右の規定は憲法典の優位をみとめ、一種の憲法保障を定めたものといえよう。

しかし、憲法典は、皇室制度については、皇男子孫による皇位の継承（二条）と摂政設置の方法（一七条）の二点を定めるのみであり、これ以外の皇室事項については、もっぱら皇室典範の定めるところとする。のみならず、その二点についても、具体的な内容・要件は、「皇室典範の定むる所に依り」というかたちでその決定を委ね、一般的に「皇室典範の留保」ともいうべき原則を導入している。かつての岩倉意見書以来の原則ではあるが、このため、ヨーロッパの立憲君主制において一般に憲法典で定められ、重要な意義をもっていた次のような事項ですら、すべて議会の関与を排除するという皇室典範の定めに委ねられた。

①王位継承の資格・順序とその変更方法（典範第一章）
②王位継承者等の成年制度（同第三章）
③摂政設置の原因、摂政就任の資格・順序とその変更方法（同第五章）

しかも、皇室典範の改正については、「皇族会議及枢密顧問に諮詢して之を勅定すべし」（典範六二条）とされ、議会手続を経なくてはならない憲法改正によってその内容を変更することはできず、皇室典範と憲法典とは対等の形式的効力をもつと解された。その結果、明治典憲体制は、いわゆる皇室自律主義、すなわち「皇室の事は皇室自ら之を決定すべくして之を臣民の公議に付すべきに非ざればなり」（伊藤『憲法義解』〈岩波文庫版〉一七七頁）とする考え方を強くにじませたものになる。

## 2　典憲二元体制の確立

### (1) 帝室制度調査局と皇室制度関係法令の整備

皇室典範が予定していた「皇室経費の予算決算検査及其の他の規則」に関する皇室会計法（四八条）や「皇族の財産歳費及諸規則」に関する皇族令（六一条）は、典範制定後、長く定められることはなかった。皇族会議（五五条）をおこなうのに必要な議事規則についても、事情は同じである。このうち、皇族令について臨時帝室制度取調局の立案があったことは、すでに述べたが（第六章Ⅴ1、第七章Ⅲ1参照）、これらについて具体的な立案の動きがみられるのは、十年後の一八九九年（明三二）八月、「帝室制度に関する事項」について「調査審議し案を具して奏上す」るために、伊藤博文を総裁とする帝室制度調査局が設けられてからであった。

もともと、この機関は、法典論争のため施行が順延されていた民法典（財産編・人事編等）と商法典がようやく一年前に施行され、新たに法令の布告方法を定めた法例（明治三一年法律一〇号）も制定公布されるとともに、永年の懸案だった改正条約がついに七月から発効するという状況のなか、遅れていた皇室制度の関係法令を整備するために設置されたものである。その作業は停滞しがちであったが、土方久元に代わって伊東巳代治が副総裁になり（三六年七月）、調査立案の方針を確定してからは、本格的な起案作業がすすめられた。

その成果は、まず公文式を大きく改めた公式令（明治四〇年勅令六号）として結実する。注目すべきことは、これにより「皇室典範の改正」の公布を定めるとともに、「皇室典範に基づく諸規則、宮内官制其の他皇室の事務に関し勅定を経たる規程にして発表を要するもの」も、「皇室令」という形式で公布することにした点である（同令四条・五条）。これは、従来の皇室の家法とする皇室法の考え方を根本からくつがえす意味をもつ。伊東も「公文式の改正を要する理由」の中で、「今日の急務は皇室の内事を以て全然国家に関係すること無しとしたる主義を一変し……皇室の例規も亦国家に向て有効なる所以を明にする」ことを明言している。

⑵ 宮務法体系の整備

その最初の例は、かつて問題とされた永世皇族主義について、「王は勅旨又は情願に家名を賜ひ華族に列せしむることあるべし」などとして、皇族が臣籍に入ることを認める賜姓列臣の制度を採用するかたちで（第六章Ⅱ参照）、一部修正を施した皇室典範の増補である（四〇年二月）。これ以後、皇族会議令（四〇年二月）、登極令《とうきょくれい》・摂政令・立儲令《りっちょれい》（以上、四二年二月）、皇室会計令（四五年）といった皇室令が、相次いで制定公布された。こうして、帝国憲法を最高法規とする「政務法」の系統と、皇室典範を最高法規とする「宮務法」

の系統という、二元的な憲法秩序が出現したのである。

もちろん、この場合の両者の関係は問題となるが、この点について、その用語を提唱した宮澤俊義は、次のような理解を示している（宮澤『憲法略説』二三五頁）。

①宮務法と政務法との間には、形式的効力の上下や軽重の差はない。

②原則として、宮務法は皇室の事務（宮務）をその所管とし、政務法は国の事務（政務）をその所管とする。

③宮務法が政務を内容とし、政務法が宮務を内容とすることはできる。ただ、その宮務法は政務法の規定に違反しえず、政務法も宮務法の規定に違反することができない。

## Ⅳ 「君主主義」的な立憲制度

明治典憲体制の第二の特徴は、いわゆる君主主義の原理が強く浸透した立憲君主制であるという点に見出される。この点については、ひとまず、①絶対制原理の刻印を残す「君主主義」的側面と、②責任政治の原則・権力分立主義・権利保障を旗印とする「立憲主義」的側面との混合を指摘することができる。以下に、これを分説することにしよう。

### 1 「君主主義」原理

#### (1) 統治権の総攬と議会の限定権力

まず「君主主義」原理とは、とくに十九世紀前半の南ドイツ諸国（バイエルン・ヴュルテンベルクなど）で支配的であった憲法思想を指す。その要点は、立憲主義の考え方を取り入れながらも、国家の統治権は一般的に君主が総攬すべきものであるとする大原則を前提とするところにある。したがって、立憲主義の精神に則って国民代表議会を設けることとするが、その権限はとくに憲法典の明文で列記された事項に限られると解釈し、その一方で、君主のために広い権限の推定を及ぼすということになる。

明治憲法は、明らかに、こうした「君主主義」原理の憲法思想をとりいれている。法律への裁可・衆議院の解散・行政各部の官制・文武官の任官・条約の締結といった各種の大権事項を列挙したのは（六条～一六条）、その趣旨に基づくものである。そこから、すでにみたように、「議会の限定権力は我が憲法の要件なり」（穂積八束）という点も強調されることになる（Ⅱ1参照）。もちろん、立憲主義の要求をふまえて、議会の可決した法律を天皇が裁可しなかった例は一度もないが、「君主主義」の典型的な表現は、次の諸規定にみられる。

第一条　大日本帝国ハ万世一系ノ天皇之ヲ統治ス
第三条　天皇ハ神聖ニシテ侵スヘカラス
第四条　天皇ハ国ノ元首ニシテ統治権ヲ総攬シ此ノ憲法ノ条規ニ依リ之ヲ行フ

右の第三条などは、もともと各国の君主制憲法に共通するいわゆる君主無答責の原則を定めたものではある。けれども、それは、「不敬を以てその身体を干瀆すべからざるのみならず、併せて指斥《しせき》言議の外に在る者とす」(伊藤『憲法義解』)という道徳的な含みも与えられていた。また、第四条にいう「国の元首」は、実は、「法上意味なし」(佐々木惣一『日本憲法要論』三二〇頁)と評すべき文言であるが、他方、「此の憲法の条規に依り」統治権をおこなうという趣旨について、伊藤『憲法義解』は、「統治権を総攬するは主権の体なり。憲法の条規に依り之を行ふは主権の用なり。体有りて用無ければ之を専制に失ふ。用有りて体無ければ之を散慢に失ふ」と説明している。その英訳によれば、ここに「主権の体」とは essential characteristic of sovereignty を、「主権の用」とは exercise of sovereignty を意味している。

さらに、上に述べた皇室自律主義や、後で述べる統帥権の独立のほか、憲法改正発案権の留保(七三条)といった諸点にも、「君主主義」に基づく憲法観をうかがうことができる。

(2)「国体」の問題

なお、この点については、「国体」ということばもよく使われる。それは、国柄などの慣用的な用法を別としても、①天皇を統治者と仰いで国家理想を実現するという国民性をあらわす社会心理的観念、②天皇による統治権総攬の体制を示す実定法的観念、③天皇による統治を絶対視するイデオロギー的観念(国体思想)など、いろいろな意味を込めて用いられる。かつて元老院の「国憲」案が「我国体人情」への配慮がないとして握りつぶされたのは(第三章Ⅱ1(2)参照)、主としてそうした社会心理的な側面が問題にされたからであろう。

しかし、公法学上の概念としては、統治権の総攬者が何人であるかを示すものとして用いられ、その意味において、「明治国家」は君主国体であるとされる。後の治安維持法（大正一四年法律四六号）にいう「国体を変革……することを目的として」云々（一条）は、そうした意味で用いられた代表例である。

ところが、「国体」という語は、元来、わが国の国柄といったものを指すものであった。したがって、例えば、元田永孚や井上毅の起草にかかる教育勅語（明二三）のように、そうした法的な意味に限定することなく、広く「我が臣民克く忠に克く孝に億兆心を一に」とすることが「我が国体の精華」であると解される余地は、もともと充分にあったわけである。すでに述べた天皇機関説事件（昭一〇）を契機に顕在化した「国体明徴」運動や、文部省が著した『国体の本義』（昭一二）などがその系列に属することは（Ⅱ3⑵参照）、いうまでもない。

しかし、現行の日本国憲法の制定に際して交わされた哲学者の和《わ》辻《つじ》哲郎《てつろう》と公法学者の佐々木惣一との間の論争は、そうした「国体」をめぐる非法律的観念と法律的観念との争いであって、そのため、両者の主張は平行線をたどらざるをえなかったのである。

## 2　立憲主義の原理

### (1) 責任政治の原則と責任追及制度

もちろん、明治憲法が西欧型の立憲主義の原理をとりいれた、東洋で初めての憲法典であることは、疑いない。およそ立憲主義は、国民の権利自由を保障し、権力分立を政治組織上の原理とするものであるから、立憲主義の精神の下に制定された憲法典は、かならず、国民の権利を保障し、重要な義務の賦課手続を特定する「権利宣言」の部分をそなえるとともに、権力分立の図式に則った「統治機構」のあり方を示すという構成をとる。実際、すぐ後でみるように（3参照）、明治憲法もそうした部分をもっていた。

しかしながら、憲法で権利保障を定め、権力分立を採用するといっても、国政にたずさわる者がかならず被治者に対して何らかの責任を負うというしくみがなければ、すべて画に描いた餅となってしまう。その意味において、立憲主義は当然にそのような責任政治の原理をふくみ、立憲政治はこれを活かすものでなくてはならない。そして、国政担当者の責任を追及しようとする場合、君主制の国家にあっては君主無答責の原理があることから、まず、君主の行為には国務大臣の補佐——副署はその形式となる——を必要とし、補佐した大臣がみずからの国政上の責任を負うものと解される。

したがって、一番の問題は、どういう方法で国務大臣に対する責任の追及を確保するかということである。これには、①議会側の質問に対して国務大臣が責任ある答弁をおこなう、②議会手続によって大臣の刑事責任を問う、③首相ほかの諸大臣を全体として議会の信任の下におく、といったやり方がある。

このうち、②と③は、それぞれ大臣弾劾制・議院内閣制とよばれるが、議会による政府統制の度合いは、①の質問・答弁制度がもっとも弱く、③の議院内閣制においてもっとも強くなり、これが採用されると、②の弾劾制度はもはや時代遅れになる。したがって、議院内閣制を立憲主義の到達点とみる立場（いわゆる議会君主制の理念）からみると、①による政府責任の追及しか認めないような憲法制度は、みせかけの「外見的立憲主義」にすぎない、と揶揄されることになる。

⑵ 外見的立憲主義

すでに述べたように、明治典憲体制は、できるだけ議院内閣制の芽を摘むようなかたちで構想され、確定された（第三章Ⅱ・Ⅲ参照）。その意味において、明治憲法は、「国務各大臣は天皇を輔弼し其の責に任ず。凡て法律勅令其の他国務に関る詔勅は国務大臣の副署を要す」（五五条）と定めたのである。この条項は、いわゆる大臣責任制——大臣副署制ともいう——をあらわすもので、右に述べた責任政治の原理に基づくが、この点について半官的注釈書『憲法義解』は、次のように説いている（岩波文庫版八七—八八頁）。

憲法既に大臣の任免を以て君主の大権に属したり。其の大臣責任の裁制を以て之を議院に属せざるは固より当然の結果とす。但し、議員は質問に由り公衆の前に大臣の答弁を求むることを得べく、議院は君主に奏上して意見を陳疏《ちんそ》することを得……彼の或国に於て内閣を以て団結の一体となし、大臣は各個の資格を以て参政するに非ざる者とし、連帯責任の一点に偏傾するが如きは……遂に以て天皇の大権を左右するに至らむとす。此れ我が憲法の取る所に非ざるなり。

したがって、明治立憲制が実施された後、いわゆる憲法争議の時代（I 1参照）に大権内閣制がおこなわれたのは、いわば憲法起草者の意思を体現したまで、ということになる。天皇の衆議院解散権が「議会に向けられた武器」（藤田《ふじた》嗣雄《つぐお》『明治憲法論』一五〇頁）として使用されたのは、例えば、衆議院による官紀振粛《しんしゅく》に関する大臣処決の決議案の可決（明治二六年一二月）や内閣不信任決議案の上奏（二七年六月。但し、不採用）などの中に、議院内閣制の匂いを政府が嗅ぎ取ったからであろう。

もちろん、先に概観した憲政史にも示されているように（I 1参照）、いわゆる大正デモクラシーをうけて、議院内閣制的な運用を期待させる時期が見られなかったわけではない。その慣行は、しかし、明治典憲体制の当初の構想を根本からくつがえし、いわば憲法の変遷をもたらすほどに強固なものではなかった。そのため、例えば、佐々木惣一『日本憲法要論』も、「憲法的習律《しゅうりつ》」に托すかたちで、敢えて次のように説いたのである（一八五―一八六頁）。

憲法的習律中最も重要なるものは、政府更迭の手続に関するものとす。即ち内閣が議会の信任を失ひたるときは辞職すること、又内閣組織の大命は之を時の議会に於ける多数党の首領に下さるゝことゝすることとなり。此の如き憲法的習律成立せるときは内閣更迭手続に付て一定の法則あり、政局の安定乃《すなわ》ち存す。我国に於ては未だ此の種の憲法的習律成立せざるが故に、内閣更迭に際し所謂策動行はるゝの余地あり、国家の不幸甚だ大なり。故に将来此の種の憲法的習律の成立に努力すること、我国民の責務と云ふべし。

### (3) 責任政治の原則に対する例外

こうして、明治立憲制は「外見的立憲主義」といった色彩をもつことになるが、そのように限定された大臣責任の原則に対してすら、二つの点で重要な例外があった。

その第一は、すでに述べた皇室自律主義によるものである（Ⅲ1参照）。これによって、皇室関係の事務は、内閣・国務大臣から独立した宮内大臣の輔弼のもとに置かれることになり、皇室令その他の宮務に関する詔勅には、原則として宮内大臣が副署することとされた（公式令一条・五条参照）。

大臣責任制に対する第二の例外は、とくに「統帥権の独立」と呼ばれたものである。これは、「統帥」事務の拡大解釈、そして軍部大臣現役武官専任制の復活という事態とあいまって、明治立憲制の運命に、きわめて重大な意味をもたらすことになる。したがって、この問題については、のちに改めて詳しく検討することにしよう（Ⅴ参照）。

## 3　帝国議会の地位と権限

### (1) 立法権・予算議定権・政府統制権

明治憲法は、権力分立の原理を採用し、帝国議会と裁判所とを政府から独立させるとともに、それぞれに「立法権」「司法権」の行使を委ねている。しかし、右に述べた「君主主義」原理のために、権力分立のあり方は、典型的な立憲諸国の憲法典と同じにはなりえず、次のような変則的な表現をとっている。

第五条　天皇ハ帝国議会ノ協賛ヲ以テ立法権ヲ行フ
第五十七条　司法権ハ天皇ノ名ニ於テ法律ニ依リ裁判所之ヲ行フ（一項）

後者の「司法権」の問題は次項で取り扱うが（4参照）、すでに述べたように、議会が天皇による立法権の行使に「協賛」するという表現に落ち着くまでには、紆余曲折があった（第六章Ⅲ2参照）。そして、穂積八束のように、憲法起草者の遺志を継承するというかたちで「君主主義」原理を強調する正統学派の立場からは、先に示した定式のように「議会の限定権力は我が憲法の要件なり」とする理解が生まれる（Ⅱ1参照）。したがって、議会の法律制定権限はとくに憲法典に列挙されたものに限られるという「立法事項」説も唱えられることになる。

しかし、およそ政治体制として立憲主義をとりいれようとする限り、国民代表議会は、それにふさわしい権限をもつ機関でなくてはならない。そこには、立法権はもちろん、予算議定権・政府統制権も含まれるが、立憲学派は、明治立憲制がもつこの側面をできるだけ強調しようとする立場であった（Ⅱ2参照）。

ここからまず、議会に対し、一般的に「立法権」、つまり国民の権利・義務関係を規律する法的準則を成文化する権限を認めなくてはならない。また、立憲的議会は、その成立の沿革からいっても、予算議定権をはじめとする各種の財政に対する統制権を有すべきものである。明治憲法が「会計」に関する詳しい一章を設けたのは（六二条以下）、このような財政制度の重要性に着目したうえで、これに対する議会の関与のありかたを特定し、いわゆる財政立憲主義（財政民主主義）の内実をことさらに限定するためであった。

さらに、立憲的議会は、政府に対して実効的な批判・監督をおこなうことのできる機関でなくてはならない。これは、実は、議会制度そのものの存在理由にかかわる点であり、そのことは、前にみた憲法起草過程において、いわゆる夏島草案に対する批判的意見というかたちで、井上毅やH・ロェスラーが的確に指摘していたところでもある（第五章Ⅱ2参照）。その政府統制のありかたについては、そこでも述べたとおり、内閣不信任決議や大臣弾劾の制度は意識的に排除されたが、建議権（憲法四〇条）や上奏権（同四九条）などは、利用の仕方によってはかなり意味をもちうるし、議院法の定める質問制度（四八条〜五〇条）などの有効な活用も考えられる。

(2)　議会権限への制約

こうした議会の権限には、しかし、憲法上多くの制約があり、その権限を充分に生かすだけの手続や環境も確立しなかった。それは、例えば、次の諸点によくあらわれている。

①　立法権の行使については、法律に代わる効力をもつ緊急勅令の制度（八条）と、法律

の委任を必要としない「警察命令」と呼ばれた独立命令の制度（九条）のような例外的な制度もあった。これに加えて、憲法運用の過程では、立法権の放棄に等しいような大幅な「立法の委任」すらおこなわれた（後述(3)参照）。

②予算議定権に関しては、すでに述べた議定権の範囲に対する各種の制限があったほか、増額修正に対する運用上の制約も加わってくる（Ⅱ2、第七章Ⅲ2・Ⅳ1参照）。さらに、予算が不足し予備金もないという場合に、歳計剰余金を予算超過支出・予算外支出に充てるという、いわゆる責任支出の慣行が、早くから定着した。

③政府統制にかかわる国政調査の方法は著しく制約され（議院法七二条〜七五条）、議会自らの権威により必要な情報を収集しうる国政調査権としての実質を欠くものとなっていた。

④議院（とくに衆議院）の運営自律権を確保するとともに、効果的な立法・政府統制をおこなうための議事方法を導入するように、たびたび議院法の改正が問題になった。しかしながら、ほとんど実現することはなかった（大石眞『議院自律権の構造』、同『議院法制定史の研究』参照）。

このうち、②の責任支出慣行に関しては、立憲学派の中でも、これを合憲とみる説（美濃部）と違憲とする説（佐々木）との評価の違いがあったが（Ⅱ2(2)参照）、ここでは、①の例外的制度の問題のみを取り上げることにしよう。

それは、場合によって、政府限りで国民の権利・自由を制限することを認める制度であるが、とくに警察命令のような広範囲の独立命令権は、立憲諸国ではあまり例をみない。そのため、警察命令権の範囲をめぐって、正統学派と立憲学派という対立の枠をも超えるかたちで、法律に留保されている権利保障にも及ぶとするもの（美濃部）と、法律事項には及びえないとするもの（佐々木・市村）との間に激しい解釈論争が起こったのである。

(3) 立法の委任

しかし、議会の立法権にとって決定的に重大だったのは、おそらく「立法の委任」の問題である。その例は、憲法施行前に制定された「命令ノ条項違犯ニ関スル罰則ノ件」（明治二三年法律八四号）にみられ、すでに包括的な委任の形をとっている。後年、いわゆる日中戦争が始まった翌年に制定された国家総動員法（昭和一三年法律五五号）も、そうした白紙委任の代表的な例に数えられるが、それは、次のような規定を多用していたからである。

第四条　政府ハ、戦時ニ際シ国家総動員上必要アルトキハ、勅令ノ定ムル所ニ依リ、帝国臣民ヲ徴用シテ総動員業務ニ従事セシムルコトヲ得。但シ兵役法ノ適用ヲ妨ケス

第六条　政府ハ、戦時ニ際シ国家総動員上必要アルトキハ、勅令ノ定ムル所ニ依リ、従業者ノ使用、雇入若ハ解雇、就職、従業若ハ退職又ハ賃金、給料其ノ他ノ従業条件ニ付必要ナル命令ヲ為スコトヲ得

第八条　政府ハ、戦時ニ際シ国家総動員上必要アルトキハ、勅令ノ定ムル所ニ依リ、物資ノ生産、修理、配給、譲渡其ノ他ノ処分、使用、消費、所持及移動ニ関シ必要ナル命令

ヲ為スコトヲ得

第二十条　政府ハ、戦時ニ際シ国家総動員上必要アルトキハ、勅令ノ定ムル所ニ依リ、新聞紙其ノ他ノ出版物ノ掲載ニ付制限又ハ禁止ヲ為スコトヲ得
政府ハ、前項ノ制限又ハ禁止ニ違反シタル新聞紙其ノ他ノ出版物ニシテ国家総動員上支障アルモノノ発売及頒布ヲ禁止シ之ヲ差押フルコトヲ得。此ノ場合ニ於テハ併セテ其ノ原版ヲ差押フルコトヲ得

このように、各条文は、常に「政府は、戦時に際し国家総動員上必要あるときは、勅令の定むる所に依り」で始まっている。それはまるで枕詞であって、「必要あるとき」の判断は政府がおこなうというのであるから、「立法の委任」というよりは、むしろ立法権の放棄に等しい。現に、国家総動員法に基づいて、工場事業場管理令（昭和一三年五月）から戦時建設団令（昭和二〇年三月）にいたるまで、合計九十八件に上る勅令が制定されている（阿部《あべ》照哉《てるや》ほか編『憲法資料集』五四〇頁以下）。

こうした「立法の委任」の結果、政府への権限集中が図られる。そして、後に述べるように（V2参照）、一方において、その政府はすでに軍部の強い影響の下に置かれており、他方において、政府を統制すべき議会は、まもなく民政党・社会大衆党・政友会各派・東方会《とうほうかい》など諸政党・政治団体の解党と解散につづいて、大政翼賛会が発足する（昭和一五年一〇月）とともに対抗権力を失い、ほとんどその機能を停止してしまうことになる。

ものにすぎない。

## 4　権力分立と「司法権」

### (1) 裁判所の審判権

司法権は、憲法上「天皇の名に於て」（五七条）おこなうものとされるが、これは、君主を「正理の源泉」（伊藤『憲法義解』）とする伝統的な君主制国家の一般的な慣行にならったものにすぎない。

ここに「司法権」とは、ヨーロッパ大陸型の伝統的な観念を前提としたもので、具体的には、民事・刑事事件を裁判する権限を指し、行政事件の裁判は除かれる。そのため、たんに「裁判所」という場合は、大審院を頂点とする「司法裁判所」の系統のみを意味し、これと「行政裁判所」とは区別される。したがって、裁判所構成法（明治二三年法律六号）のほかに、行政裁判法（明治二三年法律四八号）が、憲法附属法として制定されたのである（第七章Ⅲ1参照）。

この「司法権」の観念については、また、裁判所は民事・刑事事件の具体的な裁判に際して、適用すべき法律の内容が憲法に違反するかどうかの審査権を有するか、という問題もあった。いわばアメリカ的な司法観念からの発想であるが、今日の感覚からすれば、裁判所の合憲性審査権は、当然認められるということになるだろう。

しかし、明治立憲制のもとにおける学説は、一般に、そうした法令の合憲性審査権を認めなかった。大審院も、また、警察犯処罰令違反事件において、「裁判所が司法権を行ふに当り先ず適用すべき法律命令が……形式を具備するや否やを審按《しんあん》せざるべからざるは固より言日宣告）と述べて、みずからこれを否定している。
法律にあらざるか……を審査して之が適用を拒み得べきものにあらず」（大正二年七月一一
ふを竢たざる所なれども、苟《いやし》くも其形式に於て欠くる所なしとせば……其実質が憲法違反の

(2) 行政裁判所の審判権

明治憲法下の行政裁判所は、当時のフランスのコンセイユ・デタ（国務院）と同じく、単一の存在、つまり第一審にして終審の裁判権を行使する唯一の機関であった。その権限は、「損害要償の訴訟」を除いた「法律勅令に依り……出訴を許したる事件」を審判することとされたが（行政裁判法一五条・一六条）、出訴することのできる事項は、「行政庁ノ違法処分ニ関スル行政裁判ノ件」（明治二三年法律一〇六号）によって、租税滞納処分・営業免許の拒否など限定的に列記されてしまった。その結果、人民の権利救済の途はかなり狭められてしまったわけである。

もちろん、第四回議会（明治二六年一月）における行政裁判法改正案を初めとして、行政訴訟事項を拡大し、いわゆる概括主義を採用することを求める改正法案が、たびたび議会に提出されたが、これらの試みはことごとく失敗に帰している（行政裁判所編『行政裁判所五十年史』参照）。また、行政裁判制度をとる以上は、かならず司法裁判所と行政裁判所との間に起こる権限争議を裁定する機関を設けなくてはならない。実際、行政裁判法も、それが「権限裁判所」として設けられることを予定していたが（二〇条）、明治立憲制の下ではついに設けられることがなかった。したがって、この点でも、行政裁判制度には不備があったと

いわなくてはならない。

(3) 司法権の独立

明治憲法施行後まもなく、現職の巡査が来日中のロシア皇太子に斬りつけるという、衝撃的な大津《おおつ》事件が起こった（明治二四年五月一一日）。この時、発足したばかりの第一次松方内閣は、「法律に正条なき者は何等の所為と雖も之を罰することを得ず」（刑法二条）という罪刑法定主義の原則にあえて反するかたちで、大逆罪《たいぎゃくざい》を適用させようとした。しかしながら、司法関係者の努力、法制局長官を辞したばかりの井上毅や政府顧問A・パテルノストロの助言などもあって、裁判所は通常の刑事事件として、適切に処理している。この大津事件は、大審院長であった「護法の神様」児島惟謙《こじまいけん》の名とともに、司法権の独立を貫いた金字塔として広く知られる。もちろん、それは、今日的な「裁判官の独立」という観点からすれば、担当裁判官に対する説得をおこなった点などにおいて、かなり問題視される行動を含んでいることは、確かであろう。

ただ、大津事件は、生まれたばかりの明治立憲制にとって、いわば強い国家性の要求に抗してでも貫かれるべき規範性・法治性の要請を内外から試された最初の事件であって、司法権の責任者としては適切な判断であったといえよう。

## 5　権利保障の方法と内実

### (1)「法律の留保」を伴う保障

明治憲法は、立憲主義憲法の例にならって、第二章で「臣民権利義務」を詳しく定めている（一八条〜三〇条）。兵役・納税の義務（二〇条・二一条）を除くその大部分は、国民の身分にともなう伝統的な自由権（居住・移転の自由、住居の不可侵・信書の秘密など）、国務請求権（裁判請求権・請願権）、選挙権に代表される参政権を保障するものであるが、現行憲法と異なって、公務就任の平等を明文で保障していた。

その場合、例えば、「日本臣民は、法律の範囲内に於て言論著作印行集会及結社の自由を有す」（二九条）というように、「法律の範囲内」における権利保障のかたちをとるものが多い。そのため、今日では、しばしば「法律の留保」のいわばマイナス面が強調され、法律によりさえすれば、どのような権利制限でもできた、などと説かれる（その例として、出版法〈明治二六年法律一五号〉、治安警察法〈明治三三年法律三六号〉などがある）。

たしかに、こうした治安立法の内容は厳しく、右に述べたように、行政処分に対する裁判的救済も、決して充分なものとはいえなかった。しかし、「法律の留保」に対する評価が、「基本的人権」の「本質内容」を絶対的に保障するという現代的な権利保障の観念をもちこんで、明治憲法のやり方を断罪しようとする議論であれば、決して適当とはいえない。

そもそも、「法律の留保」付きの権利保障は、ヨーロッパの立憲諸国の憲法典でも一般にみられたもので、とくに明治憲法に限った問題ではない。のみならず、そうした理解だけでは、「君主主義」的体制の下において、「法律の留保」という方法がもった憲法史的な意味や役割、つまり国民の間接的な国政参与と権利制約への国民代表議会の関与という立憲主義的な契機を、見失ってしまうおそれがあろう。

このような権利制限という点については、法律制度の面からみた場合、政府から提出された法案の議会における審議のあり方、制定された法律の内容そのものの問題、そして、先に述べた「法律に代わる」効力をもつ緊急勅令（八条）や、「立法の委任」を利用して政府の権限集中がおこなわれたこと（3⑵⑶参照）などを、むしろ問題とすべきであろう。

⑵信教の自由と「国家神道」体制

ただ、信教の自由（二八条）についていえば、そうした「法律の留保」による保障がまったくなく、政府の命令によっても制限をおこなうことができたという点は、重大な意味をもつ。しかも、しばしば引かれる「神道は宗教に非ず」という論理は、もともと、浄土真宗の理論的指導者である島地《しまじ》黙雷《もくらい》などによって説かれたもので、仏教界側からの神道政策という意味合いをもっていた。ところが、後に内務省官制の改正（明三三）によって社寺局が廃止され、神社局と宗教局が設置されるとともに、神社行政は、明らかに、教派神道・仏教宗派・キリスト派などの「宗教」を所管する行政から区別され、宗教局が文部省に移管されるに及んで、決定的に変形して用いられるようになった。

こうして、神社は宗教の施設ではなく、神社神道は国家の祭祀であって、憲法上の信教の自由の問題とは関わりがないとする政策が、公然と打ち出されることになる。実際、一九三九年に制定された宗教団体法（昭和一四年法律七七号）は、信教の自由を確保し、宗教に関する法規を整備するという目的をもつものであったが、そこでは神社神道は規制対象から当然に除外されており、主務大臣・地方長官により「認可」された教派神道・仏教各宗派・キリスト教のみが「宗教団体」として取り扱われ、それ以外のものは届出を要する類似宗教団体とされたのである。

その翌年に神社局は神祇院《じんぎいん》に代わるが、敗戦後の一九四五年（昭二〇）十二月十五日、占領管理に当たった連合国軍最高司令官の出したいわゆる神道指令（第九章Ⅰ2⑶参照）は、国家神道・神社神道に対する「政府の保証、支援、保全、監督並に弘布」を禁止した。この中で「国家神道」は、「政府の法令に依つて宗派神道或は教派神道と区別せられ……非宗教的なる国家的祭祀として類別せられたる神道の一派」と初めて定義されることになる。

いずれにせよ、神社神道が、事実上、国教的な地位をもっていたことを意味する「国家神道」体制の制度上の基礎はそこに由来するが、それは、国教制度以上のものでもあった。というのは、この制度を前提とする立場から、憲法にいう「臣民たるの義務に背かざる限に於て」という留保の中に、起草者の意思から遠く離れて、皇室に縁のある神宮・神社などに対して「不敬の行為を為さゞる義務」を読み込むような拡大解釈（美濃部達吉『逐条憲法精義』三九九頁）すらあらわれるようになったからである。そのため、宗教活動の自由はもちろん、一般的な思想の自由なども、著しく狭められて解釈される結果になる。

## V　明治立憲制の崩壊

先に述べたように、「統帥権の独立」とはもともと「統帥」事務を大臣責任制の例外とする制度を指すが、その拡大解釈・軍部大臣現役武官専任制とあいまって、結果的に、明治立憲制に対して致命的な打撃を与えることになる（Ⅳ２(3)参照）。ここで、その問題を少し立ち入って検討するが、その前に明治憲法のいわゆる軍務大権に関する規定を確認しておこう。

第十一条　天皇ハ陸海軍ヲ統帥ス

第十二条　天皇ハ陸海軍ノ編制及常備兵額ヲ定ム

### １「統帥権の独立」原則

(1)その意味と内容

「統帥」とは、もともと頭となって指図するということばに由来するもので、作戦用兵という意味で用いられる。そして、統帥の事務は、迅速性・専門技術性を要するというその行為の性質上、明治憲法が制定される以前から、一般の政務とは区別されて、「帷幄《いあく》」——戦場における本陣をあらわすことば——のつかさどるところとされていた。それは、「帷幄の機務」に参画する機関の問題としてみた場合、陸軍省からの参謀本部の独立（明一一末）に始まり、陸海両軍参謀本部の統合（同一九）と分離（同二二）という過程をたどるが、こうした経緯から、明治憲法が制定されても、そうした統帥事務と一般国務の区別および前者の独立という軍制上の慣行を変更するものではないと考えられた。

これは、モデルとなったプロイセンにおける軍令権の独立という慣習法の考え方と共通している。その結果、憲法にいう「国務」（五五条）は、統帥の事務を含まないものと解され、一般政務については、内閣総理大臣が「各大臣の首班として機務を奏宣」（内閣官制二条）するのに対して、「事の軍機軍令に係り奏上するものは……陸軍大臣海軍大臣より内閣総理大臣に報告すべし」（同七条）と定められた。

こうして、海軍軍令部長・陸軍参謀総長は、「天皇に直隷し帷幄の機務（軍務）に参画」（明二六。海軍軍令部条例・改正参謀本部条例）する機関として、統帥事務については直接に奏上するという慣行（いわゆる帷幄上奏）が成立するとともに、統帥事務を内容とする軍令には、もっぱら陸海軍大臣が副署することになったのである（明治四〇年軍令一号）。なお、参謀本部条例・海軍軍令部条例は、その後たびたび改正され、一九三三年（昭八）には、いわば陸海両軍の対抗を反映するかたちで、海軍軍令部はたんに軍令部、同軍令部長は軍令部総長と改称されることになる。

(2) 憲法上の位置づけ

憲法学説も、一般に、そうした憲法制定以前からの伝統をもつ「統帥権の独立」の原則を、「憲法的慣習法」(美濃部達吉『憲法撮要』三二二頁)というかたちで承認している。もちろん、軍制上の慣行をそのまま立憲体制の中にもちこむ点については、責任政治の原理を重視する立場から、少数ながらも厳しい批判があったということも、忘れてはなるまい。例えば、佐々木惣一『日本憲法要論』は、「是れ一の独断たるのみ、何等法上の根拠あるなし」として、次のように説いていた(三八五—三八七頁)。

軍事行動の機密を尊び、自由敏活なるを要すとすることは、通常唱へらるゝことにして、固より異論あるべきに非ず。唯、所謂軍事行動には、天皇の陸海軍統帥の行為と軍隊の事実上の技術的行為とを分つを要す。天皇の陸海軍統帥の行為に付ては、国務大臣の輔弼を受けたまふも、毫《ごう》も必要なる機密を侵され、自由を害せらるゝことなきなり……要するに、天皇の陸海軍統帥の行為を以て、性質上国務大臣の輔弼の外に在りとすべき理由存せず。且之を国務大臣の輔弼の外に置かんか、国務大臣は之に付国民に依て責任を問はるゝことなく、而も其の以外に国民に依て責任を問はるべき機関存せず。即ち天皇の国務上の行為の結果に付て、国民は責任を問ふを得ざるに至らん。是れ明に立憲政治の根本要求に反す。

この論者も、すでに確立した制度を前にして、後にはついに「慣習法」の成立をみとめざるをえなかったが、慣習法にすぎないがゆえに法律によって廃止することができるということも、あえて明言している（同書三八八頁、六九四頁）。のみならず、統帥権の独立を「憲法的慣習法」とみとめる論者自身、大臣責任の原則に対する重大な例外であるために、その範囲を限定する必要を説いたのである。現に、例えば、美濃部達吉も、「若し不当に其の範囲を拡張するときは、法令二途に出でて二重政府の姿を為し、甚しきは軍隊の力を以て却て国政を左右し、軍国主義の弊窮まる所なかるべし」美濃部『憲法撮要』三二五頁）と述べ、注意を促していた。

(3) 統帥権干犯《かんぱん》問題

しかし、こうした警告を無視して事態はすすむ。とくに、一九三〇年（昭五）四月、海軍縮小に関するロンドン条約の署名をめぐって争われた「統帥権干犯問題」を機に、統帥事務の拡大解釈は顕わになった。

すなわち、兵力量の決定といった「常備兵額」（憲法一二条）に関する事項は、それまで一般に統帥事務ではなく、国務事項と考えられていたが、野党の政友会や軍部は、同条約を締結するに際して、浜口首相が海軍軍令部長の同意のないまま批准を奏請したのは、天皇の大権である統帥権を侵犯するものだとして、激しい政府批判を展開したのである。

もちろん、その実質は、せいぜい「軍令部長の権限」の侵犯（美濃部達吉『議会政治の検討』一四二頁）にすぎない問題ではあった。しかし軍部は、兵力量の決定が統帥事務に含まれるとする立場をとりつづけ、枢密院によるロンドン条約案の可決（昭和五年一〇月）にいたるまで、政府を大きく揺さぶったのである。

## ２　軍部大臣現役武官専任制

### (1) 軍部大臣の補任資格問題

この統帥権干犯問題はその後もくすぶり続けるが、これに関連して、軍部大臣（陸軍大臣・海軍大臣）の任用資格という別の大きな問題もあった。これもまた、明治初期以来のながい歴史をもつが、さしあたり内閣制度の創設後についてみると、帝国憲法制定後まもなく現役将官専任制が廃止されたものの、十年後には「現役大中将」に限るという現役武官専任制が復活している（明三三。陸軍省・海軍省官制の改正による）。

このように、軍部大臣の補《ぶ》任《にん》資格については、かなり変遷があったが、その背景には、「長の陸軍」「薩の海軍」に始まる、いわゆる軍閥の形成の問題も絡んでいたようである。ここに「軍閥」とは、軍制並びに軍制的慣行の特権を不当に利用して国政上に重圧を加える軍部内の一団の政治的軍人という意味である（松下芳男《まつしたよしお》『改訂　明治軍制史論』下二二〇頁）。

もちろん、こうした軍部大臣現役武官専任制に対する批判は根強くあり、政党勢力が増すにしたがって、武官専任制か文官制かの問題は、議会でも取り上げられるようになった。例えば、行政整理の一環として、第一次山本内閣時代（大二）に現役武官専任制が解除されたのは、それに対する一つの回答である。衆議院は、しかし、なおこれを不充分として、一九二二年（大一一）三月には、「陸海軍大臣の任用資格を陸海軍大中将に制限する現行官制は、時代の進運に適せざるを以て、政府は速に官制を改正し、右制限を撤廃せられんことを望む」とする建議をも議決している。

なお、内閣制度の創設以来、内閣の総辞職・更迭にかかわらず、軍部大臣のみは留任するのが恒例となっていた。右に述べた議会内外における批判的な動きも、そうした政治上の慣行まで変えるものではなかったという事実にも、注意を払っておく必要がある。

軍部の政党に対する強硬な態度は、一九三六年（昭一一）五月十八日、陸軍省官制（別表備考）の改正によって、ふたたび現役武官制の復活をもたらすことになる。この日、陸軍当局は、次のような談話を発表している（海軍省も、同日にほぼ同様の談話を発表した）。

本十八日、陸軍省官制改正の勅令が公布せられ、陸軍大臣に任ぜらるゝは現役大、中将に、同次官に任ぜらるゝは現役中、少将に限られることとなつた。陸軍大臣又は陸軍次官の任用に関しては、陸軍省官制制定以来、数次その規定の改正があつたが、明治三十三年、現役将官に限ることに規定せられて以来、軍部大臣、次官現役制確定し、大正二年改正によつて必ずしも現役に限らぬことに改められた。しかし、その以後に於ても依然として現役将官のみ大臣又は次官に任用せられ、未だ一度も非現役の軍人が任用せられたことがなかつた。この事実に鑑み、今度官制を改正して官制と実際とが名実共に一致する如く改められたものである。（大阪朝日新聞による）

### (2) 軍国主義の制度的支柱

こうした軍部大臣現役武官専任制は、内閣における陸海軍大臣の地位を高め、必然的に、その背後にある軍部の発言力を一方的に強めることになる。というのも、明治憲法下の内閣は、すでに述べたように（第七章Ⅲ１参照）、同格的な「国務各大臣」の集合体にすぎないのであって、内閣総理大臣といっても、その地位は、基本的に「国務各大臣」の一員――したがって「同輩中の首席」――にすぎなかったからである。

そのため、たんに内閣の政策の実現だけでなく、内閣の存立そのものが軍部大臣の態度に依存することになり、軍部の意向にかなった内閣のみが出現するのが常態になった。その最も典型的な例は、第一次近衛内閣（昭和一二年六月～一四年一月）で陸軍次官、第二次・第三次近衛内閣（一五年七月～翌年一〇月）で陸軍大臣を務めた東条英機《とうじょうひでき》が、近衛内閣の総辞職をうけて総理大臣となり、戦時内閣を率いたことに見出されよう（一六年一〇月～一九年七月）。

このようにして、軍部大臣現役武官専任制は、拡大された「統帥権の独立」の原則とあいまって、いわゆる軍国主義の制度的支柱を形成することになる。この「軍国主義」ということばは、必ずしも一義的でなく、①ある国家において軍事的要素が過度に優越する状態を指したり、②軍隊に支えられている政治体制を表したり、③こうした軍の優越を支持する人々の感情や考え方を意味したりするが、軍部大臣現役武官専任制は、前二者の意味における軍国主義の原因でもあり、結果でもあったといえよう。

軍事史家の松下芳男は、軍部大臣が武官に限定されたことの日本憲政史への影響について、政党内閣の困難・内閣瓦解の危険・軍国主義的政策の傾向・軍人政治家の輩出・軍部政党化の危険といった諸点を挙げている（『改訂　明治軍制史論』下五〇三頁以下）。ここには、立憲的な政軍関係の理念、つまり軍権に対する政権の優位又は文民による軍の統制という原理を欠いた憲法体制や国政のあり方に対する総体的な批判が込められているが、そうした明治立憲制の脆さの根本に何をみていたかは、「若しも私の曾《かつ》て解釈した如く、伝統を重視した沿革解釈を捨て、憲法を文理通りに解釈して統帥権の独立を否定したとしたならば、大正、昭和の日本歴史は、現実とは相当異った頁を編んでいたであろう」という痛惜のことばに明らかである。

### 3　明治立憲制の終焉

こうして日本の憲政史は、一九四一年（昭一六）十二月八日、ハワイ真珠湾への急襲の直後に出されたアメリカ・イギリスに対する宣戦布告とともに、太平洋戦争（大東亜戦争）に突入し、明治立憲制の末期である戦時体制を迎えることになる。これは、「明治憲法におけるあらゆる民主的な要素はおさえられ、その起草者が実現しようとした程度の『立憲君主制』すら、全面的に否定されるようになった」（宮澤俊義『憲法〈改訂版〉』四三頁）時代でもあった。

明治立憲制の運命については、また、知的な環境の閉塞といういわばソフト面の問題も見過ごすことができない。とくに一九三五年（昭一〇）に起こった前述の天皇機関説事件は、美濃部達吉に代表される主要な憲法学説が――ドイツ立憲主義国法学の通説にならって――唱えた国家法人説に対する政治的な非難だけでなく、直接的な人身攻撃をも意図するもので、自由な「国制知」の展開を否定するにひとしい。このことは、立憲政治を支えるべき立憲理論の知的水脈が絶たれるようになったことを意味し、明治立憲制の運用に大きな暗い影を落とすことになる（Ⅱ３⑵参照）。

そして、戦時体制に入る一九四〇年（昭一五）以後は、前に述べたように「新体制運動」が声高に叫ばれ、諸政党の解散と大政翼賛会の発足などによって、健全な議会政治の要諦である対抗権力の存在という要素がほぼ消滅してしまった。このことも、明治立憲制の運用に致命的な打撃を与えることになる。

こうしてみると、明治立憲制の運用史は、一時期「大正デモクラシー」と呼ばれる議院内閣制的な時期も見られたものの、総体的にみれば、立憲主義的な要素が次第に後退し、非立憲的な要素が拡大していく過程であったと総括することができよう。日本憲法史において、まがりなりにも明治立憲制に則った憲法秩序が復活したのは、わが国の敗戦・降伏（昭二〇）という冷厳な事実によってである。

ところが、連合国軍による日本の占領管理は、復活したはずの明治立憲制の秩序に対して戦時体制以上に致命的な打撃を与えることになる。その様子を次にみることにしよう。

## ■第八章　年表

| | | | |
|---|---|---|---|
| 1891年 | (明24) | 5月 | 大津事件 |
| 1893年 | (〃26) | 3月 | 法典調査会の設置 |
| 1894年 | (〃27) | 7月 | イギリスと改正通商航海条約に署名 |
| | | 8月 | 日清戦争始まる |
| 1895年 | (〃28) | 11月 | 自由党、政府との提携を宣言 |
| 1896年 | (〃29) | 3月 | 進歩党の結成（立憲改進党ほか） |
| 1898年 | (〃31) | 6月 | 憲政党の結成（自由・進歩両党が合同)、隈板内閣の成立 |
| 1900年 | (〃33) | 3月 | 治安警察法の公布、第一次衆議院議員選挙法改正 |
| | | 9月 | 立憲政友会の結成（総裁・伊藤博文） |
| 1904年 | (〃37) | 2月 | 日露戦争始まる |
| 1907年 | (〃40) | 2月 | 公式令・皇室典範増補・皇族会議令の制定 |
| 1916年 | (大5) | 10月 | 憲政会の結成（総裁・加藤高明） |
| 1919年 | (〃8) | 5月 | 第二次選挙法改正 |
| 1925年 | (〃14) | 3月 | 治安維持法の成立、第三次選挙法改正（男子普通選挙法成立） |
| 1927年 | (昭2) | 6月 | 立憲民政党の結成（憲政党・政友本党が合同） |
| 1930年 | (〃5) | 4月 | 統帥権干犯問題 |
| 1931年 | (〃6) | 9月 | 満州事変 |
| 1932年 | (〃7) | 5月 | 五・一五事件 |
| 1933年 | (〃8) | 3月 | 国際連盟を脱退 |
| 1935年 | (〃10) | 2月 | 天皇機関説に対する攻撃始まる |
| 1936年 | (〃11) | 2月 | 美濃部達吉狙撃される、二・二六事件 |
| | | 5月 | 陸・海軍省官制の改正（軍部大臣現役武官専任制の復活） |
| 1938年 | (〃13) | 4月 | 国家総動員法の制定 |
| 1940年 | (〃15) | 10月 | 大政翼賛会の発足 |
| 1941年 | (〃16) | 3月 | 国防保安法の制定、治安維持法の改正 |
| | | 12月 | 太平洋戦争（大東亜戦争）の開始、言論・出版・集会・結社等臨時取締法の制定 |

# 第九章　日本国憲法の制定

## Ⅰ　占領管理体制

### 1　敗戦と降伏の憲法史的意味

(1) ポツダム宣言の受諾

明治憲法が施行されてから五十五年もの間、憲法改正が具体的に問題となったことは一度もなかった。というのも、すでに述べたように（第七章Ⅰ1参照）、明治憲法は「永遠に遵行する」「不磨の大典」として宣布し、聖典視されたうえ、その規定のしかたも広い運営の余地を残すものであったからである。憲法改正に対するこの消極的な姿勢は、「将来此の憲法の条項を改正するの必要あるときは、勅命を以て議案を帝国議会の議に付すべし」（七三条）という文言からも、うかがうことができる。しかし、敗戦という事態を迎えるにおよんで、事情は一変してしまった。

すなわち、連合国を主導するアメリカ合衆国・イギリス・ソ連の三首脳は、一九四三年九月のイタリアの降伏、一九四五年五月のドイツの降伏によって、全体主義勢力に勝利したことをうけて、同年（昭二〇）七月十七日から、ベルリン郊外のポツダムで会談し、対日戦後処理方針を検討した。その半ばの同月二十六日には、アメリカ・イギリス・中華民国の三首脳の名で、「日本国に対し今次の戦争を終結するの機会を与ふる」ために、いわゆるポツダム宣言が発せられている。

このアメリカ陸軍長官スチムソンの覚書き（七月二日）に由来する宣言は、日本政府に対して、連合国の軍事力をもってすれば、「日本国軍隊の不可避且完全なる壊滅」と「日本国本土の完全なる破壊」がもたらされると警告し、「我儘なる軍国主義的助言者（self-willed militaristic advisers）に依り引続き統御せらるべきか又は理性の経路を履むべきかを決定すべき」ことを迫り、日本の無条件降伏を勧告したものであるが、そこには、次のような諸条件も示されていた。

①一九四三年十一月のカイロ宣言を履行すべく、日本国の主権は、本州・北海道・九州・四国および連合国の決定する諸小島に局限されること（八項）。

②軍国主義（militarism）が世界から駆逐され、平和・安全・正義の新秩序が建設されるとともに、日本国の戦争遂行能力が破砕されたことが確証されるまで、以下に指示する基本的諸目的の達成を確保するために、連合国が日本国を占領すること（六項・七項）。

③日本国軍隊は完全に武装を解除され、一切の戦争犯罪人に対して、厳重な処罰を加えること（九項・一〇項）。

④日本国政府は、国民の間における民主主義的傾向の復活・強化に対する障害を除去

し、言論・宗教・思想の自由と基本的人権の尊重を確立すること（一〇項）。

⑤前記の諸目的が達成され、「日本国国民の自由に表明せる意思に従ひ平和的傾向を有し且責任ある政府が樹立」されたとき、「占領軍は直に日本国より撤収せらるべし」（一二項）。

最後の点は、占領解除の条件を示すものである。実は、アメリカ合衆国政府の国務長官J・バーンズの持参した原案では、その後段部分に、スチムソン宣言案以来の「現皇統下の立憲君主制も含みうる」との一文が含まれていた。それは、しかし、ポツダム宣言が発表された時には削られ、このことが後の明治憲法の改正問題に微妙に影響を与えることになる。

これに対して、当初、「ただ黙殺するだけである」（鈴木貫太郎首相）としていた日本政府も、それまで中立の立場にあったはずのソ連が、突如、対日参戦に転じ（八月八日宣戦布告）、アメリカによる広島・長崎への原爆投下によっておびただしい数の犠牲者を出す（八月六日・九日）といった事態をうけて、いわゆる御前会議を開いて、「国体の護持」などを条件としてポツダム宣言を受諾する旨を決定し、連合国側に伝えた（同一〇日）。この時、日本側は、ポツダム宣言について、「天皇の国家統治の大権を変更するの要求を包含し居らざることの了解の下に受諾す」と申し入れたが、それは「国体の護持」が政府部内の最大の関心事であったことを示している。

### (2) 実質的意味の憲法の変動

翌日付の連合国側の回答は、しかし、その「了解」に対する直接の指示をまったく含まず、ただ、降伏の時点から天皇・政府の統治権が連合国軍最高司令官（SCAP）に従属すること、この最高司令官は降伏条項を実施するために必要とみとめる措置をとること、そして、日本の最終的な政治形態は、ポツダム宣言にしたがい、自由に表明される日本国国民の意思によって定められることを述べるにとどまっている。

それでも、日本政府は、この回答を了承し、ポツダム宣言を受諾する旨を連合国側に伝えるとともに（八月一四日）、翌十五日、これを知らせる詔書を発した。このいわゆる終戦詔書は、「国体を護持」しえたことも述べたが、この理解は、「日本国国民の自由に表明せる意思」に天皇制の存廃を委ねるものとした連合国側の解釈との間に、微妙なズレを見せている。

九月二日、日本全権代表とされた外務大臣の重光葵《しげみつまもる》と参謀総長の梅津美治郎《うめづよしじろう》は、横浜沖に停泊中のアメリカ海軍の戦艦ミズーリ号において、連合国が作成した降伏文書に署名した。この文書は、日本の軍隊・人民による敵対行為を直ちに終止すること、ポツダム宣言の条項を忠実に履行すること、国家統治の権限は連合国最高司令官の制限の下に置かれることなどを内容とするものであった。

こうして、わが国は、ポツダム宣言と降伏文書の拘束を受けて、その内容を実施する国際法上の義務を負うことになるが、憲法秩序の問題としてみると、こうした状態は、敗戦と降伏によって、日本の実質的意味の憲法が大きく変わったことを意味する。この「降伏の憲法的意味」について、宮澤俊義は、独立の停止（主権の喪失）、領土の縮小、軍国主義の否定

（平和主義の確立）、基本的人権の尊重、国民主権の確立という五点を挙げている（『憲法〈改訂版〉』四六頁）。つまり、降伏によって直ちに明治憲法が廃棄されたり、天皇・政府・議会といった憲法的機関が消滅したりしたわけではないものの、明治憲法は、そうした根本的な変更を加えられたうえで存続しているにすぎず、憲法的機関もすでに大きくその地位と性格を変えてしまった、というわけである。

⑶ 国民主権の問題

ここで最も重視されるのは、「国民主権の確立」という点である。その説明によれば、日本の最終的な政治形態は、ポツダム宣言にしたがって、自由に表明される日本国国民の意思により定められることを述べた八月十一日の連合国の回答とポツダム宣言第十二項は、「日本の政治体制の根本原理」として「国民主権」を要求したものと解され、日本によるポツダム宣言の受諾は、「国民主権」の受容を意味する。したがって、明治憲法がまったく容認しない憲法的変革がおこなわれたという意味において、降伏は「革命的性格を有するもの」、と説かれるのである。

連合国の回答およびポツダム宣言に関するこうした理解は、後で述べるような日本国憲法の制定の法理に関する、いわゆる八月革命説という見方にも反映している（Ⅲ4⑵参照）。しかしながら、ポツダム宣言が「国民主権」を要求し、その実施が憲法改正の義務まで含むと考えるのは、無理があろう。連合国の回答も、たんに、日本国国民が国の最終的な政治形態を自由な意思で定めることに対して連合国は干渉しないことを意味すると解され、具体的な政治形態まで指示したものとは考えがたいのである。

もちろん、ポツダム宣言の受諾および降伏によって、日本国が対外的な主権を喪失し、その領土が縮減され、明治憲法の軍関係規定（一一条・一二条）が事実上失効するなど、日本における実質的意味の憲法に著しい変化が生じたことは、まちがいない。したがって、政治体制の根本的な改革が必要であることは誰の眼にも明らかで、憲法改正もその意味で当然問題となってくる。

現に、外務省では、憲法学者の宮澤俊義を招いて、ポツダム宣言に基づく帝国「憲法、同附属法令の改正」に関する講演がおこなわれている。つづく質疑応答の中で「暫定憲法の存在は考へらる」ことなども議論されているが（九月二八日、江藤淳《えとうじゅん》編『占領史録三　憲法制定経過』七三頁）、その前に、日本国憲法の制定に至る経緯を理解するためには、連合国による日本の統治のあり方を知らなくてはならない。

## 2　連合国の日本統治体制

### (1) 戦後処理政策の検討

ポツダム宣言の受諾によって、日本は、連合国による占領統治の下に置かれることになった。このことは、天皇・内閣・枢密院・帝国議会など従来の憲法上の諸機関はもちろん、一般の国民も、すべて連合国最高司令官の権力に服し、最高司令官がポツダム宣言の条項を実施するため必要とみとめた措置に拘束されることを意味する。

そのため、降伏文書への署名がおこなわれた九月二日には、「聯合国最高司令官又は他の聯合国軍官憲の発する一切の指示に誠実且迅速に服す」べきこと、「聯合国最高司令官が聯合国に対し有害なりと認むる行為あるときは……厳重且迅速なる制裁を加ふる」ことなどを内容とする一般命令が出されている。占領軍の措置に対する批判は一切許されなかったわけであるが、その趣旨は、やがて「聯合国占領軍の占領目的に有害な行為に対する処罰等に関する勅令」（昭和二一年六月一二日勅令三一一号）につながることになる。

そもそも、占領地行政をおこなうことは、伝統的な交戦権の一内容として国際法上みとめられた交戦国の権利であるが、その行使のしかたには、占領軍みずから直接に被占領国の人民・土地に対する支配権をおこなう直接統治の方式と、被占領国の統治機構を通じて支配権を行使する間接統治の方式とがありうる。日本に対する連合国の戦後処理政策は、すでに敗戦三年前の一九四二年（昭一七）秋頃からアメリカ政府内で検討がすすめられていたが、その点については、ポツダム宣言の前後に、ほぼ次のような対日基本政策が決定されていた。

①日本の占領については連合国による共同管理方式をとるが、アメリカが指導権を確保し、そのため米軍最高司令官の占領管理権限を大きくする。

②ソ連の介入をできるだけ制限し、日本本土にはソ連軍を駐留させない。

③日本の占領管理は、ドイツの場合とは違って、間接管理を原則とする。

この対日基本政策は、いわゆる米ソ冷戦構造を反映したものとなっており、ソ連の北海道進駐提案をアメリカが直ちに拒否したのは②に基づいている。なおここでは、憲法改正の問題がまったく取り上げられていないことにも注意する必要がある。

右のような方針にしたがって、当初、他の連合国の軍隊も日本の軍事占領に参加することを期待されたが、ソ連は占領への参加を拒み、中国も、その国内情勢のために進駐を取り止めている。そのため、結局、占領軍はアメリカ軍を主体としつつ、これにオーストラリア軍を主力とするイギリス連邦軍が参加するというかたちになった。

⑵ 連合国軍最高司令官総司令部とアメリカ政府

連合国軍最高司令官（SCAP）に任命されたアメリカ極東陸軍司令官D・マッカーサーは、八月三十日、厚木に到着する。東京以下日本全国の主要地点に配備された五十数万の占領軍は、この最高司令官の補佐機関であると同時に、その軍政を援助し、保障する機関でもあった。そして、初め横浜にあった最高司令官総司令部（GHQ）は、まもなく東京の日比谷の第一生命ビルに移され、ここで本格的な活動を開始することになる。その場合、日本本土については日本政府を介在させた間接統治がとられ、沖縄については占領軍による直接統治の方式が採用されたが、本土に関する間接統治の原則は、アメリカ政府の「初期対日方針」としてマッカーサーにも伝達されている。

最高司令官総司令部の組織をみると、軍事事項を担当する参謀部と非軍事事項を扱う幕僚部とに大別され、後者の一局に民政局（GS）があった。この民政局の組織・構成は、その後たびたび変更されたが、その陣容は、翌一九四六年（昭二一）二月一日現在、同局長にC・ホイットニー准将が、立法・政党・政府機関・地方政治などの諸課をもつ行政部の部長にはC・ケーディス大佐が、それぞれ任命されている。この民政局において、公職追放・警察改革など一連の民主化政策の立案と検討がおこなわれたが、後に述べるように、新憲法草案の起草作業もここで進められることになる（Ⅱ2参照）。

なお、この頃の民政局部の模様について、白洲《しらす》次郎《じろう》の次のような興味ぶかい描写があるので記しておこう（吉田茂『回想十年』第一巻一一五頁）。

ホイットニーはマッカーサを看板に、またケーディスはホイットニーの後援でGHQ内においては飛ぶ鳥を落す勢いであった。当時日本人の「有力者」のGHQ詣での大半はホイットニー詣でか、ケーディス参りと思えば間違いはなかったろう。

(3)　日本政府への命令

さて、アメリカ本国政府は、先の「初期対日方針」をはじめとして、最高司令官の権限に関する通達（九月六日）、占領管理に関する「初期基本的指令」（一一月一日）などを発し、マッカーサーに対して具体的な指示を与えつづけた。最高司令官の日本政府に対する命令は、これらに基づいて出されたのである。それは、「指令」「覚書」などいろいろな名称の下に伝達されたが、占領開始以後、一九五二年（昭二七）四月末の日本の再独立にいたる六年あまりの占領期間中、日本政府に対して発せられた命令の総数は、事務的なものや口頭によるものまで含めると、約一万件に達するという。

その初期の代表例としては、十月四日に出された「自由の指令」――正式名は「政治的、公民的及び宗教的自由の制限の除去に関する覚書」である――や、すでに述べた十二月十五日の「神道指令」（第八章Ⅳ5(2)参照）――正しくは「国家神道、神社神道に対する政府の保証、支援、保全、監督並に弘布の廃止に関する覚書」という――などがある。

すでにこの頃、日本政府の中では、憲法改正問題の調査が進んでいた。そこで、次に、この憲法改正問題をめぐる動きに目を転じることにしよう（この時期の全般的な動きについて、出口雄一《でぐちゆういち》『戦後法制改革と占領管理体制』参照）。

## Ⅱ　現行憲法草案の起草

### 1　憲法成立過程の大要と特色

(1)　基本的な視点

日本国憲法の成立過程は、それ自体としてみるときは、明治憲法の改正問題として始まり、明治憲法の全面的な否定によって終わる。しかし、世界史的視野で国際政治の中に位置づけてみると、日本国憲法の制定は、一九四九年に制定されるドイツ連邦共和国基本法（いわゆる西ドイツ憲法）の場合と同じように、「連合国側の戦争目的であった……軍国主義とファシズムの排除の恒久的確保といういわば国際条約」（大嶽秀夫《おおたけひでお》『二つの戦後・ドイツと日本』八六頁）を誠実に履行するための第一歩という側面をもつであろう。

日本国憲法の成立については、また、同じように占領管理体制のもとで憲法が制定されたといっても、わが国とドイツとでは、憲法制定の経過が大きく異なっていることにも注意を払う必要があろう。つまり、ドイツでは、基本的にその政治指導者層の自発的・自主的な努力と判断によって基本法が制定された。これに対し日本の場合、すぐ後で明らかになるように、憲法制定は、そうした政治的自律性を保ったかたちではおこなわれず、総司令部・極東委員会といった占領管理機構の監視のもとに、主として日本の政治指導者と占領軍との交渉によって進められた。

これは、内容の当否を別とすれば、明治憲法が政治指導者層の自主的な判断によって制定されたのと対照的であり、また、国土が外国に占領されている間は憲法改正に着手することができないとする考え方にも反している。そのため、日本国憲法の成立については、しばしば「憲法自律性の原則」（芦部《あしべ》信喜《のぶよし》『憲法学Ⅰ』一八一頁）に反していないかが問題視されるのであるが、この点に関する限り、原則は破られたとみるのが妥当であろう。もっとも、その故に、当然にいわゆる日本国憲法無効論に向かうべきかどうかは、別問題である（Ⅲ4参照）。

⑵　現行憲法成立経過の区分

この点と深く関連しているが、日本国憲法の成立については、さらに、その過程に大きな断絶がみられることも無視することができない。すなわち、直接その過程に関わった当時の法制局第一部長の佐藤達夫《さとうたつお》によれば、日本国憲法の成立の経過については、次のような二つの時期を区分することができ、しかもその間には「明白な分界が認められる」という（佐藤『日本国憲法成立史』第三巻五頁）。

前期　ポツダム宣言受諾にともなう日本側独自の調査研究の段階で、法制局部内での非公式研究に始まり、憲法問題調査委員会における調査・審議を経て、いわゆる松本草案の要綱を総司令部に提出するまでをいい、時期的には、一九四五年（昭二〇）八月から翌一九四六年（昭二一）二月上旬までを指している。

後期　総司令部が用意したいわゆるマッカーサー草案の提示を受けた後の段階で、この草案を基礎として、占領軍と交渉を重ねた結果、日本政府の憲法改正案が作成され、衆議院議員の総選挙ののち、帝国議会での審議を経て日本国憲法が公布されるまでを指す。具体的には、一九四六年（昭二一）二月上旬から同年十一月までの時期がこれにあたる。

もちろん、この「後期」における占領軍との交渉において、日本側はその前期における調査研究をある程度考慮にいれ、これを生かすかたちで行動するであろう。したがって、この二つの間に完全な断絶があるということはできない。実際、その前期にあっては、連合国最高司令官の示唆をうけた内大臣府において憲法改正調査――近衛文麿《このえふみまろ》によるものと佐々木惣一によるものがある――がおこなわれたり（一〇月～一一月）、幣原《しではら》内閣の下に設けられた非公式の憲法問題調査委員会——商法学者でもある国務大臣の松本烝治《まつもとじょうじ》が委員長である——において、検討が進められたりしている（一〇月～翌年二月）。

とくに「松本委員会」と俗称される憲法問題調査委員会は、清水澄《しみずとおる》・美濃部達吉などを顧問とし、河村又介《かわむらまたすけ》・清宮四郎《きよみやしろう》・宮澤俊義などの諸教授のほか、入江俊郎《いりえとしお》・佐藤達夫などの法制局幹部をも加えた専門家委員会として大いに注目される。その作業は、明治憲法の「自由主義化」をめざして、約三ヵ月にわたって秘密裡に進められ、最終的には、いわゆる乙案と諸委員の意見を総合した甲案とに集約されている。そのまま事態が推移していれば、おそらく、いずれかの案が日本政府の憲法改正案として公表されることになっていたはずである。

⑶　憲法制定本史と総司令部民政局

ところが、二月一日、『毎日新聞』によって「憲法問題調査委員会試案」なるものが突如スクープされるという事件が起こった。これを契機として、日本側の保守的な改正案に満足できない最高司令官マッカーサーは、みずから日本憲法の起草に当たることを決意し、配下の総司令部民政局のスタッフに憲法草案の起草を命じた。

この頃から日本国憲法制定過程は、宮澤俊義が「ダアク・チェインジ」（民政局「日本の新憲法」〈憲法調査会事務局版〉一頁）と呼んだ転機を迎え、その結果、「マッカーサー草案」と言われるものができるが（二月一二日。後述3・4⑴参照）、これは、それまでの日本側の憲法構想とはまったく異なる原理と精神の上に立つものであり、しかも、以後、その基本原則は動かしえないものとされた。

その結果、次に人々の眼に飛び込んできたのは、スクープ案とは似ても似つかぬ「憲法改正草案要綱」という日本政府案（いわゆる三月六日案。後述4(2)参照）であり、その後の憲法典の審議・制定もその枠の中でおこなわれることになる（Ⅲ参照）。したがって、現行憲法の成立史は、先に示した経過区分でいうと、直接には「後期」のみを指し、いわゆる前期は、実は、日本国憲法成立の前史であるにすぎず、その「後期」こそ日本国憲法制定の本史を形づくるといってよい。

こうして、内大臣府および松本委員会における憲法改正調査は、いずれも「憲法制定史上の興味深い挿話」（安念潤司《あんねんじゅんじ》）にすぎない、と評価されることになる。たしかに、日本国憲法の成立過程という全体的な視点からみれば、ポツダム宣言の受諾から日本国憲法の公布までの一年余りの流れを問題としなくてはならないが、その制定過程それ自体に着目するなら、現行憲法成立史は、マッカーサー草案が提示されてから八ヵ月あまりで完結する、といっても言い過ぎではないのである。

## 2 マッカーサー・ノート

総司令部から松本案の提出を要求されていた日本政府は、一九四六年（昭二一）二月八日、憲法問題調査委員会が取りまとめた改正案を閣議で多少修正した上で、最高司令官に提出したが、この時すでに総司令部は、ひそかに日本憲法の草案づくりに着手していた。

まず、総司令部は、すぐ後で詳しく述べる「日本の統治体制の改革」に関するアメリカ政府の指示（二月一日。3(2)参照）および極東諮問委員会との意見交換（同一七日）を契機に、自らの憲法改正に関する権限を検討しつつあった。そして、松本委員会案がスクープされたその日、民政局長のC・ホイットニーから、「憲法改正問題を処理する権限を与えられている」とする調査結果を受け取った最高司令官は、憲法改正の必須要件を記した簡短なメモを民政局長に手渡した（二月三日）。これが一般に「マッカーサー・ノート」と呼ばれるもので、次のような基本原則を含んでいる。

①天皇制の存続を前提として天皇を国の元首とするが、その権能は憲法の定めにしたがい、国民に責任を負うものとする。

②国の主権の行使たる戦争は、紛争解決のための手段としても、また自己の安全を保持する手段としても放棄し、日本の防衛と保護は、いま世界を動かしつつある高次の理想に委ねられる。

③封建制度を廃止し、華族制度は、皇室以外にはみとめない。

④予算の型は、イギリスの制度にならう。

右の原則のうち、④は後に付加された指示事項を記したもので、内容的にも、③とはまったく異なっていて、その意味も、行政部による予算書の作成をいうのか、議会のコントロールを確保する制度を指すのか、判然としないところがある（参照、大石眞『憲法史と憲法解釈』一二九―一三〇頁）。したがって、しばしば言われる「マッカーサー三原則」とは③までを指すと考えるべきであろう。

右の②において、「自己の安全を保持する手段としても」(even for preserving its own security) 放棄するとして、自衛のための戦争をも否認していることは注目される。また、そこにいう「いま世界を動かしつつある高次の理想」とは、おそらく、前年十月二十四日に結成されたばかりの国際連合の理念を指しているに違いない。しかし、問題のその部分は、これから述べる民政局の「憲法制定会議」の中で削られることとなり、このことが後の憲法第九条を解釈するときの一つのポイントにもなる。

## 3 総司令部民政局の「憲法制定会議」とその指針

### (1) 総司令部とアメリカの意向

総司令部では、翌二月四日、ホイットニーが、民政局のメンバー二十数名を集め、これからの一週間、民政局は「憲法制定会議」の役割をはたすことになる旨を述べ、右のマッカーサー・ノートをも伝えた。この時、ホイットニーは、一週間後の十二日に会談することになっている「外務大臣（吉田茂《よしだしげる》）とそのグループに、天皇を護持し、かつ彼等自身の権力として残っているものを維持するための唯一の可能な道」は、この「憲法制定会議」の結果を受け入れることであると説得するつもりであること、そして、日本側が説得に応じない場合には「力を用いる」ことも辞さないことを付言している。

ここに、最高司令官と総司令部の断固とした意思をうかがうことができるが、その背景には、厳しい対日姿勢をもつソ連その他の国が参加することによって、最高司令官の権限を大きく制約することになる占領管理機構、つまり極東委員会（FEC）の発足を前にした総司令部およびアメリカ側の意向が強く働いていた。

もちろん、日本の憲法案を外国人が起草するということに疑念を抱いた者もあったようであるが、民政局は、この時から直ちに仕事にとりかかっている。そして、二月十二日までの八日間、立法権・行政権・司法権・人権・財政などの小委員会に分かれて原案を起草し、その報告をうけて、C・ケーディス大佐、A・ハッシー中佐、M・ラウエル中佐の三人からなる運営委員会と各小委員会との間で、それぞれ調整をおこないつつ再検討するというかたちで、前例のない「憲法制定会議」が、急いで、しかも極秘のうちに進められることになる。

(2)アメリカ本国政府の指示――「日本の統治体制の改革」

こうした総司令部側の敏速な動きの裏には、それを支え、その指針となったアメリカ本国政府の重要な一つの文書があった。国務・陸軍・海軍三省調整委員会の作成した第二二八号文書（SWNCC－228）がそれである。これは、「日本の統治体制の改革」を内容とし、一月七日に合衆国政府部内で採択され、まもなく最高司令官に送付されてきたものである（同一一日）。その「結論」によれば、最高司令官は、「次のごとき一般的な目的を達成するため」日本の統治体制が改革されるよう、日本政府当局者に指示すべきものとされていた。

①政府は、広範なる代表選出権にもとづく選挙民に対し責任を負うものであること。

②政府の行政部は、その権威が選挙民または国民を完全に代表する立法部に由来し、そ

れに対し責任を負うものであること。

③立法部は、選挙民を完全に代表するものであり、予算の項目を削減し、増加し、または削除し、あるいは新項目を提案する完全なる権限を有するものであること。

④予算は、立法部の明示的な同意なくしては成立しないこと。

⑤日本臣民および日本の統治権の及ぶ範囲内にあるすべての人に対し、基本的な市民としての権利を保障すること。

⑥県政府の職員は、できる限り多数を民選または地方での任命にすること。

⑦日本国国民の自由意思を表明するような方法で、憲法の改正または憲法の起草をなし、採択をすること。

このように、基本的人権を保障すべきことを指示する⑤を別とすれば、「日本の統治体制の改革」は、統治機構のあり方について、普通選挙制・議院内閣制・地方自治制のみならず、憲法の改正をも要求するものであった。先の「責任ある政府」の樹立を求めたポツダム宣言と対比すると(I1参照)、かなり踏み込んだ具体的な内容になっている。その意味において、「日本の統治体制の改革」なる文書は、いわば日本国憲法の第一次憲法草案と称すべきものであった。

もちろん、右の文書は、ポツダム宣言の受諾に際してのバーンズ回答にならって、「日本における最終的な政治形態は、日本国国民の自由に表明せる意思によって決定されるべきもの」としている。けれども、同時に、それは、天皇制を「現在の形態で維持することは、前述の一般的な目的に合致しない」ことを明言し、天皇制を維持する場合は、大臣助言制を徹底し、軍事に関する権能を剝奪することなどのほか、さらに次の二点が必要なことも述べている。

①「国民代表たる立法部の助言と同意にもとづき選任される国務大臣が、立法部に対し連帯して責任を負う内閣を構成すること」

②「内閣が国民代表たる立法部の信任を失う時には、内閣は辞職するかまたは選挙民に訴えるか、そのいずれかをとらなければならない」こと

後者は、議院内閣制の原則を指示するものであるが、前者は、さらに、それが組織上政府は議会に従属するという「議会支配制」の要素を取り入れたものでなくてはならない、とする趣旨であろう。

このようにみてくると、「日本の統治体制の改革」による指示は、ポツダム宣言などと異なって、わが国が採用すべき統治制度を相当具体的に特定したうえで、それに合致する憲法改正を要求したものと評することができる。

もちろん、この歴史的な「憲法制定会議」に参加した民政局の要員の間においても、いわゆるニューディーラーに属する観念派と現実派との対立があった。のみならず、個別的な論点についても、例えば、行政権を内閣という合議制機関に帰属させるか内閣総理大臣を帰属主体とするかなど、いろいろな対立があったことは、よく知られている。しかし、これまでみたように、議院内閣制の採否といった根本的な憲法政策にかかわる問題は、もはや論外で

あったわけである。

## 4　日本政府の改正草案づくり

### (1) マッカーサー草案の内容

いずれにせよ、総司令部における約一週間の「憲法制定会議」の結果、全十一章九十二ヵ条からなる「日本国憲法」案がまとめられた。そして、この総司令部案は直ちに最高司令官の承認をうけ、翌二月十三日午前、外相官邸において、C・ホイットニー民政局長から松本国務大臣と吉田外相に、いわゆるマッカーサー草案が手交されることになる。この時、ほかにC・ケーディス、A・ハッシー、そして終戦連絡中央事務局——総司令部との連絡・交渉を主たる任務として設けられた外務省の特設官庁——の白洲次郎なども同席している。

もちろん、日本側は、総司令部内における憲法草案起草作業などまったく知らず、この時点まで、当日の会談は、いわゆる松本案を説明するためのものと思い込んでいた。そのため、松本や吉田は非常に驚き、一瞬色を失ったようである。しかし、ホイットニーは、一週間あまり前に民政局のメンバーに語ったように（3(1)参照）、この草案を呑むことがほとんど唯一の選択の道であることも告げた。

この模様は、ただちに幣原首相に伝えられ、まもなく閣議でも経過報告がおこなわれたが、外務省で仮訳されたマッカーサー草案そのものも、後の閣議で配布されている（二月二五日・二六日）。その内容は、基本的人権の保障（三章）を別とすれば、国民主権をうたい、「天皇は、日本国の象徴であり、日本国民統合の象徴である」（一条）と定めるほか、戦争の放棄（八条）、国会の一院制（四一条）、最高裁判所の違憲法令審査権（七三条）を規定するなど、当時の日本政府にとっては、吉田茂『回想十年』もいうように、正しく「革命的なもの」であった（第二巻二六頁）。

そこに、先の「日本の統治体制の改革」の要求が盛り込まれているのは当然であるが、国会中心型の統治構想はさらに強調され、国会は、たんに内閣の組織（五条・六二条）や財政の処理（七章）に直接関与するだけでなく、基本的人権の保障にかかわらない限り、その特別多数決（議員総数の三分の二）によって、最高裁判所による法律違憲判決をくつがえすことができる（七三条）、ということまで規定していた。この国会による違憲判決の再審査制は、その後の交渉の中で削られる（第十章Ⅱ２⑵参照）。

しかしながら、マッカーサー草案の基本原則から逸脱することは決して許されず、日本政府に対するその提示は最高司令官の一種の指令でもあった。そこで政府は、同案を基礎として修正を加えた「三月二日案」といわれる全九章百九ヵ条の草案をつくり、総司令部との交渉にのぞむことになる。これには、主として松本国務大臣と法制局第一部長の佐藤達夫が同案の作成にあたり、同局次長の入江俊郎もこれに参加している。

この三月二日案は、「書きかけの未定稿」（佐藤達夫）にすぎず、日本側独自の努力をそれなりに反映しているとはいえ、最大の修正でも国会を両院制にしたくらいで（四〇条以下）、全体としては、マッカーサー草案を日本語化したものという色彩の強いものであった。ところが、それはマッカーサー草案にあった「我等日本国人民は」から始まる憲法前文に相当する部分を、まったく欠いている。これが、実証主義的な法思考に由来する、意図的な無視という態度を意味するかどうかは定かではないが、まもなく日本側は、前文についても変更の許されないことを知らされることになる。

(2) 三月六日案（憲法改正草案要綱）の成立

三月四日午前、松本国務大臣と佐藤法制局第一部長は、この三月二日案と説明書をたずさえ、終戦連絡中央事務局の白洲次郎をともなって、一回目の交渉のつもりで、民政局におもむいた。そして、夕方ようやくその説明書の英訳まで終えた時、突然、佐藤は、「今晩中に確定案を作ることになった」ことを告げられる（この時すでに松本国務大臣は退席していた）。これ以後、翌五日の夕方まで、佐藤達夫および途中から参加した法制局第二部長の井《い》手成三《でせいぞう》などとC・ケーディスおよびA・ハッシーなどとの間で、マッカーサー草案と日本案との異同を中心に、文字どおり、夜を徹して逐条審議が進められる（いわゆる徹宵交渉）。そして、審議ずみの案文は、次々に首相官邸に届けられている。

こうした作業がすべて終わった時、民政局長のC・ホイットニーが初めて姿を現し、一同の労をねぎらったという。しかし、佐藤の手記に残された次のことばは、その時の胸中をよく表している（佐藤『日本国憲法成立史〈第三巻〉』一五一〜一五二頁）。

無準備ノ儘、微力事ニ当リ、然モ極端ナル時間ノ制約アリテ詳細ニ先方ノ意向ヲ訊シ論議ヲ尽ス余裕ナカリシコト寔《まこと》ニ遺憾ニ堪エズ、已ムヲ得ザル事情ニ因ルモノトハ云ヘ、此ノ重大責務ヲ満足ニ果シ得ザリシノ罪顧ミテ慄然タルモノアリ、深ク項《ウナジ》ヲ垂レテ官邸ニ入ル。

ちなみに、総司令部民政局の本国あての報告書『日本の政治的再編成』の付録に掲げられた日本国憲法三月四日付の「第一草案」は、いかにもこの時の日本案の英訳文のようにみえる。けれども、近年の研究成果によれば、それは憲法制定後の英訳文書であって、当日の英訳原文そのものではないことに注意する必要がある（笹川隆太郎《ささがわりゅうたろう》＝布田勉《ぬのだつとむ》「憲法改正草案要綱の成立の経緯」石巻専修大学経営学研究三巻一号〜五巻二号参照）。

さて、相次いで届けられた案文を前にして開かれた五日夕方の閣議は、「ほぼ向こうの対案に服従するほかない」と判断し、その旨を上奏するとともに、明治憲法の改正手続（七三条）を考慮して、天皇の意思によって憲法草案を発議する体裁をとることに決定した。

こうして、翌六日、全九十五項からなる内閣の「憲法改正草案要綱」――いわゆる三月六日案――が公表されることになる。これと同時に、天皇の「朕……国民の総意を基調とし、人格の基本的権利を尊重するの主義に則り、憲法に根本的の改正を加へ」るとする勅語、および、「日本政府と連合軍最高司令部の関係者の間における労苦に満ちた調査と数回にわたる会合の後に起草された」この要綱を支持するという最高司令官の声明も、発表されている。

(3) 憲法改正スケジュール

もちろん、一般国民は、松本案のスクープの頃から暗転した後の舞台の様子については、まったく知らされていない。したがって、「憲法改正草案要綱」に接した時の国民の驚きには、想像以上のものがあるが、各省からも問い合わせが殺到したという。しかし、政府は、さらに一歩をすすめ、三月十四日には、いわば憲法改正スケジュールも発表している。

この中では、憲法改正案を次の臨時議会に提出することに決定したことが示されている。それとともに、皇室典範・議院法・会計法などの改正をはかり、国民投票法や公式令に代わるべき法律などを制定するために、内閣に「有力なる調査会」を設け、その成案をできるだけ早く議会に付議する方針であることも明らかにされている。

この「有力なる調査会」とは、内閣総理大臣を会長とする臨時法制調査会を指すが、これが実際に設けられたのは、幣原内閣の総辞職後、約一ヵ月の政治的空白を経て吉田内閣が発足した後の七月になってからのことである。後に現行憲法体制の骨格を形づくることになる各種の憲法附属法は、その成果である各種草案の要綱（一〇月下旬）を法文化したものにほかならない（第十章Ⅱ1・2参照）。

## Ⅲ　日本国憲法の成立

### 1　憲法制定議会としての帝国議会

#### (1) 選挙制度改革と新議会の成立

日本国憲法は、明治憲法下の手続にしたがって、枢密院の審査に付された後、第九十回帝国議会の審議に付され、衆議院・貴族院で議決されたのち、天皇の裁可を経て成立する。したがって、この第九十回帝国議会は、一般に「憲法議会」(制憲議会)の名で呼ばれているが、その組織・構成は、敗戦前の帝国議会とはまったく異なった基礎の上に成り立っていた。

すなわち、第九十回帝国議会が召集されるまでの経過をたどってみると、一九四五年(昭和二〇)十一月下旬に開会した第八十九回議会に対し、政府は、連合国軍最高司令官の民主化要求に応じるかたちで、女性参政権を認めるとともに、選挙権年齢を二十歳に引き下げる衆議院議員選挙法の改正案を提出していた。この改正案は十二月十七日に成立しているが(昭和二〇年法律四二号)ここに、日本憲政史上初めて、性別を要件としない完全な普通選挙制が実現したわけである。

そこで、幣原内閣は、その早期実施のために、改正選挙法が公布された翌日(一二月一八日)に衆議院を解散し、新しい選挙法にもとづく総選挙を年明けの一月下旬におこなう意向を明らかにした。けれども、まもなく翌一九四六年（昭二一）早々、総司令部は、その延期を指示するとともに、「公務従事に適せざる者の公職より罷免排除に関する件」、いわゆる公職追放の指令を発した（一月四日）。これは「政界の無血革命」をもたらしたが（大木操『激動の衆議院秘話』四二五頁）、その後に、総選挙の施行を三月半ば以降とする覚書を交付してきた。これをうけて、政府は、公職追放令（二月二八日勅令一〇九号）を発するとともに、総選挙の期日をいったん三月末日と決定したものの、先に述べた憲法改正草案をめぐる「ダアク・チェインジ」のために（Ⅱ1⑶参照）、ふたたび延期を余儀なくされた。四月十日に衆議院議員総選挙を実施することを決定したのは、ようやくマッカーサー草案の仮訳が配布されたその閣議においてである。

その間に、衆議院議員選挙の立候補者について資格審査がおこなわれたが、その後に、初の完全普通選挙制による第二十二回総選挙が実施され、女性議員も三十九人誕生している。この時、衆議院全体（総定数は四六六人）の政治勢力は、自由党百四十人、進歩党九十四人、そして社会党九十三人などという結果になった。

この一週間後（四月一七日）に、平がな口語体の「帝国憲法改正草案」が公表され、これと同時に枢密院に付議されているが、幣原内閣の進めた進歩党への与党工作が他党の反発をまねいて、内閣は総辞職に追い込まれる（同二二日）。そのため、これからほぼ一ヵ月間、政治空白がつづくことになるが、第九十回帝国議会の召集後に（五月二二日）、ようやく、自由党・進歩党の連立政権、つまり自由党総裁に就任した吉田茂を首班とする内閣が成立している。

こうして、衆議院と内閣とは、ともかく、先にみたアメリカ本国政府の指示「日本の統治体制の改革」（Ⅱ3(2)参照）が要求したように、「広範なる代表選出権にもとづく選挙民に対し責任を負う」存在となったわけであるが、貴族院も、皇族議員全員が辞職するなどしてかなり組織を改めている。

### (2) 憲法議会における審議の概要

前述のように、明治憲法下の流儀にならい、枢密院官制にもとづいて、「帝国憲法改正案」と題する日本国憲法草案は、まず、枢密院に諮詢された（四月一七日）。しかし、幣原内閣から吉田内閣に交替したことにともなって、その審査委員会の作業が中断したため（五月一五日）、憲法草案はあらためて枢密院に付議され（五月二九日）、六月八日に、その本会議で議決されている。

そして、元法制局長官であり、天皇機関説事件を機に辞職した金森徳次郎《かなもりとくじろう》が、憲法問題専任の国務大臣に任命された翌日の六月二十日、日本国憲法草案は、「国民の自由に表明した意思による憲法の全面的改正を意図し、ここに帝国憲法第七十三条によって、帝国憲法の改正案を帝国議会の議に付する」という勅書によって、第九十回帝国議会に提出された。

その翌日、連合国軍最高司令官は、いわゆる議会における討議の三原則に関する声明を発し、改正憲法が明治憲法との「完全なる法的持続性」を保つべきこと、憲法の採択が「日本国民の自由なる意思を表明する」ものになるべきことなどを述べている。それは、しかし、マッカーサーの措置に不満をもつ極東委員会が決定し、伝達してきた「日本新憲法採択に関する基準」（五月一三日）を、そのまま取り入れたものにすぎない。

前文に本則十章九十五ヵ条と補則五ヵ条（一一章）を加えた全百ヵ条からなる「日本国憲法」草案は、六月二十五日、まず、衆議院の本会議に上程された。この時、原案の作成には人民の意思を充分取り入れるべきだとする立場から、その上程を延期する動議も出された（共産党・志賀《しが》義雄《よしお》議員）。たしかに正論にちがいないが、時勢に合わず、結局、否決されている。

これ以後、帝国議会における審議は、貴族院による最終議決がおこなわれる十月六日まで、会期の延長を繰り返しつつ、次のような経過をたどることになる。

［衆議院］本会議における政府提出案の理由説明・質疑（六月二八日まで）――憲法改正案特別委員会における審査（委員長・芦田《あしだ》均《ひとし》、七月二三日まで）――同小委員会における審査と修正案の作成（八月二〇日まで）――憲法改正案特別委員会における小委員会修正案の可決（八月二一日）――本会議における委員会案の報告・可決（八月二四日、記名投票〈賛成四二一、反対八〉による）

［貴族院］本会議における衆議院送付案の提案理由説明・質疑（八月二六日から同三〇日まで）――特別委員会における審査（委員長・安倍《あべ》能成《よししげ》、八月三一日から九月二八日まで）――同小委員会における審査と修正案の作成（一〇月二日まで）――特別委員会における小委員会案の修正可決（一〇月三日）――本会議における委員会案の報告・可決（一

〇月六日、起立採決〈三分の二以上の多数〉による）

これをうけて、衆議院は、十月七日午後、直ちに、貴族院から回付された修正案を本会議に上程し、可決した。こうして「日本国憲法」全九章百三ヵ条の内容が確定するが、それは、さらに「帝国議会において修正を加えた帝国憲法改正案」として、ふたたび枢密院に諮詢され（一〇月一二日）、ここで帝国議会修正案どおりに可決されている。こうして現行の「日本国憲法」が正式に成立したのは、天皇の裁可を経た十月二十九日のことである。

## 2　憲法草案審議過程の特色

本書では、右のような経過をたどった各場面について詳しく取り扱う余裕はない（参照、佐藤達夫『日本国憲法成立史』第四巻）。そこで、ここでは、とくに政府提出原案に対して両議院で加えられた主要な修正箇所に着目するかたちで、憲法制定議会の模様を要約することにしよう。

### (1)　憲法改正案特別委員会と小委員会審査

まず、審議過程そのものについていうと、各議院ともに最も重要な段階は、憲法改正案特別委員会に設けられた小委員会における審査と修正案の作成である。というのも、そこで各政党・会派の修正案が示されたうえで、政府原案に対する具体的な修正が決定され、事実上これがその後のそれぞれの特別委員会・本会議の審議を支配するからである。この小委員会の会議は、すべて秘密会のかたちでおこなわれたが、とくに衆議院における小委員会には、政府側から法制局次長の佐藤達夫と同局参事官の佐藤功《さとういさお》の二人が補助員として参加しており、新聞も、断片的ながら、その模様を伝えていた。

その議事録は、最近まで長く非公開扱いにされてきたが、今日では、帝国憲法改正案を審議した小委員会の議事録も、すべて公開されるにいたっている。そこには、例えば、いわゆる文民条項（憲法六六条二項）が貴族院の審議段階で総司令部側から突然出てきたことに関して、次のような応酬のあったことも記録されている。これにより、占領管理体制の下に置かれた状態での審議過程の雰囲気の一端をうかがうことができよう（参議院事務局編『第九十回帝国議会貴族院帝国憲法改正案特別委員小委員会筆記要旨』参照）。

山田三良君　憲法に入れずに内閣法に譲ることは出来ないものか。

高木八尺君　此の問題を扱ふに付ては、最後の段階に至って突如として斯《かか》る修正が憲法に何故入ったかは、一般の公然の秘密として問題にならなければならないものと思ふ。すると貴族院が外部の要求に依って修正したことになると、之が自由に審議された憲法であると云ふ事実を傷つけることになる。そこで斯る不必要な規定挿入の要求を貴族院として拒んで宜いではないか。（中略）

宮澤俊義君　高木君の意見は一応御尤だが、憲法全体が自発的に出来て居るものでない、指令されている事実はやがて一般に知れることと思ふ。重大なことを失った後で此処で頑張った所でさう得る所はなく、多少とも自主性を以てやったと云ふ自己欺瞞にすぎないから織田子爵に大体賛成。

高木八尺君　それならば議会で審議せぬ方が寧《むし》ろ宜かった。審議をする以上は自由な立場に於て審議する建前をとりたい。

⑵　総司令部と極東委員会の監視と要求

次に、憲法制定議会については、一般に、その審議手続の問題と討議内容の問題とを区別することができる。しかしながら、日本国憲法制定史の場合は、これまでみてきた事情から、憲法制定の舞台は、議会の中にあるだけでなく、議会の外にもあった。しかも、むしろここでの作業が決定的な意味をもっていた、という事実を無視することはできない。この動きは、総司令部と極東委員会の二つの方面から起こり、総司令部は、みずからの要求や極東委員会の要請をたびたび日本側に伝えてきた。

その一端は、外務省の関係官が憲法審議に関する総司令部の空気を政府首脳に報告してきた時に（七月四日）、佐藤達夫が聞き取ったという「G・H・Q部内の一般の意向」を示す次の鉛筆書きメモからも、うかがうことができよう（佐藤『日本国憲法成立史』第四巻六七六―六七七頁）。

二　案が借りものでなく真に日本人のもの即ち伝統に根ざし、国民感情に合致したもの（形式内容）たることを望むから、それに即応する修正は支障なし。

三　併しポツダム宣言にも、又初期の対日政策にも示される如く……《（ママ）》が必須の条件故、平和主義、民主主義の根本原則に反した修正は許されぬ。
四　従つて、天皇に対する国民親愛の気持が第一条に規定されてゐる如き天皇の地位に表現され得るものと解することが望ましい。（以下略）
六　国会に於て明らかにされてゐる政府の諸見解は大体妥当と思はれるが、唯上院を必要とする米国と異なる日本で二院制をとらねばならぬ理由を知るに苦しむ。（以下略）
七　戦争抛棄に付ては、理論的には自衛権に基く戦争迄を自ら否定するのは卑屈に過ぎると思ふが、現実の状況では能力はないし、又『マ』元帥は特に之を喜ばれた経緯もありあまり深入りせぬを可とす。

こうした意向をもつ総司令部側との交渉をおこなうため、七月十六日・同二十三日、同二十九日・八月六日と、憲法制定議会の間をぬって、金森国務大臣とＣ・ケーディスとの間、そして入江法制局長とケーディスとの間に会談が重ねられていた。制憲議会の審議内容についても、つねに議事要領の報告書の英訳が総司令部に提出されていた。次の金森国務大臣のメモ（七月末）は、こうした裏の事情や総司令部の要求をよく示している（佐藤『日本国憲法成立史』第四巻七七三―七七四頁参照）。

二、ＧＨＱ側より本月上旬頃より申出で来れる諸点、本月初頃より二十三日（ケーディス

との会談）迄の経過

(イ)前文又は本文中の何れかに於て主権は国民に在る旨を規定すること

(ロ)第九十四条（最高法規に関する規定）中の「並びにこれに基いて制定された法律及び条約」を削ること

三、右に対し政府は秘に小委員会側に意見を通じ漸次実現の傾向を生ぜり

（中略）

五、更に七月二六日頃よりＧＨＱ側より左の申出あり。

一、主権は国民に在りとの規定を本文中にも設くること

二、国会の選挙規定（第四十条）に成年者普通選挙の趣旨を明にすること、例へば「教育・財産・収入によりて選挙資格を区別せざる旨」の規定を加ふること

右に対しては未だ当方より意見を示さず

六、外にＧＨＱ側よりの申出

(イ)第四条の日本語補正希望（政治の語を変へること、第二項を意味明確にすること等）

(ロ)第八十四条（皇室財産の規定）の議会側修正意見に付ては反対強きこと

(ハ)所謂進歩的なる条文改正を行ふことに付ては寧ろ賛成であること

七、小委員会の修正案が纏まりかけた時にはＧＨＱ側との連絡を要すべく之に相当日数を要すべしと思はる

こうした総司令部の要求は、貴族院の審議に際してはあまりなかったようであるが、九月下旬になって、総司令部から、突然、「成年者による普通選挙制を保障する」、「内閣総理大臣とすべての国務大臣は、CIVILIANSでなくてはならない」、とする二点を明文化するよう、修正要求が出されている。その際、とくに後者は、極東委員会の強い要求であることも告げられたが、この問題を取り上げた時の貴族院憲法改正案特別委員会の小委員会における審査の模様は、先にふれた通りであり（(1)参照）、いかにも理不尽な要求のように映ったようである。

しかし、極東委員会としては、後に述べる「芦田修正」（3(2)参照）によって戦力を保持しうる可能性がでてきた。そのため同委員会は、軍国主義の制度的支柱となった軍部大臣現役武官専任制のような制度（第八章V2参照）が復活することを阻止する意味で、具体的な要求を出してきたわけであろう。

## 3　憲法議会による修正

(1) 総司令部の要求への対応

第九十回帝国議会は、四ヵ条を新設し、一ヵ条を削除するなど、政府提出の憲法草案に対して多くの修正を施している。すぐ後で述べるように（(2)参照）、その四ヵ条を含めて日本側独自の努力と考案によるものも多いが、まず、金森メモに記されたような総司令部側の要求（2(2)参照）に対応する部分としては、以下のような修正がある。

①第一条の「日本国民の至高の総意」を改めて、「主権の存する日本国民」と明記した（前文も同じように修正した）。

②第四条の「国務」「政治」を、それぞれ「国事に関する行為」「国政」に改め（一項）、「権能」の委任を「国事に関する行為」の委任に改めた（二項）。

③第十五条に、「公務員の選挙については、成年者による普通選挙を保障する」旨の明文を挿入した（三項、貴族院修正）。

④両議院の議員資格・選挙人資格の規定に関する但書きの中に、「教育、財産又は収入」を加えた（修正四四条）。

⑤第六十六条に、「内閣総理大臣及びその他の国務大臣は文民でなければならない」とする一文を挿入した（二項、貴族院修正）。

⑥新たに、国務大臣の過半数は国会議員でなければならない旨を加えた（六八条）。

⑦アメリカ合衆国憲法にならってこの憲法のほかに、「これに基いて制定された法律及び条約」までも「国の最高法規」としていた部分を削った（修正九八条）。

(2)日本側のイニシアチブによるもの

もちろん、日本側独自の考案による修正もあった。そのほとんどは衆議院の憲法改正案小委員会における審議の成果であるが、これも総司令部側の承認のもとに実現したものであることは、改めていうまでもない。

その主要なものとしては、自由党・社会党・進歩党などの各党派がほぼ一様に要求した諸点、すなわち納税の義務（三〇条）、国民要件の法定（一〇条）、公務員の不法行為による損害賠償請求（一七条）、そして刑事補償（四〇条）に関する規定を新たに設けたり、数ヵ条にわたって項の新設・修正をおこなったりしたことが挙げられる。この修正の中には、とくに次のような重要な部分がある。

①第九条一項に「日本国民は、正義と秩序を基調とする国際平和を誠実に希求し」を加え、二項に「前項の目的を達するため」という文言を挿入した。

②第二十五条一項として、「すべて国民は、健康で文化的な最低限度の生活を営む権利を有する」と加えた。

③第五十九条二項として、「前項の規定は、法律の定めるところにより、衆議院が、両議院の協議会を開くことを求めることを妨げない」と加えた（貴族院修正）。

④最高裁判所を「終審裁判所」であるとしつつ、最高裁判所が法令・処分などについて合憲性決定権をもつと分項して規定していたのを、一文にまとめて単項のかたちに改めた（八一条）。

⑤第九十八条二項として、「日本国が締結した条約及び確立された国際法規は、これを誠実に遵守することを必要とする」を加えた。

このうち、まず、②は、先にみたように（Ⅰ(1)参照）、当時有力な勢力をもっていた社会党の提案に由来するもので、この「生存権」規定は、いわゆる社会国家思想の表現として、後に大きな意味を与えられることになる。

また、①は、衆議院憲法改正案小委員会長の芦田均の考案によるもので、そのため一般に「芦田修正」と呼ばれているが、自衛戦争・自衛戦力は留保されるという憲法解釈の有力な論拠とされることになる。さらに、④は、法令の憲法適合性に関する最高裁判所の決定権が、具体的な事件・争訟とかかわりなく、それ自体独立して行使することができるものであるかという問題を論じるときに、必ず引き合いに出されている。

このように、日本側の独自の考案による修正も、かなり重要な内容を含むものであったことは間違いない。しかし、この場合でも、すべて総司令部の承認が必要だったことに変わりはない。総司令部が考えた基本原則からの逸脱はとうてい認められなかったからである。その意味において、憲法第九条原案に対する「芦田修正」によって、同条の規範内容が全面的な戦力否認から自衛目的の戦力・武力は留保されるとする限定的な戦力否認に大きく転換したと考えるのは妥当でない。むしろ、その意図したところは、すでに先にみたマッカーサー・ノートからマッカーサー草案への移行によって実現していたと考えるのが適切であろう（Ⅱ2参照）。

### 4　憲法制定史上の問題

以上にみたように、ポツダム宣言の受諾から始まる日本側独自の検討過程（前史）と、マッカーサー草案の提示以後の制定過程（本史）との間には、連続した法典の成立史とはみることのできない大きな断絶がある。そこで、以下にみるような問題が関連することになる。

(1) いわゆる憲法自律性の問題

明治憲法の制定は、先に詳しくみたように（第三章〜第七章）、いろいろな憲法構想や外国の憲法制度を前にしての自主的な選択と受容の過程であったが、日本国憲法の制定は、占領管理体制の下における、いわば強いられた「憲法革命」というべきものであった。これは、マッカーサー草案の提示以後の憲法草案の起草過程だけでなく、憲法制定議会における審議過程についても当てはまる。

したがって、現行の日本国憲法の制定は、そういうものとして法的な瑕疵《かし》を帯びているとみるのが自然であり、すでに言及したように（Ⅱ1(1)参照）、「憲法自律性の原則」は、むしろ破られたとみるのが正当な見方であろう。

(2) 日本国憲法の効力をめぐる論争

そこで、日本国憲法の制定をめぐっては、他国の場合にはみられない独特の効力論争が展開されることになる。

まず、(a)憲法改正限界論を前提として、明治憲法所定の改正限界を超えているので日本国憲法は本来無効だと主張する現行憲法無効論が唱えられることがある。これについては、しかし、法的に瑕疵のある行為を直ちに無効とみる点において妥当でないし、実際的にみても、これまでに制定され、整備された法令や制度をすべて無にしてしまうという決定的な難点がある。おそらく、このことは無効論者も意識するところで、その意味において、その主張の実質は明治憲法復活論というべきであろう。

これに対し、(b)現行憲法有効論に属するものとしては、まず、憲法改正には法的な限界はないとする無限界論があるが、これとは対立する憲法改正限界説にも、①ポツダム宣言の受諾により主権が転換したとする八月革命説、②帝国議会における審議過程で国民主権が次第に確立したとする、いわば段階的な主権顕現説、そして、③本来瑕疵ある制定行為であったが、一定の憲法規定の履行行為によって完全な効力をもつにいたったとする法定追認説などの考え方がある。

このうち、多数説とされる八月革命説については、前に記したように（Ⅰ1(3)参照）、ポツダム宣言の文言やバーンズ回答の理解をめぐっての問題があり、また国家主権のない「国民主権」論は虚妄ではないかといった批判が当てはまる。また、段階的に主権が顕現したものとみる考え方も、総司令部による完全な裏統制や極東委員会の介入などによって、日本側の自由な意思はありえなかったことを想うと、説得力のある議論とはいえない。

したがって、主権回復の時（平和条約発効日）を基準として、法定追認という考え方をとることが妥当であろう。次章に述べる一九五一年（昭二六）九月に連合国と締結したサンフランシスコ平和条約は、その意味でも重要な憲法史的な意義が認められるのである（第十章Ⅲ2参照）。

## ■第九章　年表

1945年（昭20）8月　ポツダム宣言の受諾、占領管理体制の開始
9月　降伏文書に署名、アメリカ政府の初期対日方針公表
10月　総司令部による自由の指令
幣原内閣、憲法問題調査委員会を設置
11月　日本社会党・日本自由党・日本進歩党の結成
12月　松本四原則の発表、総司令部の神道指令、衆議院議員選挙法の改正（女子参政権の実現）、労働組合法の公布

1946年（〃21）1月　天皇の人間宣言、公職追放指令、日本の統治体制の改革〈SWNCC-228〉
2月　松本委員会案のスクープ、総司令部民政局の「憲法制定会議」、マッカーサー草案を提示
第1回極東委員会開かれる（ワシントン）
3月　徹宵交渉後、憲法改正草案要綱を公表
4月　第22回衆院議員総選挙、憲法改正草案発表、憲法改正草案を枢密院に諮詢、幣原内閣総辞職
5月　第90回帝国議会召集、吉田内閣（第1次）発足
6月　憲法改正草案を第90回帝国議会に提出
7月　極東委員会、新憲法の基本原則を採択、吉田内閣、臨時法制調査会の設置
8月　衆議院で憲法改正案を修正議決、貴族院の審議開始
10月　貴族院で憲法草案を修正議決、衆議院で貴族院修正案に同意（帝国憲法改正案の成立）、臨時法制調査会の答申（各種法案要綱）、内閣法案・裁判所法案などにつき総司令部と交渉重ねる
11月　日本国憲法の公布、第91回議会の開会
12月　第92回議会の開会

1947年（〃22）4月　第1回参院議員選挙、第23回衆院議員総選挙
5月　日本国憲法の施行、第1回（特別）国会召集

# 第十章　現行憲法体制の成立と運用

## Ⅰ　日本国憲法の特色

### 1　憲法の特色と基本原理の捉え方

日本国憲法は、一九四六年（昭二一）十一月三日の官報で公布され、「公布の日から起算して六箇月を経過した日から、これを施行する」（一〇〇条）とする規定によって、翌年（昭二二）五月三日から施行された。現在、この日は、「日本国憲法の施行を記念し、国の成長を期する」日として、国民の祝日になっている（国民の祝日に関する法律）。

ここに「現行憲法の基本原理」というのは、日本国憲法の特徴的な要素を指しているが、何を現行憲法の基本的な原理・目的とみなし、どこにその特質を見出すかについては、一義的な方法があるわけではなく、いろいろな考え方がありうる。まず、その抽出方法としては、主として、(a)憲法典の前文から導くものと、(b)憲法典の規定全体から帰納するものがある。さらに、この後者にも二通りの考え方があって、主として、(1)日本憲法史的視点に立つものと、(2)比較憲法的な視点を取り入れたものとがある。

この点に関しては、しばしば国民主権・人権尊重・平和主義という三大原理があると説かれてきたが、これは、主として、(1)日本憲法史的視点に立った見方によるものである。これに対し、(2)比較憲法的な視点による代表的な見方としては、貴族院議員として制憲議会にも参加した英米法専攻の高柳賢三《たかやなぎけんぞう》（のち憲法調査会会長）のように、アメリカ型「法の支配」と議会制民主主義というとらえ方もある（高柳『天皇・憲法第九条』一二〇頁以下参照）。ここでは、すぐ後で述べるように、後者の比較憲法史的な視点に立った見方をしている。

また、そうした「基本原理」を抽出することが、憲法の解釈・運営上どういう意味をもつのか、実は必ずしもはっきりしない。これについては、(a)憲法条規の解釈原理（解釈指針）と位置づけるものと、(b)憲法改正の限界原理と結び付けるものとがある。とくに後者の場合、何を基本原理とするかによって憲法改正権力に対する制限の内容が異なってくることになるので、その意味によく注意する必要がある。

## 2　比較憲法史上の位置づけ

前記のように、比較憲法史的な見方に立って日本国憲法の特質を一言であらわすとすれば、それは、第一次世界大戦後のヨーロッパ大陸諸国の新憲法とアメリカ型「法の支配」との混成憲法である、ということができよう。この場合、前者の大陸法的要素は主として政治制度の諸規定にあらわれ、後者の英米法的要素は主として権利保障と司法権に関する規定にあらわれていることが注目される。それらの具体的な特徴を、その後の運用問題とともに取り出すと、以下の数点になろう。

(1) 半直接民主制

半直接民主制とは、代表制を採り入れつつ、国民に対し一定の要件で立法その他の国政に直接介入するしくみを制度化している民主制の形態をいい、国民と議会との関係に焦点を当てた観念である。この点について、日本国憲法は、立法権その他の重要な国政上の権能を国会に委ねるとともに、国民主権の原理から、主権行使の方法として、国政選挙とともにレファレンダム（国民表決）を採り入れている。そこで、日本国憲法の定める「代表民主制」、つまり国民と議会との関係は、第一次世界大戦後のヨーロッパ大陸諸国で登場した半直接民主制の系譜に属すると考えられる。

もっとも、日本国憲法の運用をみると、これまで半世紀以上も国政選挙のみがおこなわれてきたのであって、憲法改正の場合に予定されているレファレンダムは——国会による憲法改正の提案自体がないため——まったく実施されたことがない。しかも、それを実施するための憲法改正国民投票法が制定されたのは近年のことにすぎないし、多くの学説によれば、国民主権のあらわれである憲法改正権限にも限界がある、と解釈されている。

こうした事情を考えると、半直接民主制の実質は失われて「半代表政」へと転化し、国民もまた「囚われの主権者」になっているのではないか、という深刻な問題がある（大石眞『立憲民主制』一七二頁参照）。

### (2) 合理化された「議院内閣制」

日本国憲法は、議会と政府との関係について、しばしば、内閣は議会の信任の下に在職し、議会に対して責任を負うイギリス型の議院内閣制を採用しているといわれる。もっとも、それは、国会が内閣総理大臣を指名し、衆議院の総選挙ごとに内閣の総辞職を義務づけている点において議会支配制型のものである。しかも、そうした議院内閣制を形づくる諸準則を憲法典に明文化している点、そして閣僚の半数までは非議員で占めることを認める点において、今日なお国政上の習律という不文の憲法的規律で形づくられ、全閣僚が議員であることを要するイギリスの議院内閣制とはかなり異なった様相を呈している。

そこで、現行憲法の定める議院内閣制は、むしろ第一次世界大戦後のヨーロッパ大陸諸国の新憲法で見られた「合理化」構想の系譜に属するということができる。しかし、その運用を振り返ってみると、憲法第六十九条が定める衆議院による内閣不信任決議に対抗するかたちでの衆議院の解散よりも、内閣の裁量的判断によって衆議院が解散された事例のほうが圧倒的に多い。また、基本的に衆議院を基礎として形成された内閣の存立が、参議院の通常選挙の結果に左右されるといった事態すら起こっており、議院内閣制の「合理化」とは相容れない要素が見られる。

このうち、参議院の選挙がそうした政治的効果をもつことについては、法律制定に関する参議院の議決権がイギリス型の両院制の場合よりも強いこと、衆議院に類似した参議院組織法（参議院議員選挙法）が採られていることと密接に関係しており、ここに根本的に再考すべき問題がある。

(3) アメリカ型「法の支配」

イギリスの憲法原理に由来する「法の支配」は、とくに司法的先例を重視するという特徴をもつ。この「法の支配」原理の技術的構成（高柳賢三）という視点に立つと、日本国憲法は、基本権保障規定を列挙し、詳しい「憲法的刑事手続」規定をもつとともに、司法裁判権を一元化し違憲立法審査制を採用している点において、アメリカ型のそれを取り入れたものといえる。

もっとも、基本権保障規定の内容については、他の自由権規定とは異なって職業の自由や財産権に対する大幅な制約を認めようとする憲法第二十二条・第二十九条や、いわゆる生存権を保障する憲法第二十五条に見られるような権利宣言の「社会化」をにじませたものが多いことも注目される。この点において、基本権保障規定は、総体的に、むしろ第一次世界大戦後のヨーロッパ大陸諸国の新憲法の系譜を引いたものといえよう。

アメリカ型の「法の支配」の要をなす違憲立法審査制度は、最高裁判所及び有力な学説によって、具体的事件性・争訟の成熟性などを要件とする付随型違憲審査制又は憲法訴訟制度として解釈・運用されている。しかし、この点については、憲法制定当初から今日にいたるまで、ヨーロッパ大陸諸国で採用されているような憲法裁判制度や抽象的違憲審査制なども法定することができるとする考え方が有力に唱えられている。また、国会制定法に対する違憲判断がきわめて少ないことから、立法府への敬譲を基本として法律に対する憲法判断や違憲判断を回避しようとする司法消極主義の考え方に対しては、違憲審査権の積極的な行使を望む声もある。

(4) 戦争の放棄

以上の三点のほか、さらに第四の特徴として、日本国憲法第九条が定めている戦争放棄及び戦力不保持に示される「平和主義」条項を挙げることもできよう。この見方は、前記のような比較憲法史的な見方によるものでなく、むしろ明治立憲制を葬り去ってしまった軍国主義との関係を重視したもので、その意味において日本憲法史的な見方に立ったものといえる(1参照)。

しかしながら、戦争放棄と戦力不保持が当然に自衛のための戦争・戦力までを含むとみるべきかは、マッカーサー・ノートから第九条の成立にいたるまでの過程などを総合的に検討してみると、疑わしいものがある(第九章Ⅱ2、Ⅲ3(2)参照)。また、その「平和主義」といわれる原則の具体的な内容も、国際政治の現実との関係を考えると、必ずしも明確なものではない。

こうした憲法第九条の解釈と「平和主義」の内実をめぐる問題は、占領管理体制の下に置かれていた時期には表面化することはなかった。しかし、とくに朝鮮戦争を契機として明確になったアメリカの対日政策の転換や、日本の再独立を意味するサンフランシスコ平和条約の締結などによって、日本の独立国家・主権国家としての対外防衛の課題が浮上してくる。

そして、警察予備隊・保安隊・自衛隊の整備というかたちで本格化した日本の再軍備過程において、第九条の解釈問題は、米ソ冷戦という国際政治を背景として、後に述べる「一九五五年の政治体制」のもと（Ⅳ１参照）、鋭い政治的対立軸を形づくることになる。また、冷戦終結後の国際連合の平和維持活動に対する協力の是非をめぐって、いわゆる平和主義の内実が試されることになったことも、われわれの記憶に新しい。

## Ⅱ　憲法附属法の制定

### 1　臨時法制調査会の調査立案

(1)　憲法附属法の必要性と臨時法制調査会の設置

明治憲法体制もそうであったように、日本国憲法体制は、たんに憲法典の制定によって完成するわけではなく、その憲法秩序は憲法附属法規の整備によって初めて全容をあらわす。実際、衆議院の特別委員会が憲法改正案を可決すると同時におこなった「附帯決議」（八月二一日）も述べていたように、「憲法改正案は憲法附属の諸法典と相俟って、始めてその運用の完全を期待し得るもの」である。

そこで、同決議は、続けて、「然るに皇室典範、参議院法、内閣法その他多数の各種法令は、未だその輪郭さへ明かでないために、憲法の審議に当っても徹底を期し得なかったことは、深く遺憾とする」ことを述べ、速やかに基本的な各種法典を立案するよう政府に促している。実際、すでに述べたように、この時には臨時法制調査会の検討作業が並行して進んでいたのである（第九章Ⅱ4参照）。

この臨時法制調査会は、本来なら、帝国議会による憲法審議とほぼ同時に設けられる予定であった。しかし、幣原内閣の総辞職（四月二二日）ののち、自由党総裁の鳩山一郎が公職追放になるという情勢のなか、後継首班が決まらず、約一ヵ月もの政治空白が生まれたために、その設置は遅れてしまう。同調査会が内閣総理大臣を会長として正式に発足するのは、吉田茂が自由党総裁に就任することを受諾した後に組閣し（五月二二日）、第九十回帝国議会が開会して、憲法草案の審議が進んでいる最中の七月初めのことであった。

### (2) 臨時法制調査会の構成と答申

臨時法制調査会では、実務上は、副会長である国務大臣の金森徳次郎が座長役を務めたが、諸橋襄《もろはしのぼる》・佐藤達夫・入江俊郎ほかの関係各庁の官吏、および佐々木惣一・宮澤俊義・杉《すぎ》村章三郎《むらしょうざぶろう》・我妻栄《わがつまさかえ》・中川善之《なかがわぜんの》助《すけ》その他の学識経験者などからなっていた。そして、皇室及び内閣関係（第一部会）、国会関係（第二部会）、司法関係（第三部会）、財政その他の関係（第四部会）の四つに分かれて、議会における憲法改正草案の審議と並行するかたちで、主要法案の骨子を作成すべく精力的に調査・検討を進めた。このうち、第三部会は、ほぼ同時に木《き》村篤太《むらとくた》郎《ろう》司法大臣の諮問機関として設けられた司法法制審議会と一体のものであり、この決議はそのまま第三部会の決議とされた（大石眞「裁判所法成立過程の再検討」同『憲法秩序への展望』二九八頁参照）。

臨時法制調査会の最終的な詰めは、第九十回帝国議会における憲法改正の議決（一〇月七日）とともにおこなわれ、その結果、日本国憲法が成立する三日前の十月二十六日には、改正皇室典範・皇室経済法・内閣法・行政官庁法・国会法・参議院議員選挙法・裁判所法・財政法などの憲法附属法の法案の要綱はもちろん、民法・刑法・刑事訴訟法といった基本的な法典の改正要綱をふくむ、合計十九件の法案要綱を吉田首相に答申するにいたった。

しかし、その答申の中には、三月十四日に発表された憲法改正スケジュールの中にあったはずの憲法改正国民投票法案と公式令に代わるべき法案の要綱は、いずれも含まれていなかった。それらが外された理由は必ずしもはっきりしていないが、公式法関係については法制局内部で検討が進められたようで、年末には公式法案要綱（全五項、一二月二六日）が作成されている。ただ、これも、すぐ後でみるような事情から（2(1)参照）、実を結ぶまでにいたらなかった。その結果として、この法律に相当する憲法附属法は、今日になってもまだ制定されていないのである。

## 2　憲法附属法の成立

### (1)　憲法附属法の概要と施行

いずれにせよ、これらの要綱を基に法制局などを中心として法案化したものが、次の第九十一回臨時議会（昭和二一年一一月二六日～一二月二五日）およびその閉院式の翌日に召集された第九十二回通常議会（一二月二八日～翌二二年三月三一日）に、政府によって提出されることになる。

ただ、国会法案については少し曲折があった。すなわち、当初、臨時法制調査会第二部会において議院法の改正問題として検討されたものの、いわば立法部再編法を政府内で起案することを不当とする総司令部側（とくにJ・ウィリアムズ国会課長）の意向もあって、立案検討の舞台は衆議院の議院法規調査委員会に移された。そして、新憲法の精神に基づいて新たに国会法を制定するという方針の下に起草されたものが、衆議院提出法案として議会に付議され、議決されている。

これらの審議過程をここで逐一詳しくたどる余裕はないが、帝国議会における審議の結果、憲法施行の日（五月三日）までに、以下に掲げるような今日なお現行憲法体制の主要部分を形づくっている各種の憲法附属法が制定・公布され、ほとんどすべて憲法施行と同時に施行されている（会計年度の関係から、財政法のみは原則として四月一日から施行された）。

皇室典範（一月一六日、法律三号）
皇室経済法（同日、法律四号）
内閣法（同日、法律五号）
財政法（三月三一日、法律三四号）
裁判所法（四月一六日、法律五九号）
地方自治法（四月一七日、法律六七号）
会計検査院法（四月一九日、法律七三号）
国会法（四月三〇日、法律七九号）

なお、先にふれた公式法案については（1⑵参照）、要綱の作成後、天皇の国事行為や政府部内の行政措置を内容とすることから、むしろ、政令の所管とする考えが強まり、憲法施行前の四月三十日には、全十三ヵ条からなる「公文方式令」案がまとめられた。しかし、本来、法律をもって規定すべき実質的問題であり、天皇の地位について明治憲法の匂いが濃いとする民政局の強い反対に遭って、その構想も潰えてしまった。

⑵ 附属法制定過程における総司令部の関与

その例でも明らかなように、一連の基本法典の制定過程において総司令部側の強い関与があり、総司令部と日本側との間に憲法の場合と同じような交渉と折衝が重ねられたことは、改めていうまでもない。

例えば、内閣のあり方については、もともと総司令部内における憲法草案の検討過程において、内閣総理大臣に優越的地位をみとめ、強い行政府を指向するC・ピークなどの小委員会の立場と、これに反対するC・ケーディスなどの運営委員会の立場との対立があった。にもかかわらず、日本側で閣議決定した内閣法案に関する法制局との交渉の中で、ピークは、内閣官制と余り変わっていないので根本的に書き直す必要があるとする総司令部側の意向を伝え、内閣法案に明瞭に規定すべき要点を具体的に指示している（昭和二二年一一月）。その代表例は、内閣総理大臣の行政各部に対する指揮監督権に関する現行の内閣法第六条の規定などであろう。

他方、マッカーサー草案は、「強力で独立の司法部は国民の権利の防塁である」とする立場から、最高裁判所の規則制定権を明記し、違憲審査権を認めるなどしていた。しかし、日本側は、憲法改正草案要綱（三月六日案）以後の憲法草案をまとめる際、「マ草案での異色の条文の一つ」（佐藤達夫）と映った最高裁の法令審査判決に対する国会の再審査制（マッカーサー草案七三条）を削除している。そして、枢密院・帝国議会における審議を通して、ヨーロッパ大陸型とは異なる英米流「司法権」観念の中身、違憲審査制のあり方、陪審制・参審制の可能性などが問われたことは当然である。

これらの問題は裁判所法の立案過程でも取り上げられたが、総司令部の反応には対照的なものも見られる。すなわち、司法省側が一貫して採用していた最高裁判所への移送・中間判決制度としての違憲審査制の構想は、A・オプラーやT・ブレイクモアなどが強く異論を唱えたため（昭和二一年九月・一二月）、ついに日本側の草案から姿を消した。その一方で、総司令部側は陪審制度を容認する規定を付加するよう強く要求し（同二二年三月）、その結果が現行の裁判所法第三条三項となっているのである。

(3) 政党法案の問題

およそ政党のあり方は、憲法の運用に密接に関連する重要課題である。この点について総司令部側は、ポツダム宣言にいう責任ある民主的政府の樹立のために不可欠の要素として、安定した力をもつ民主的な政党を前提とした「多元的な政党体制」を確保しなければならないことを確信していた。

ところが、一九四五年（昭二〇）十月に「自由の指令」が出されて以来、社会党・自由党・進歩党などが結成されるとともに共産党も再建されたが、明治憲法末期の「国家政党」体制に対する反動もあって、活発な言論・結社活動が展開され、多くの群小政党が簇生《そうせい》することになる。その数は、翌年（同二一）四月の第二十二回衆議院議員総選挙で約二千五百、候補者を擁立する政党だけで二百五十に上り、翌々年（同二二）四月の第一回参議院議員選挙・第二十三回衆議院議員総選挙でも、約千四百、候補者を擁立したものは百二十に及んでいた。

こうした政党濫立の状況が、議院内閣制を国政運用の基本とする日本国憲法の前途にとって望ましくないことは明らかであり、憲法草案の審議に際しても群小政党の簇生する現状を憂慮する議論は多かった。そこで、P・ルースト政党課長に代表される総司令部側と内務省との間で、濫立政党の整理のために政党法案の立案が進められるが（昭和二二年一一月）、内務省で取りまとめられた政党法案は、政党の自由を拘束するものとする斎藤隆夫《さいとうたかお》・植原悦二郎《うえはらえつじろう》両大臣の反対に遭うなど、吉田内閣の内部にも強い異論があった。その上、選挙犯罪の定義や政党の内部組織・運営の民主化の基準などを不満とする総司令部の意向もあって、ついに内務省案は頓挫してしまう（翌二二年二月）。

しかし、いわゆる破片政党の傾向は、前記のように、第一回国会に向けた国政選挙でも一向に収まらなかった。そこで今度は、民政局と主要政党の代表者との間で協議が進められた結果、七月二十一日には各派共同提案のかたちをとった政党法案が提出される。これをうけて、衆議院は「政党法及び選挙法に関する特別委員会」を設けて検討を進めたものの（七月

〜一一月。参議院では議院運営委員会の中に「政党法案に関する小委員会」が設置された)、効果的な腐敗防止策を講じ、全国的な選挙管理委員会を設けることが先決であるとする民政局側の意向に沿わず、ふたたび、政党法案の構想は潰えてしまった。これを最後に政党法案は姿を消すことになるが、その名残りは、政党や選挙に関する腐敗防止を図るものとして制定された現行の政治資金規正法の中に見出すことができる。

### 3　憲法附属法の制定にともなう憲法問題

これらの憲法附属法の制定によって、現行の日本国憲法体制を支えている法制度に近いものが出来上がってくるが、ここで憲法附属法のいくつかについて注意すべき点を記しておこう。

#### (1) 皇室典範と公式法

まず、皇室典範は、名称こそ明治憲法下のものと同じであるが、「国会の議決した皇室典範」(憲法二条)という手続を特定された法律であり、いわゆる明治典憲体制におけるような意味と権威をまったくもっていない(第八章Ⅲ1参照)。

なお、法令の公布式などを定めていた公式令(明治四〇年勅令六号)や登極令・立儲令を始めとする皇室令はすべて効力を失い、これらに替わるものも、今日にいたるまで制定されていない。しかし、とくに公式法についてみると、現行憲法は、法令の公布・栄典の授与といった行為を天皇の国事行為としているので(七条参照)、その公文の方式をどうするかが当然問題となる。そこで、すでに述べたように、憲法附属法規の一環として、公式法案要綱や公文方式令案が取りまとめられたものの、民政局側との調整がつかなかった（1⑵、2⑴参照）。

そのため、憲法施行直前に、次のような「次官会議了解」が成立し（二二年五月一日）、以後、公文の方式はこれによって慣行化されている。

公式令は、五月三日を以て廃止されるが、これに代るべき法令は差当っては制定しないので、公文の方式等については、当分の間左の通りに取り扱うこととする。

一　日本国憲法第七十四条の規定による主任の国務大臣の署名及び内閣総理大臣の連署は、当該法律又は政令の末尾にこれをすること。

二　法律又は政令の公布は、前号の署名及び連署のあるものに公布書を附してこれをすること。

公布書には、親書の後御璽をおし、内閣総理大臣が年月日を記入して署名すること。

四　政令、総理庁令及び省令には必ず施行時期を定めること。（公式令第十一条の規定に相当する根拠規定がないから）

五　法令その他の公文の公布は、従前の通り官報を以てすること。

七　位記、勲記その他の栄典に関する公文に関しては、公式令第十七条及び第十九条乃至第二十一条の例によること。

その結果、法令の公布方法については早くから憲法上の習律が成立したと解されることになり、判例も、例えば法令の公布については、他の適当な方法でおこなうことが明らかでない限り、官報をもってすべきものとしている（最大判昭和三二年一二月二八日）。

(2) 国会法と議院自律権

また、国会法は、前記のように（２(1)参照）、他の法案とちがって衆議院提出案を基礎として制定された。とはいえ、それは、明治憲法時代の議院法の存在を踏襲するかたちで定められたものであり、両院制構造のもと、いわゆる議院自律権を保障する憲法の趣旨（五八条二項参照）との間に大きなズレをみせている。しかも、それは両議院を通じて強い拘束力をもつものと観念され、明治憲法の下で形成された、いわば両院同一手続準則観がそのまま維持されることになった。その結果、各議院の自主的な議院運営の余地は著しく狭められるとともに、「議院規則と国会法の関係」といった一種独特の憲法問題が生まれることにもなったのである。

この問題を憲法の精神に則ったかたちで合理的に解決するためには、国会法の諸規定のうち、各議院の院内事項に関するものについては、両議院の合意による「紳士協約」に基づくものとみて、法律としての効力を否定的に解するほかはない。しかし、最も望ましいことは、いわゆる議院法伝統に囚われた国会両議院のあり方を根本的に見直して、国会法の内容を思い切って簡素化し、議院手続準則は各議院の自律的な決定に委ねる、というように改めることであろう。

### (3) 参議院組織法と選挙法

さらに、この時に制定された行政官庁法（昭和二二年法律六九号）は、翌年、国家行政組織法（昭和二三年法律一二〇号）に代わるが、これと同様に、参議院議員選挙法（昭和二二年法律一一号）も、のちに公職選挙法（昭和二五年法律一〇〇号）に吸収・統合されることになる。

この参議院議員の選出方法については、はじめから衆議院議員と同じく直接公選制が採られているが、この点については、先にみた衆議院の憲法改正特別委員会の「附帯決議」（八月二一日。1(1)参照）が、次のように述べていた。

参議院は衆議院と均しく国民を代表する選挙せられたる議員を以て組織すとの原則はこれを認むるも、これがために衆議院と重複する如き機関となり終ることは、その存在の意義を没却するものである。政府は須《すべか》らくこの点に留意し、参議院の構成については、努めて社会各部門各職域の智識経験ある者がその議員となるに容易なるよう考慮すべきである。

ところが、用意された参議院議員選挙法案は、地方区・全国区制を採用するのみで、衆議院と同じような直接公選方式をとっていた。これが成立すると、直接公選制と地方区・全国区制というやり方が定着し、前記のように、参議院議員選挙法が公職選挙法に統合された時にも、その点は変更されなかった。

しかも、その後の制度改正――とくに一九九四年の衆議院における小選挙区比例代表並立制の導入（Ⅳ２⑵参照）――によって、現在の両議院組織法は、基本的に小選挙区制と比例代表制とを組み合わせたものになっている。その結果、参議院は、右の附帯決議が案じたように、「衆議院と重複する如き機関」に近い存在になってしまったが、両院制のあり方からみて、それが望ましいかどうか、根本的に再考することが必要であろう。

## Ⅲ 現行憲法体制の確立

### 1 未完成の憲法体制――占領管理体制下の憲法運用

日本国憲法と各種の憲法附属法が同時に施行されることによって新しい憲法体制がスタートしたが、これで直ちに、日本国憲法の支配が確立したわけではない。というのも、わが国の降伏・連合国による占領は、すでに述べたように（前章Ⅰ１参照）、政府の統治権を連合国軍最高司令官に完全に従属させ、対外的にも日本が独立国であることを停止すること（主権の喪失）を意味していたからである。この状態と間接統治の方式が存続するかぎり、憲法典と憲法附属法を施行するといっても、政府機関による憲法の解釈・運用は、つねに総司令部との協議のうえでおこなわれなくてはならない。また日本国憲法が、文字どおり「最高法規」（九八条一項）として通用することもなかった。

実際、例えば、一九四八年（昭二三）末、吉田内閣が衆議院解散を決意した時、いったん衆議院で内閣不信任決議案が提出され、これが可決されるという手続を経たうえで、「日本国憲法第六十九条及び第七条により衆議院を解散する」との詔書によって解散がおこなわれている（一二月二三日）。この憲法施行後初めての衆議院の解散は、実は、総司令部の指示に基づいて、わざわざ第六十九条を経由する手続をとったものであった。

また、政府の措置の中には、超憲法的な効力が認められるべきものもある。いわゆる管理法令に基づく政府の行為がそれであり、このことは最高裁判所によっても確認されている。というのも、ポツダム宣言の受諾、最高司令官の指令や勅令第五百四十二号（昭和二〇年「ポツダム宣言の受諾に伴ひ発する命令に関する件」）に基づく処分は、その内容が日本国憲法の規定に違反すると否とを問わず、効力を有するものと判断されたからである（最大判昭和二八年四月八日〈政令二〇一号事件〉、同昭和二八年七月二二日〈政令三二五号事件〉、同昭和四〇年九月八日など参照）。

## 2　サンフランシスコ平和条約の意義

### (1)　日本国憲法体制の確立と主権の回復

このような状態にあった日本国憲法が完全に「最高法規」性をもつようになり、日本国憲法体制が確立したといえるのは、その施行から五年経った、一九五二年（昭二七）四月二十八日のことである。これは、前年九月、日本と各連合国との間で署名され、各国で批准を経た「日本国との平和条約」――いわゆるサンフランシスコ平和条約（昭和二七年条約五号）――が効力を発した日付であるが、この日をもって、連合国による占領管理体制は終わりを告げ、日本国はふたたび独立・主権を回復することになる。

これと同時に、連合国最高司令官の権力は消滅し、日本国政府の超憲法的な措置も、すべて姿を消すことになった。同条約は、日本国の領土についても規定したが（ポツダム宣言と同じ）、ただ、沖縄を含む南西諸島と小笠原諸島は、ながくアメリカ合衆国の施政権のもとに置かれた。その返還がおこなわれたのは、一九七二年（昭四七）五月のことであった。

こうした平和条約の締結の構想は、実は、日本国憲法制定後まもない頃からあった。すでに一九四七年（昭二二）七月には、対日講和予備会議が具体的に提唱されていたし、国連総会も、翌年（昭二三）十一月に、ドイツ・日本との講和を促進する決議をおこなっていたのである。けれども、それが実現したのは、東西冷戦のもと、一九五〇年（昭二五）六月に勃発した朝鮮戦争を契機として、アメリカ政府の対日占領政策が変更されたことによるところが大きい。この時、しかし、主権回復後のわが国は、当然、国家としての独立と安全という根本問題に直面せざるをえなかった。

⑵ 西側陣営への加担

そこで、「日本国は、武装を解除されているので、平和条約の効力発生の時において固有の自衛権を行使する有効な手段をもたない……平和条約は、日本国が主権国として集団的安全保障取極を締結する権利を有することを承認し、さらに、国際連合憲章は、すべての国が個別的及び集団的自衛の固有の権利を有することを承認している」として、サンフランシスコ平和条約と同時に、アメリカ合衆国との間に安全保障条約が締結されたのである（旧日米安保条約〈昭和二七年条約六号〉。現在の新日米安全保障条約〈昭和三五年条約六号〉は、それを改定したものである）。

この安保条約の締結は、わが国が西側陣営に加担したことを意味するが、その一方で、最高司令官による国家警察予備隊の創設・海上保安庁の拡充という指令（昭和二五年七月）を契機に、警察予備隊が設けられている。これはのちに保安隊となり（同二七年一〇月）、やがて自衛隊法の制定（昭和二九年法律一六五号）、自衛隊の発足へとつながって、日本はいわゆる再軍備過程をたどることになる。

ここで、日米安保条約に基づくアメリカ軍隊の駐留の問題とともに（最大判昭和三四年一二月一六日〈砂川事件〉参照）、その合憲性をめぐって活発な議論が展開されることになったが、第九条の起案経緯や成立過程にとくに関心がもたれるのは、そのことと大いに関連している。

(3) 国際社会への復帰

ともあれ、こうして独立国家となったものの、日本はまだ国際社会の正式な一員とはみなされなかった。そのためには国際連合への加盟が必要であったが、米ソ冷戦体制のもと、それには何より、国連安全保障理事会で拒否権をもつソ連の同意が不可欠である。そこで、そのための交渉がつづけられ、日本が国際連合に加盟することが承認されたのは、日ソ共同宣言が発効した直後、つまり一九五六年（昭三一）十二月の国連総会の決議によってである。

こうして、一九三三年（昭八）三月に国際連盟を脱退してから二十数年、ようやくわが国は、国際社会に復帰することを許された。約百年前、日本は、いわば半独立国家として否応なく国際社会の中に取り込まれたが、今度は西側の独立国家として、みずからそこに加わることを望んだわけである。

## 3　占領管理体制下の法令・判例の意味

日本国憲法体制が確立するとともに、自主的な憲法解釈・運用も可能となった。そのことは、例えば、第六十九条所定の内閣不信任決議がなくても、内閣の判断によって衆議院の解散（いわゆる裁量的解散）をおこなうことができるとしたところに示されている（昭和二七年八月）。さらに、たとい第六十九条の対抗的解散の場合であっても、先にふれた最初の衆議院解散の方式（1参照）とは異なって、たんに「日本国憲法第七条により、衆議院を解散する。」とのみ述べる解散詔書（昭和二八年三月）のスタイルが採用された点にも表われている。そして、以後この先例が確立していることは、周知のとおりである。

こうした事実に着目してみると、さらに、平和条約の発効の日より前に下された最高裁判所の憲法判断や、その日より前に生じた事件に対する最高裁の憲法判断が、はたして本来の意味で「憲法判例」といえるかどうかも、充分問題にすることができるであろう。例えば、いわゆる旅券発給拒否処分事件（最大判昭和三三年九月一〇日）は、旅券法（一三条一項五号）の合憲性をみとめたものとしてよく引き合いに出されるが、これは、最高裁みずから述べるように、あくまでも「とくに占領治下我国の当面する国際情勢の下」で起こった事案に対する判断にすぎない。

このような事実を想うとき、「本判決がまともな先例と受けとられ、その後の行政・司法を支配しているのは、大変不幸なこと」（尾吹善人《おぶきよしと》『解説　憲法基本判例』二二四頁）といった嘆きに応えるためにも、大法廷による再審査が必要なのかも知れない。

## IV　日本国憲法体制の運用

### 1　いわゆる五五年体制

政治史家の升味準之輔《ますみじゅんのすけ》によれば、占領管理体制から米ソ冷戦構造の崩壊までの政治史は、一般に、一九五五年（昭三〇）を境にして、それ以前の「戦後政治」期と以後の「現代政治」期の二つに大別されるが、その間の動きは次のように描かれている（同『戦後政治下』四六三頁）。

歴史は、逆説の谷を流れくだる。占領改革は、専制による民主化であった。一九四七年の新憲法は、その最大のモニュメントである。ついで、アメリカ対日政策の改革から復興への転換および朝鮮戦争の側圧のなかできずかれた占領終結のモニュメントが、［二九］五一年のサンフランシスコ講和である。戦争放棄の新憲法は、アメリカ防衛体制のなかに組みこまれ、経済復興へ向かってレールが敷かれた。第三のモニュメントは、［一九］五五年の保守合同である。占領終結にともなう追放解除によって政界に復帰した反吉田派連合軍は、憲法改正・再軍備の旗幟をかかげて吉田政権に挑戦して吉田を放逐し、五五年秋には社会党統一に対抗して自由民主党を結成し、かくして吉田の「外交的作品」に対応する国内政治体制が形成された。そして、［一九］六〇年、最後の解除組が大失態を演じたあと、この体制は安定する。民主化改革と経済復興がもたらした社会経済的成果は、この政治的再編成を支え、これに組み入れられた。

実際、第三次鳩山内閣において「一九五五年の政治体制」が成立する前の衆議院（定数四六七人）における占有議席は、民主党百八十五人・自由党百十四人、左派社会党八十九人・右派社会党六十七人であったが、一九五八年（昭三三）五月に実施された第二十八回総選挙の結果、自由民主党は二百九十八人、社会党は百六十七人となる（第二九回〈特別〉国会召集日現在）。

この傾向は、すでに社会党統一・保守合同後初めての国政選挙となった二年前の第四回参議院議員通常選挙（昭和三一年七月実施）の結果にもあらわれていた。そして、右の衆議院の議席配分にあらわれたような自社二大政党を中心とする政治勢力の構図は、基本的に、米ソの冷戦体制が完全に崩壊する前の一九九〇年（平二）二月に実施される第三十九回総選挙にも反映し、第百十八回国会の召集時点では、自民党二百八十六人・社会党百四十人で、両党だけで議席全体の八割強を占めていた。

このような自社両党の優位と対立という図式は、名目上、次に述べる第四十回総選挙の直前まで、実に四十年近く存続することになる。

## 2 冷戦構造の崩壊と憲政運用の変化

### (1) 五五年体制の溶解

しかし、それまでの三年間に生じた「ベルリンの壁」の崩壊、ドイツの再統一、そしてソ連邦の解体といった冷戦構造の崩壊にともなう国際政治上の出来事は、旧来のイデオロギー対立に終止符を打ち、いわゆる政界再編というかたちで、国内政治にも深刻な変化をもたらすことになる。

すなわち、一九九三年（平五）七月の第四十回総選挙（定数五一一人）は、衆議院解散にともなうものであったが、冷戦終結後の有効な政治決定システムのあり方を問う政治改革関連法案の取扱いから、自民党議員の一部も加わって宮澤内閣に対する不信任案が可決されたことをうけたものである。その結果、衆議院の勢力地図は、社会党が七十七人と半減し、有力議員が集団離党した自民党も二百二十八人と後退する一方で、自民党離党グループによる新生党六十人、さきがけ日本新党五十二人、そして公明党五十二人・民社党十九人・共産党十五人というように、大きく塗り替えられている。

これによって「一九五五年の政治体制」は完全に崩壊した。それは多党制の出現と連立政権の必要をもたらし、非自民・非共産の八党連立による細川政権が誕生し（同年八月）、自民党は結党以来初めて下野するという、現行憲法の運用上、きわめて注目すべき事態が生まれた。

さらに、羽田内閣の総辞職後に仕組まれた自民党・社会党・さきがけの連立によって、現行憲法施行直後の片山内閣以来、実に四十七年ぶりに社会党の村山内閣が誕生した（平成六年六月）ものの、一年半後には、首相の突然の辞任をうけて、連立政権の枠組みの中で、ふたたび自民党の橋本内閣に代わっている。

(2) 小選挙区比例代表並立制の導入と二大政党化

さらに憲政運用の主役の交代を決定的にしたのは、一九九四年三月に成立した、政治改革関連法の柱として小選挙区比例代表並立制を導入した公職選挙法の改正である（平成六年法律一〇号）。その後に初めておこなわれた一九九六年（平八）十月の第四十一回総選挙（定数五〇〇人）は、自民党の復調と三年ぶりの単独政権、そして村山内閣時に結成された新進党の退潮をもたらしたが、その後に新たな野党勢力として民主党が結成されると、総選挙を経るごとに二大政党制への傾向が強まっていくことになる。

すなわち、二〇〇〇年（平一二）六月におこなわれた第四十二回総選挙（定数四八〇人）の結果、自民党二百三十三人・民主党百二十九人となり、すでに両党で全議席の七五パーセントを占めていたが、二〇〇三年（同一五）十一月に実施された第四十三回総選挙では、自民党二百四十九人・民主党百七十八人となって、両党を合計した占有議席は、実に九〇パーセント近くに及んでいる。

このような状況の中で、懸案であった各種の重要法案が相次いで成立することになる。例えば、冷戦の終焉後に成立した国連平和維持活動等（PKO）協力法や一九九九年の周辺事態安全確保法（その後「重要影響事態安全確保法」と改称される）のほか、いわゆる有事法制の整備——二〇〇三年（平一五）の自衛隊法の改正や武力攻撃事態対処法の制定、翌年の武力攻撃事態国民保護法の制定などを指す——は、いわゆる五五年体制の下では決して予想することができなかった立法である。

## 3　最近の統治構造改革——「憲法改革」の展開

### (1) 憲法典と憲法附属法

本書の冒頭でも述べた通り（序章Ⅱ参照）、およそ憲法体制・憲法秩序は、最高法規である憲法典の規定だけで成り立つものではなく、多くの憲法判例や憲法附属法によっても形づくられる。そこで、とくに統治構造を見直すことが求められる場合、まず、憲法典の条項を改める憲法改正という方法によることも考えられるが、そこまでに至らないときは、概括的な憲法典の規定を補充する各種の憲法附属法による憲法秩序の変更のほうが、大きな役割を果たすことになる。

もちろん、このほかに憲法判例の役割も考えられないではない。しかしながら、統治構造の改革という問題に関しては、多くを期待することはできない。というのも、国民の権利利益の侵害を原則的な要件とする現行の憲法訴訟制度を前提とする限り（Ⅰ2⑶参照）、最高裁判所の最終判断によって成立する憲法判例やその変更に多くを期待することはできないからである。

⑵ 一九九〇年代の「憲法改革」関連法

実際、この十数年の間におこなわれた統治構造改革の試みは、そうした憲法附属法の改正を中心とする「憲法改革」に属するといってよい。例えば、行政手続法（平成五年法律八八号）、情報公開法（平成一一年法律四二号）、地方分権推進法（平成七年法律九六号）の制定や地方自治法の改正（平成一一年）などは、いずれも長く懸案とされていた構想の実現と制度の改革に向けたものである。それらは、実は、一九九七年（平九）末に提出された行政改革会議の最終報告もまた、長い歴史をもつ行政改革論議――それ以前の代表的なものに一九八一年（昭五六）に発足した第二次臨時行政調査会のそれがある――を踏まえたものであった。

これをうけておこなわれた中央省庁等改革基本法の制定（平一〇）、これに続く翌年の内閣法・国家行政組織法の改正と内閣府設置法の制定は、一体として、内閣総理大臣の指導力を確保し、内閣機能を強化するねらいをもつもので、現在、その改革の成否が問われつつある。

他方、一九九九年（平一一）に設置された司法制度改革審議会は、実に一九六二年（昭三七）の臨時司法制度調査会以来のもので、その答申をうけて閣議決定された司法制度改革推進計画に基づいて、いわゆる事前規制型の国家・社会観からの転換を基本とした各種の改革関連法が整備されてきたが（人事訴訟法の制定、裁判所法の改正、刑事裁判員法の制定など）その成否の判断にはなお時間を要する。

なお残された課題としては、少子高齢化のなか、強い歳出圧力と収支均衡の要請に揺れる財政制度の改革や旧い議事慣行から脱却する「国会改革」などがある。もちろんこれらが現行憲法の制定とともに立案された財政法や国会法などの見直しを必要とすることは言うまでもない。

いずれにしても、こうした憲法附属法の動きによる憲法秩序の変更は、すでに述べたように、憲法典の改変を意味する「憲法改正」と区別する意味で、とくに「憲法改革」と呼ぶことができよう。憲法改正こそ未だ行われたことはないものの、日本の憲法秩序はそれを通してかつての姿と大きく異なってきているように思われる。

この意味において、国権の最高機関である国会両議院に、「日本国憲法について広範かつ総合的に調査を行う」憲法調査会が設けられたのは（平一二）、時宜にかなっていた。その成果は期待されたほどではなかったが、その報告書の提出から二年後には憲法改正手続法が制定され（平成一九年法律五一号）、「日本国憲法及び日本国憲法に密接に関連する基本法制について広範かつ総合的に調査を行い、憲法改正原案、日本国憲法に係る改正の発議」などを行うため、恒常的機関として憲法審査会が設けられて、今日にいたっている。

## ■第十章　年表

| | | |
|---|---|---|
| 1947年（昭22） | 1月 | 憲法附属法などの制定（～4月） |
| | 5月 | 日本国憲法の施行、第1回（特別）国会召集 |
| 1950年（〃25） | 6月 | 朝鮮戦争の勃発 |
| 1951年（〃26） | 9月 | 平和条約・日米安全保障条約に署名 |
| 1952年（〃27） | 4月 | 平和条約・日米安全保障条約の発効 |
| 1954年（〃29） | 6月 | 自衛隊法の制定（7月、自衛隊の発足） |
| 1955年（〃30） | 10月 | 左右社会党の統一、自由民主党結成（11月） |
| 1956年（〃31） | 6月 | 内閣に憲法調査会設置 |
| | 12月 | 日本の国連加盟を国連総会で承認 |
| 1960年（〃35） | 6月 | 新日米安全保障条約の締結承認 |
| 1962年（〃37） | 5月 | 行政事件訴訟法の制定 |
| 1964年（〃39） | 7月 | 憲法調査会の最終報告 |
| 1970年（〃45） | 6月 | 日米安全保障条約の自動延長 |
| 1979年（〃54） | 6月 | 国際人権規約の批准 |
| 1981年（〃56） | 3月 | 第二次臨時行政調査会の発足 |
| 1992年（平4） | 6月 | 国連平和維持活動等協力法(PKO法)の成立 |
| 1994年（〃6） | 3月 | 公職選挙法の改正、政党助成法の制定 |
| 1995年（〃7） | 5月 | 地方分権推進法の制定 |
| 1997年（〃9） | 12月 | 行政改革会議の最終報告 |
| 1999年（〃11） | 7月 | 内閣法などの改正、内閣府設置法の制定 |
| 2000年（〃12） | 1月 | 国会に憲法調査会設置 |
| | 4月 | 地方分権一括法の施行 |
| 2001年（〃13） | 6月 | 地方分権推進委員会・司法制度改革審議会の最終答申 |
| 2003年（〃15） | 5月 | 個人情報保護法の制定 |
| | 6月 | 有事関連三法の成立 |
| 2004年（〃16） | 6月 | 国民保護法・司法制度改革推進法など成立 |
| 2007年（〃19） | 5月 | 憲法改正手続法の制定 |
| | 8月 | 憲法審査会の設置 |

# 学術文庫版あとがき

本書の原本は、法律学専門の老舗出版社、有斐閣から、ちょうど四半世紀前の一九九五年（平七）三月に初版を世に出した後の十年後（同一七）の三月末に刊行した第二版である。もっとも、この間に、読者から指摘を受けた箇所や著者自身気づいた点があり、今回そうしたところを中心として補正を加えたのが、この学術文庫版である。もっとも、原本にあった事項索引と人名索引は、紙幅の関係からともに削らざるを得なかった。

もともと著者は、憲法学から議会制度を研究の柱の一つとしており、明治憲法第一の附属法である議院法の意義と成立史にも強い関心を寄せていたので、『議院自律権の構造』（成文堂、一九八八年）を刊行したのに続いて『議院法制定史の研究』（成文堂、一九九〇年）を世に問うたのであるが、その前後から、憲法解釈上の論点を踏まえた憲法史研究の手薄なことも実感していた。

もちろん、人の知るように、憲法史に造詣の深い専門家としては、記念碑的大著『明治憲法成立史〈上・下〉』（有斐閣、一九六〇・六二年）を著した稲田正次、『明治典憲体制の成立』（木鐸社、一九八八年）に結実することになる小嶋和司の両先生を始めとして、貴重な業績を挙げている研究者も少なくなかった。

しかしながら、残念なことに、その頃、学生や一般の方々にとってアクセスしやすい通史的な書物は見当たらず、「日本憲法史」という用語ですら必ずしも一般的ではなかった。この現状を何とかしたいという思いから構想したのが本書である。

なお、本書の通史的な叙述を支えている著者の憲法史に関する諸論考については、前に掲げた二つの書物のほかに、『日本憲法史の周辺』（成文堂、一九九五年）や『憲法史と憲法解釈』（信山社出版、二〇〇〇年）などを参照していただければ、幸いである。

このたび、小著の「再生」のために当初から丁寧なご連絡をいただき、早期の刊行にご尽力いただいた講談社学芸部学術図書編集の石川心さんに、心から篤くお礼を申し上げたい。また、綿密な校閲の労をとっていただいた方々をはじめとする同社の関係各位にも、深く感謝を申し上げる次第である。

二〇一九年（令和一年）一一月一六日

大石　眞

■主要な参考書

井ヶ田良治ほか『日本近代法史』（法律文化社、一九八二年）
尾佐竹猛『日本憲政史大綱』上・下（一九三八・三九年（復刻版＝宗高書房、一九七八年））
川口由彦『日本近代法制史』（新世社、一九九八年）
鈴木安蔵『日本憲法史概説』（中央公論社、一九四一年）
塩田庄兵衛ほか編『日本戦後史資料』（新日本出版社、一九九五年）
筒井若水ほか『日本憲法史』（東京大学出版会、一九七六年）
鳥海　靖『日本近代史講義』（東京大学出版会、一九八八年）
同　『日本近代史』（放送大学教育振興会、一九九二年）
長谷川正安『昭和憲法史』（岩波書店、一九六一年）
坂野潤治『日本の歴史13　近代日本の出発』（小学館、一九八九年。小学館ライブラリー所収）
同『日本憲政史』（東京大学出版会、二〇〇八年）
牧　英正＝藤原明久編『日本法制史』（青林書院、一九九三年）
阿部照哉ほか編『憲法資料集』（有信堂、一九六六年）
猪木正道編『日本政治・外交史資料選』（有信堂、一九六七年）
『伊藤博文関係文書』一～九（塙書房、一九七三～八一年）
『井上毅伝・史料篇』第一～第六（國學院大學図書館、一九六六～七七年）
伊藤　隆＝尾崎春盛編『尾崎三良日記』上・中・下（中央公論社、一九九一年）
大石　眞編著『日本立法資料全集3　議院法』（信山社出版、一九九一年）
『尾崎三良自叙略伝』上・中・下（中央公論社、一九七六～七七年）
我部政男ほか編『大津事件関係史料集』上・下

（成文堂、一九九五・九九年）
國學院大學梧陰文庫研究会編著『明治皇室典範制定前史』（大成出版社、一九八二年）
同編『明治皇室典範制定本史』（大成出版社、一九八六年）
小林　宏＝島　善高編著『日本立法資料全集16・17　明治皇室典範〔明治22年〕』（信山社出版、一九九六・九七年）
小柳春一郎編著『日本立法資料全集4　會計法』（信山社出版、一九九一年）
島　善高編『元老院国憲按編纂史料』（国書刊行会、二〇〇〇年）
國學院大學日本文化研究所編『近代日本法制史料集』第一～第二十（國學院大學、一九七九～九九年）
明治文化研究会編『明治文化全集』全二八巻（日本評論社、一九六七年〔初版・一九二七～三〇年〕）
宮内省臨時帝室編集局編『明治天皇紀』第一～第一二（吉川弘文館、一九六八～七五年）
金子堅太郎『欧米議院制度取調巡回記』大淵和憲校注（信山社出版、二〇〇一年）
稲田正次『明治憲法成立史』上・下（有斐閣、一九六〇・六二年）
同『明治憲法成立史の研究』（有斐閣、一九七九年）
大石　眞『議院法制定史の研究』（成文堂、一九九〇年）
同『日本憲法史の周辺』（成文堂、一九九五年）
同『憲法史と憲法解釈』（信山社出版、二〇〇〇年）
大石　眞ほか編『憲法史の面白さ』（信山社出版、一九九八年）
川田敬一『近代日本の国家形成と皇室財産』（原書房、二〇〇一年）
小嶋和司『明治典憲体制の成立』（木鐸社、一九八八年）
島　善高『近代皇室制度の形成』（成文堂、一九九四年）
清水　伸『明治憲法制定史〈増補〉』上・中・

下（原書房、一九六九〜七一年）
梧陰文庫研究会編『明治国家形成と井上毅』（木鐸社、一九九二年）
坂井雄吉『井上毅と明治国家』（東京大学出版会、一九八三年）
坂本一登『伊藤博文と明治国家形成』（吉川弘文館、一九九一年）
J・ジーメス『日本国家の近代化とロェスラー』（未來社、一九七〇年）
瀧井一博『文明史のなかの明治憲法』（講談社、二〇〇三年）
山室信一『法制官僚の時代』（木鐸社、一九八四年）
新井　勉『大津事件の再構成』（御茶の水書房、一九九四年）
石村　修『明治憲法――その独逸との隔たり』（専修大学出版局、一九九九年）
伊藤　勲『明治憲政論』（成文堂、一九八五年）
伊藤之雄『立憲国家の確立と伊藤博文』（吉川弘文館、一九九九年）
同『立憲国家と日露戦争』（木鐸社、二〇〇〇年）
同『政党政治と天皇』（講談社、二〇〇二年）
岡　義武『近代日本政治史Ｉ』（創文社、一九六二年）
笠原英彦『明治国家と官僚制』（芦書房、一九九一年）
堅田　剛『独逸学協会と明治法制』（木鐸社、一九九九年）
楠　精一郎『明治立憲制と司法官』（慶応通信、一九八九年）
小林昭三『明治憲法史論　序説』（成文堂、一九八二年）
佐々木隆『藩閥政府と立憲政治』（吉川弘文館、一九九二年）
鈴木正幸編『近代の天皇』（吉川弘文館、一九九三年）
瀧井一博『ドイツ国家学と明治国制』（ミネルヴァ書房、一九九九年）
中原英典　警察大学校編『明治警察史論集』

坂野潤治『明治憲法体制の確立』（東京大学出版会、一九七一年）
平野　武『明治憲法制定とその周辺』（晃洋書房、二〇〇四年）
升味準之輔『日本政党史論』全七巻（東京大学出版会、一九六五～八〇年）
三谷太一郎『近代日本の司法権と政党』（塙書房、一九八〇年）
宮澤俊義『日本憲政史の研究』（岩波書店、一九六八年）
山田央子『明治政党論史』（創文社、一九九九年）
山中敬一『論考　大津事件』（成文堂、一九九四年）
五百旗頭薫『条約改正史』（有斐閣、二〇一〇年）
稲生典太郎『条約改正論の歴史的展開』（小峯書店、一九七六年）
下村富士男『明治初年条約改正史の研究』（吉川弘文館、一九六二年）
中村菊男『近代日本の法的形成〈増訂〉』（有信堂、一九五八年）
深谷博治『初期議会・条約改正』（白揚社、一九四〇年）
山本　茂『条約改正史』（高山書院、一九四三年）
藤田嗣雄『明治軍制』（信山社出版、一九九二年）
松下芳男『改訂　明治軍制史論』上・下（国書刊行会、一九八五年）
荒　敬『日本占領史研究序説』（柏書房、一九九四年）
五百旗頭真『占領期』（読売新聞社、一九九七年）
J・ウィリアムズ『マッカーサーの政治改革』（市　雄貴＝星　健一訳。朝日新聞社、一九八九年）
江藤　淳編『占領史録』第一巻～第四巻（講談社、一九八一～八二年。講談社学術文庫

A・オプラー『日本占領と法制改革』（納谷広美＝高地茂世訳。日本評論社、一九九〇年）

宮内庁編修『昭和天皇実録』第一～第十八（東京書籍、二〇一五～一九年）

思想の科学研究会編『日本占領軍——その光と影』上・下（徳間書店、一九七八年）

竹前栄治『ＧＨＱ』（岩波書店、一九八三年）

同　『日本占領　ＧＨＱ高官の証言』（中央公論社、一九八八年）

出口雄一『戦後法制改革と占領管理体制』（慶應義塾大学出版会、二〇一七年）

豊下楢彦『日本占領管理体制の成立』（岩波書店、一九九二年）

平野　孝『内務省解体史論』（法律文化社、一九九〇年）

福島鋳郎編『ＧＨＱの組織と人事』（巌南堂書店、一九八四年）

芦部信喜＝高見勝利編著『日本立法資料全集1　皇室典範』（信山社出版、一九九〇年）

同編著『日本立法資料全集7　皇室経済法』（信山社出版、一九九二年）

犬丸秀雄監修『日本国憲法制定の経緯』（第一法規、一九八九年）

憲法調査会『憲法制定の経過に関する小委員会報告書』（一九六四年）

児島　襄『史録　日本国憲法』（文藝春秋、一九七二年。文春文庫）

古関彰一『新憲法の誕生』（中央公論社、一九八九年。中公文庫）

佐々木高雄『裁判官弾劾制度論』（日本評論社、一九八八年）

同　『戦争放棄条項の成立経緯』（成文堂、一九九七年）

佐藤達夫『日本国憲法成立史』第一巻～第四巻（有斐閣、一九六二・六四年、一九九四年）

同　『日本国憲法誕生記』（大蔵省印刷局、一九五七年。中公文庫）

清水　伸編著『逐条日本国憲法審議録』第一巻～第四巻（有斐閣、一九六二～六三年）

高柳賢三＝大友一郎＝田中英夫編著『日本国憲

法制定の過程』Ⅰ・Ⅱ（有斐閣、一九七二年）
竹前栄治監修『日本国憲法・検証』第一巻〜第七巻（小学館、二〇〇〇〜〇一年。小学館文庫）
田中英夫『憲法制定過程覚え書』（有斐閣、一九七九年）
西　修『日本国憲法の誕生を検証する』（学陽書房、一九八六年）
同『日本国憲法はこうして生まれた』（中央公論新社、二〇〇〇年。中公文庫）
同『日本国憲法成立過程の研究』（成文堂、二〇〇四年）
升味準之輔『戦後政治』上・下（東京大学出版会、一九八三年）
村川一郎編著『帝国憲法改正案議事録』（図書刊行会、一九八六年）
村川一郎＝初谷良彦『日本国憲法制定秘史』（第一法規、一九九四年）
渡辺　治『日本国憲法「改正」史』（日本評論社、一九八七年）
同編著『憲法「改正」の争点』（旬報社、一九九九年）
森　清監訳『憲法改正小委員会秘密議事録』（第一法規、一九八三年）
家永三郎『日本近代憲法思想史研究』（岩波書店、一九六七年）
家永三郎ほか編『明治前期の憲法構想〈増訂〉』（福村出版、一九八五年）
江村栄一校注『日本近代思想大系　憲法構想』（岩波書店、一九八九年）
大石　眞編『佐々木惣一憲政時論集Ⅰ・Ⅱ』（信山社出版、一九九八年）
鈴木安蔵『日本憲法学史研究』（勁草書房、一九七五年）
高見勝利『宮澤俊義の憲法学史的研究』（有斐閣、二〇〇〇年）
同編『美濃部達吉著作集』（慈学社、二〇〇七年）
長尾龍一『日本国家思想史研究』（創文社、一九八二年）
同『日本憲法思想史』

（講談社、一九九六年。講談社学術文庫）
同『思想としての日本憲法史』（信山社出版、一九九七年）
同編『穂積八束集』（信山社出版、二〇〇一年）
長谷川正安『日本憲法学の系譜』（勁草書房、一九九三年）
三浦裕史編『大日本帝国憲法史衍義　伊東巳代治遺稿』（信山社出版、一九九四年）
宮澤俊義『天皇機関説事件』上・下（有斐閣、一九七〇年）

KODANSHA

本書は、二〇〇五年に有斐閣より刊行された同名書（第二版）を原本とし、多少の補正を加えたものです。

大石　眞（おおいし　まこと）

1951年宮崎県生まれ。東北大学法学部卒業。専門は憲法学，議会法，憲法史。九州大学教授，京都大学教授等を経て京都大学名誉教授。著書に『議院自律権の構造』『議院法制定史の研究』『憲法と宗教制度』『立憲民主制』『憲法秩序への展望』『権利保障の諸相』『統治機構の憲法構想』など。

講談社学術文庫

定価はカバーに表示してあります。

日本憲法史《にほんけんぽうし》

大石《おおいし》　眞《まこと》

2020年1月9日　第1刷発行
2022年4月26日　第2刷発行

発行者　鈴木章一
発行所　株式会社講談社
東京都文京区音羽2-12-21 〒112-8001
電話　編集（03）5395-3512
販売（03）5395-4415
業務（03）5395-3615

装　幀　蟹江征治
印　刷　株式会社広済堂ネクスト
製　本　株式会社国宝社
本文データ制作　講談社デジタル製作

© Makoto Oishi　2020　Printed in Japan

落丁本・乱丁本は，購入書店名を明記のうえ，小社業務宛にお送りください。送料小社負担にてお取替えします。なお，この本についてのお問い合わせは「学術文庫」宛にお願いいたします。
本書のコピー，スキャン，デジタル化等の無断複製は著作権法上での例外を除き禁じられています。本書を代行業者等の第三者に依頼してスキャンやデジタル化することはたとえ個人や家庭内の利用でも著作権法違反です。Ⓡ〈日本複製権センター委託出版物〉

ISBN978-4-06-518346-5

# 「講談社学術文庫」の刊行に当たって

これは、学術をポケットに入れることをモットーとして生まれた文庫である。学術は少年の心を養い、成年の心を満たす。その学術がポケットにはいる形で、万人のものになることは、生涯教育をうたう現代の理想である。

こうした考え方は、学術を巨大な城のように見る世間の常識に反するかもしれない。また、一部の人たちからは、学術の権威をおとすものと非難されるかもしれない。しかし、それはいずれも学術の新しい在り方を解しないものといわざるをえない。

学術は、まず魔術への挑戦から始まった。やがて、いわゆる常識をつぎつぎに改めていった。学術の権威は、幾百年、幾千年にわたる、苦しい戦いの成果である。こうしてきずきあげられた城が、一見して近づきがたいものにうつるのは、そのためである。しかし、学術の権威を、その形の上だけで判断してはならない。その生成のあとをかえりみれば、その根は常に人々の生活の中にあった。学術が大きな力たりうるのはそのためであって、生活をはなれた学術は、どこにもない。

開かれた社会といわれる現代にとって、これはまったく自明である。生活と学術との間に、もし距離があるとすれば、何をおいてもこれを埋めねばならない。もしこの距離が形の上の迷信からきているとすれば、その迷信をうち破らねばならぬ。

学術文庫は、内外の迷信を打破し、学術のために新しい天地をひらく意図をもって生まれた。文庫という小さい形と、学術という壮大な城とが、完全に両立するためには、なおいくらかの時を必要とするであろう。しかし、学術をポケットにした社会が、人間の生活にとってより豊かな社会であることは、たしかである。そうした社会の実現のために、文庫の世界に新しいジャンルを加えることができれば幸いである。

一九七六年六月　　　　野間省一

## 政治・経済・社会

アダム・スミス著／高哲男訳
### 国富論（上）（下）
スミスの最重要著作の新訳。「見えざる手」による自由放任を推奨するだけの本ではない。分業、貨幣、利子、貿易、軍備、インフラ整備、税金、公債など、経済の根本問題を問う近代経済学のバイブルである。

2562・2563

カール・マルクス著／丘沢静也訳
### ルイ・ボナパルトのブリュメール18日
一八四八年の二月革命から三年後のクーデタまでの展開を報告した名著。ジャーナリストとしてのマルクスの舌鋒鋭くもウィットに富んだ筆致を、実力者が達意の日本語にする。これまでになかった新訳が完成。

2569

大石　眞著
### 日本憲法史
憲法とは文言ではなく、国のあり方そのものである——。近代の日本が、時代ごとに必要としてきたものは何か？　開国、議会開設から敗戦・占領を経ての独立まで、憲法＝国家構造の変遷を厳密にひもとく。

2599

恒藤　恭著（解説・角田猛之）
### 憲法問題
日本に憲法を改正する資格はあるのか？——芥川龍之介の親友として知られる法学者が一九四九年から六〇年という激動の時代に発表した鋭利な提言の数々。ここにある問いは、今もなお答えられていない。

2612

佐伯啓思著
### 経済学の思考法　稀少性の経済から過剰性の経済へ
もはや、「神の見えざる手」に頼ることはできない。格差拡大、雇用不安など、現代資本主義が直面する数々の困難を、徹底検証。アダム・スミスからアベノミクスまで、経済学の限界と誤謬を提示する。

2635

清宮四郎著／樋口陽一編・解説
### 憲法と国家の理論
宮沢俊義と並んで戦後日本の憲法学を主導した偉大なる碩学・清宮四郎（一八九八—一九八九年）。その精髄を伝えるべく、著者に薫陶を受けた樋口陽一氏が重要論文を精選した初にして最良のアンソロジー。

2670

《講談社学術文庫　既刊より》

## 皇后考
原　武史著（解説・安藤礼二）

神功皇后や光明皇后と感応しつつ、ナカツスメラミコトたらんと激動の近代日本に時空を超えた「皇后」像を現出させた貞明皇后とは？　天皇制の本質に斬新な切り口で迫り、秘められた扉を開いた記念碑的著作！

2473

## 仕事としての学問　仕事としての政治
マックス・ウェーバー著／野口雅弘訳

マックス・ウェーバーが晩年に行った、二つの講演の画期的新訳。『職業としての学問』と『職業としての政治』の邦題をあえて変更し、生計を立てるだけの「職業」ではない学問と政治の大切さを伝える。

2500

## 社会学的方法の規準
エミール・デュルケーム著／菊谷和宏訳

ウェーバーと並び称される社会学の祖デュルケームは、一八九五年、新しい学問を確立するべく、記念碑的なマニフェストとなった本書を発表する。社会学とは何を扱う学問なのか？――決定版新訳が誕生。

2501

## ナショナリズム
姜尚中著

グローバル化が世界を覆い尽くす中、しかしナショナリズムという奇怪な力は巧妙さを増し、猛威をふるい続けている。ISやブレクジットなど、国家の枠組みの変化を受けて書かれた新稿を収録した完全版。

2533

## トクヴィル　平等と不平等の理論家
宇野重規著

デモクラシーとは何なのか？　トクヴィルの思想を「平等化」をキーワードに読み解く。ポピュリズム、ポストトゥルース、グローバリズムに直面する〝アメリカのデモクラシー〟その根源へ切り込む思考。

2551

## 国民主権と天皇制
尾高朝雄著（解説・石川健治）

不世出の法哲学者・尾高朝雄（一八九九―一九五六年）が日本国憲法施行の五ヵ月後に公刊した不滅の名著、初の文庫化。「象徴」として存続した天皇は「国民主権」と矛盾しないのか？　渾身の解説を収録！

2557

《講談社学術文庫　既刊より》

## 政治・経済・社会

### 立憲非立憲
佐々木惣一著（解説・石川健治）

京都帝大教授を務め、東京帝大の美濃部達吉と並び称された憲法学の大家・佐々木惣一が大正デモクラシー華やかなりし頃に世に問うた代表作。「合憲か、違憲か」の対立だけでは、もはや問題の本質はつかめない。

2366

### 人間不平等起源論　付「戦争法原理」
ジャン＝ジャック・ルソー著／坂倉裕治訳

身分の違いや貧富の格差といった「人為」で作り出された不平等こそが、人間を惨めで不幸にする。この不平等の起源と根拠を突きとめ、不幸を回避する方法とは？　幻の作品『戦争法原理』の復元版を併録。

2367

### ブルジョワ　近代経済人の精神史
ヴェルナー・ゾンバルト著／金森誠也訳

中世の遠征、海賊、荘園経営。近代の投機、賭博、発明。そして宗教、戦争。歴史上のあらゆる事象から、企業活動の側面は見出される。資本主義は、どこから始まり、どう発展してきたのか？　異端の碩学が解く。

2403

### 革命論集
アントニオ・グラムシ著／上村忠男編・訳

イタリア共産党創設の立役者アントニオ・グラムシの、本邦初訳を数多く含む待望の論集。国家防衛法違反の容疑で一九二六年に逮捕されるまでに残した文章を精選した。ムッソリーニに挑んだ男の壮絶な姿が甦る。

2407

### 新しい中世　相互依存の世界システム
田中明彦著

冷戦の終焉、覇権の衰退、経済相互依存の進展。激動する世界はどこに向かうのか――。歴史的な転換期にあるポスト近代の世界システムを、独自の視点により理論と実証で読み解いた、サントリー学芸賞受賞作。

2441

### 国家の神話
エルンスト・カッシーラー著／宮田光雄訳

稀代の碩学カッシーラーが最晩年になってついに手がけた畢生の記念碑的大作。独自の「シンボル（象徴）」理論に基づき、古代ギリシアから中世を経て現代に及ぶ壮大なスケールで描き出される怒濤の思想的ドラマ！

2461

《講談社学術文庫　既刊より》

## 日本の歴史・地理

### 幕末の天皇
藤田　覚著

天皇の権威の強化を図った光格天皇、その志を継ぎカリスマにまで昇りつめた孝明天皇。幕末政治の表舞台に躍り出た両天皇の八十年間にわたる〝闘い〟に「江戸時代の天皇の枠組み」と近代天皇制の本質を追う。

2157

### カレーライスの誕生
小菅桂子著

日本の「国民食」はどのようにして生まれたのか。近代黎明期、西洋料理としてわが国に紹介されたカレーの受容と、独自の発展を遂げる過程に秘められた人々の知恵と苦闘のドラマを活写する、異色の食文化史。

2159

### 江戸と江戸城
内藤　昌著

徳川家三代が急ピッチで作り上げた世界最大の都市・江戸は、「渦巻き構造」をもった稀有な都市である。古代〜江戸への地理的・歴史的な成立過程を詳述し、その実態を物的証拠により解明した江戸論の基本図書。

2160

### 中世のなかに生まれた近世
山室恭子著

判物（サイン）から印判状（はんこ）へ。人格的支配から官僚制的支配へ。武田氏、今川氏、上杉氏、毛利氏など、戦国大名の発給した文書を解析し、東国と西国の違いを明らかにし、天下統一の内実に迫った力作。

2170

### 鉄炮伝来　兵器が語る近世の誕生
宇田川武久著

鉄炮を伝えたのはポルトガル人ではなかった！　戦国大名の贈答品から、合戦の主役へ、さらに砲術武芸の成立まで。歴史の流れを加速させた新兵器はいかに普及し、戦場を一変させたのか？　戦国史の常識を覆す。

2173

### 名将言行録　現代語訳
岡谷繁実著／北小路　健・中澤惠子訳

幕末の館林藩士・岡谷繁実によって編まれた、武将たちの逸話集。千二百をこえる膨大な諸書を渉猟して編纂された大著から戦国期の名将二十二人を抜粋、戦乱の世の雄たちの姿を、平易な現代語で読み解いてゆく。

2177

## 日本の歴史・地理

### 日本その日その日
エドワード・S・モース著／石川欣一訳

大森貝塚の発見者として知られるモースの日本滞在見聞録。科学者の鋭敏な眼差しを通して見た、近代最初期の日本の何気ない日常の営みや風俗を、異文化に触れる驚きや楽しさに満ちたスケッチと日記で伝える。

2178

### 東京裁判への道
粟屋憲太郎著

A級戦犯被告二十八人はいかに選ばれたのか？　昭和天皇不訴追の背景は？　無視された証言と証拠、近衛の自殺、木戸の大弁明……アメリカの膨大な尋問調書が明かす真実。第一人者による東京裁判研究の金字塔！

2179

### 富士山の自然史
貝塚爽平著

三つのプレートが出会う場所に、日本一の名峰は、そびえ立っている。日本・東京の地形の成り立ちと風景と足下に隠された自然史の読み方を平易に解説する。ロングセラー『東京の自然史』の入門・姉妹編登場。

2212

### 幻の東京オリンピック　１９４０年大会 招致から返上まで
橋本一夫著

関東大震災からの復興をアピールし、ヒトラーやムソリーニとの取引で招致に成功しながら、日中戦争勃発で返上を余儀なくされた一九四〇年の東京オリンピック。戦争と政治に翻弄された人々の苦闘と悲劇を描く。

2213

### 鎌倉と京　武家政権と庶民世界
五味文彦著

中世とは地方武士と都市庶民の時代だった。武家政権の誕生前夜から鎌倉幕府の終焉にかけての、生活の場とその場での営為を通して、自我がめざめた「個」の時代の相貌を探究。中世日本の実像が鮮やかに甦る。

2214

### 江戸幕府崩壊　孝明天皇と「一会桑」
家近良樹著

薩長を中心とする反幕府勢力が武力で倒幕を果たしたという常識は本当か。王政復古というクーデタ方式が採られた理由とは？　孝明天皇、一橋、会津、桑名藩という知られざる主役に光を当てた画期的な幕末史！

2221

藤田尚徳著（解説・保阪正康）

## 侍従長の回想

敗戦必至の状況に懊悩する昭和天皇。終戦の決断に至るまでに何があったのか。玉音放送、マッカーサーとの会見、そして退位論をめぐって示した君主としての姿勢とは。激動期に側近に侍した著者の稀有の証言。

2284

伊藤之雄著

## 伊藤博文 近代日本を創った男

討幕運動、条約改正、憲法制定、そして韓国統治と暗殺。近代国家を創設した最大の功労者の波乱の生涯と、「剛凌強直《ごうりょうきょうちょく》」たる真の姿を描き切る。従来の「悪役イメージ」を覆し、その人物像を一新させた話題の書。

2286

小林英夫著

## 満鉄調査部

戦時経済調査、満蒙・ソ連研究、華北分離政策などの活動実態から、関東憲兵隊との衝突、戦後日本の経済成長やアジア研究への貢献まで。満洲から国策を先導した、「元祖シンクタンク」満鉄調査部の全貌に迫る。

2290

徳富蘇峰著（解説・御厨 貴）

## 徳富蘇峰 終戦後日記『頑蘇夢物語』

占領下にあっても近代日本最大の言論人は書き続ける。封印された第一級史料には、無条件降伏への憤り、昭和天皇への苦言、東條・近衛ら元首相への批判と大戦の行方を見誤った悔悟の念が赤裸々に綴られていた！

2300

伊藤 隆著

## 大政翼賛会への道 近衛新体制

太平洋戦争前夜、無血革命に奔った群像！ 憲法の改正や弾力的運用で政治・経済・社会体制の変革と一党支配を目指した新体制運動。これを推進した左右の革新派の思惑と、彼らが担いだ近衛文麿の行動を追跡。

2340

落合弘樹著

## 秩禄処分《ちつろくしょぶん》 明治維新と武家の解体

明治九年（一八七六）、ついに〈武士〉という身分が消滅した！ 支配身分の特権はいかにして解消され、没落した士族たちは、この苦境にどう立ち向かっていったのか。維新期最大の改革はなぜ成功したかを問う。

2341

《講談社学術文庫　既刊より》